U0657972

"十三五"普通高等教育本科系列教材

十三五

电子技术基础测量与实验

主　编　段渝龙

副主编　李良荣　张盛耀

编　写　胡　丹　吴　莘　李国良
　　　　吴亚婷　何　庆　栾　岚

主　审　张达敏

中国电力出版社
CHINA ELECTRIC POWER PRESS

内 容 提 要

本书是为读者掌握电路、电子测量实验技术而编写的专业基础实验课指导书。本书以实际操作为主，旨在提高工科学生的动手能力和实验技能。

本书分五章。第一章电路实验，共包括 14 个电路基本实验，可满足电子信息工程、通信工程等专业电路课程对实验的要求；第二章模拟电路实验，共包括基本实验 11 个、综合实验 3 个、设计实验 2 个；第三章数字逻辑实验，共包括基本实验 12 个、综合实验 2 个、设计实验 2 个，可满足理论课程和课程设计的要求；第四章测量与测量仪器仪表，共三节，前两节介绍误差及数据处理的基本原则和方法，第三节保留了传统常用的模拟式仪表，同时又增加了应用广泛的数字式仪表；第五章常用仪器仪表简介，介绍常用仪器的各类技术指标及操作规范。

本书可作为高等院校电子信息工程、通信工程、物联网工程、信息管理与信息系统、计算机应用技术、信息工程等专业基础实验课的指导书，也可作为大中专院校教师和有关专业技术人员的参考书。

图书在版编目（CIP）数据

电子技术基础测量与实验/段渝龙主编．—北京：中国电力出版社，2015.8（2025.1 重印）
"十三五"普通高等教育本科规划教材
ISBN 978 - 7 - 5123 - 8101 - 8

Ⅰ.①电… Ⅱ.①段… Ⅲ.①电子测量技术-高等学校-教材②电子技术-实验-高等学校-教材 Ⅳ.①TN

中国版本图书馆 CIP 数据核字（2015）第 168826 号

中国电力出版社出版、发行

（北京市东城区北京站西街 19 号　100005　http://www.cepp.sgcc.com.cn）
中国电力出版社有限公司印刷
各地新华书店经售

*

2015 年 8 月第一版　　2025 年 1 月北京第五次印刷
787 毫米×1092 毫米　16 开本　15 印张　363 千字
定价 **30.00** 元

前　　言

随着科学技术的发展，特别是计算机、通信、电子技术、物联网技术和大数据技术的迅速发展，应用现代电子技术的各种通信类、消费类产品不断推陈出新，琳琅满目，为人们的物质文化生活提供了便利的条件。电子技术在科学技术应用领域中发挥着越来越重要的作用。本书是为高等院校的电子信息、计算机、电气及自动化及其他相近专业编著的实验教材，可以作为上述专业的专业基础课实验及课程设计指导书。同时，本书是根据各高等院校的专业特点，在总结许多专业实验教学的基础上，整合多门课程而编写的。

本书主要面向大学本科学生，在完成电路、电子测量课程学习后，为需要完成的实践教学和实验操作及技能而编写的指导书。21 世纪的人才培养，应突出基础训练、基本技能的培养和设计性综合应用能力、创新能力的培养。本书响应时代的要求，以实际操作为主，提高工科学生的动手能力和实验技能，可以作为大学生参加各种电子制作、电子竞赛、课程设计、毕业设计、电工实训、开放实验的教学参考书。

本书由段渝龙组织编写，李良荣、张盛耀、胡丹、吴莘、李国良、吴亚婷、何庆、栾岚等参与编写。编写过程中得到贵州大学丁召教授、张达敏教授、张正平教授、王旭博士的帮助和支持，并提出了许多宝贵意见，在此表示深深的感谢。

限于编者水平，书中不足之处在所难免，恳请读者提出批评和建议。

编　者
2015 年 7 月

目　录

第一章 电 路 实 验

实 验 须 知

科学实验是科学理论的源泉，是自然科学的根本，是工科技术的基础。培养实验能力和实验技能是高等工业院校教育的重要内容之一，因此必须高度重视实验教学。

为了维护正常的教学实验秩序，高质量地完成各项实验任务，确保人身、设备安全，特制订该"实验须知"，请师生们在实验教学中自觉遵守，发扬踏实、严谨和实事求是的科学作风，培养爱护公共财物的优良品质。

（1）坚持理论与实践统一的原则，学生必须按教学计划的要求，认真完成规定的实验课程。

（2）实验实行记分制，实验成绩由指导教师根据学生在实验课中的表现和预习报告、实验报告、实验考试成绩等综合评定。

（3）学生在实验前必须做好规定的预习准备工作，并按要求写好实验预习报告和实验方案，经指导教师认可后方能进行实验。

（4）实验时应严肃、认真、仔细。实验结果经教师审阅签字后，才能拆除实验线路，整理好使用的仪器、导线等，并归还借用的物品。实验结束后应按要求及时完成实验报告。

（5）爱护器材、工具和设备，使用仪器前必须了解其使用方法及注意事项，并在操作时严格遵守。

（6）自觉保持实验室内的安静和整洁，不准喧闹、吐痰、抽烟，不乱拿其他组仪器及非本次实验所用仪器。

（7）凡属下列情况之一者不准参加实验：

1）未按要求写预习报告者；

2）实验开始后迟到10分钟以上者；

3）实验中不遵守实验室有关规定，不爱护仪器，不服从管理教育者。

（8）所接实验线路须由学生自行认真检查，再由教师核对无误后才能合上电源，开始实验。

（9）使用仪器、设备时应严格遵守操作规程。发生仪器设备损坏时，必须及时报告，认真检查原因，从中吸取教训，并按规定的赔偿办法处理。

（10）发生事故时，应立即切断电源，保持现场，并立即向教师和实验负责人报告。

（11）实验结束应切断实验桌上的电源。

实验一 电路元件伏安特性的测试

一、实验目的

（1）学习用直流电压表和直流电流表测量电路元件的伏安特性。

（2）了解理想电压源和实际电压源的伏安特性，了解理想电流源和实际电流源的伏安特性。

二、原理与说明

（1）电路元件的特性可用该元件的电压和通过该元件的电流之间的函数关系表示，也可用电压表和电流表来测定，这种测量方法称为伏安测量法。

（2）一个实际电压源可以用一个理想电压源 U_0 与一个电阻 R_0 相串联的模型来表示，如图 1-1（a）所示。当电压源对外输出电流时，其伏安特性又称为该电源的外特性，其表达式为

$$U = U_0 - IR_0$$

表征上式关系的曲线如图 1-1（b）所示。实际电压源的内阻越小，电源的端电压 U 越接近 U_0。当电源内阻 $R_0 = 0$ 时，$U = U_0$，这样的电压源称为理想电压源。

（3）一个实际电流源可以用一个理想电流源 I_0 与一个电阻 R_0 相并联的模型来表示，如图 1-2（a）所示。对外接有负载时，其伏安特性表达示为

$$I = I_0 - \frac{U}{R_0}$$

表征上式伏安特性函数关系的曲线如图 1-2（b）所示。实际电流源的内阻越大，其输出电流 I 越接近 I_0，当电源内阻 $R_0 = \infty$ 时，$I = I_0$，这样的电流源称为理想电流源[1]。

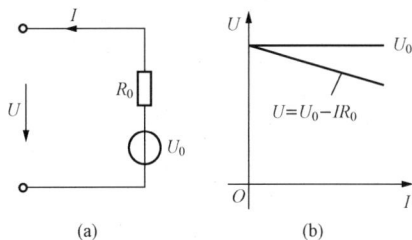

图 1-1　理想电压源与实际电压源
（a）电路图；（b）伏安特性曲线

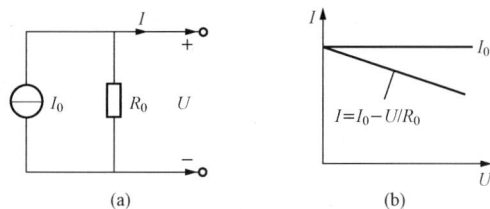

图 1-2　理想电流源与实际电流源
（a）电路图；（b）伏安特性曲线

（4）电阻元件的特性可以用该元件两端的电压 U 与流过该元件的电流 I 的关系来表征。在 U-I 坐标平面上，线性电阻的特性曲线为一条通过坐标原点的直线；对于非线性电阻，则分为以下三种类型：

1）若元件的端电压是流过该元件电流的单值函数，则称为电流控制型电阻元件；

2）若流过元件的电流是该元件端电压的单值函数，则称为电压控制型电阻元件；

3）若元件的伏安特性曲线是单调增加或减少，则该元件是双控的，称为单调型电阻元件。

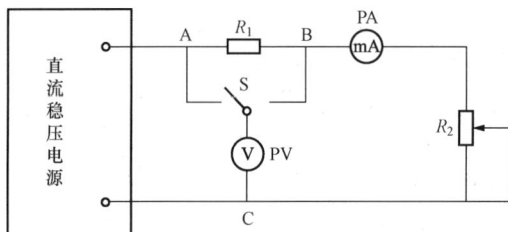

图 1-3　测量理想电压源与实际
电压源伏安特性实验电路
S—单刀双掷开关；PV—直流电压表；PA—毫安表

三、任务与方法

（1）测量理想电压源和实际电压源的伏安特性。按图 1-3 接线，限流电阻 R_1 与可变电阻 R_2 相串联后与稳压电源相连。

1）先将开关 S 的活动接点接入 A 端，逐步变化 R_2 的值，测量对应的电压值和电流值，记录于表 1 - 1 中。

2）将开关 S 合向 B 端，重复步骤 1），测出数据记录于表中，表格自拟。

（2）测量线性电阻的伏安特性。按图 1 - 3 接线，固定 R_1 和 R_2 的值不变，将开关 S 的活动接点接入 B 端，逐步调节电源电压，测量对应的电流 I 和 U_{BC} 的值，记录于表 1 - 2 中。

（3）测量非线性电阻的伏安特性。按图 1 - 3 接线，将 R_1 固定为 $1\sim2\text{k}\Omega$，将可变电阻 R_2 撤掉，换上非线性二端流控电阻 R_N（R_N 实际上是一个单结晶体管，注意 R_N 上的"＋"、"－"端，应与电路中电源的方向对应），然后逐步调节电源电压，测出对应的 U_{BC} 和 I 值，记录于表 1 - 3 中。注意：在负阻特性段应多选取几个测试点。

表 1 - 1   测量理想电压源伏安特性

U_{AC}/V								
I/mA								

表 1 - 2   测量线性电阻伏安特性

U_{BC}/V								
I/mA								

表 1 - 3   测量非线性电阻伏安特性

I/mA								
U_{BC}/V								

（4）测量理想电流源和实际电流源的伏安特性。按图 1 - 4 接线，保持恒流源的输出，逐步增加 R_2 的值，测量对应的电流 I 和电压 U 的值，记录于表 1 - 4 中。

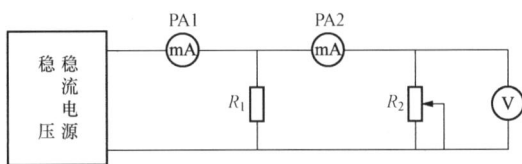

图 1 - 4   测量理想电流源与实际电流源伏安特性实验电路

表 1 - 4   测量理想电流源和实际电流源伏安特性

电阻值/Ω								
电压值/V								
电流值/mA	PA1							
	PA2							

四、注意事项

（1）实验中，严禁将直流稳压电源短路。

（2）在接线或改接线路时，一定要先关掉电源。

（3）在绘制元件的伏安特性曲线时，要选取比例恰当的坐标。

五、实验报告要求

（1）根据测量数据，在坐标纸上按比例绘制各电路元件的伏安特性曲线，采用适当的校正方法使曲线光滑，并注明坐标轴的量值及单位。

（2）记录所使用的仪器、设备及器件。

（3）回答思考题。

六、思考题

（1）若在用伏安法测量电路元件伏安特性时，没有电流表，只有两块电压表，可否测量？采用什么方法？

（2）计算非线性电阻各测量点对应的静态电阻 U/I 和动态电阻 $(U_2-U_1)/(I_2-I_1)$。

实验二　线性电路定理的验证

一、实验目的

（1）通过实验理解和验证叠加原理、戴维南定理、基尔霍夫电流定律、基尔霍夫电压定律。

（2）熟悉仪器设备，提高实验分析和设计能力。

二、原理与说明

（1）如果将立电源称为激励，由它所引起的支路电压、电流称为响应，叠加原理简述为：在任一线性网络中，多个激励同时作用时的总响应等于各个激励单独作用时引起的响应之和。所谓某一激励单独作用，就是除了该激励外，其余激励均为零值。

（2）任何一个线性含源二端网络对外电路的作用，可用一个含内阻的等效电源来代替，即可根据戴维南定理，用一个等效的理想电压源 U_0 和一个等效的内阻 R_0 的串联电路来等效代替；也可根据诺顿定理，用一个等效的理想电流源 I_0 和一个等效的电阻 R_0 相并联的电路来等效代替。

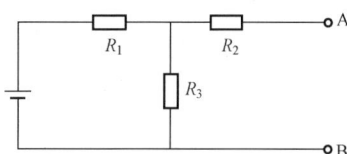

图 1-5　戴维南定理实验电路

（3）图 1-5 所示电路中，A、B 左侧为一含源二端网络，将外电路开路，则等效电源的电压 $U_0=U_{AB}$；将外电路短路，则

$$U_{AB}=U_0-I_{sc}R_0=0$$

$$R_0=\frac{U_0}{I_{sc}}$$

式中　I_{sc}——短路端的短路电流。

上式表明，开路电压 U_∞ 除以短路电流 I_{sc} 即为等效电源的内阻 R_0，而 U_∞ 为戴维南定理中等效理想电压源的电压 U_0，I_{sc} 为诺顿定理中的等效理想电流源的电流 I_0。因此，只要对含源网络进行开路和短路实验，就可以获得等效电源的各参数。但在大电源情况下，将负载短路是不允许的，这时测量内阻应采用其他方法。

三、任务与方法

（1）验证叠加原理。按图 1-6 接线，R_1、R_2、R_3 为

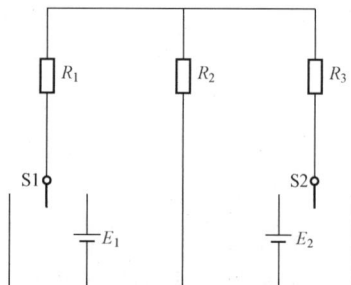

图 1-6　验证叠加原理实验电路

电阻；电压源 E_1、E_2 分别由两台直流稳压电源提供；S1、S2 是两只单刀双掷开关，投向 E_1、E_2 时，表明两电源已接入电路；投向短路侧时，表明电源从电路中撤出。图 1-6 所示电路中，通过拨动 S1、S2，可以使 E_1、E_2 分别作用于电路，也可使 E_1、E_2 共同作用于电路，测量各种激励条件下的响应，以验证叠加原理。具体操作步骤由读者自行拟定，测量数据记录于表 1-5 中。

表 1-5　　　　　　　　　　　　叠 加 原 理 测 量 值

E_1 单独作用		E_2 单独作用		E_1 和 E_2 共同作用	
I'_1/mA		I''_1/mA		I_1/mA	
I'_2/mA		I''_2/mA		I_2/mA	
I'_3/mA		I''_3/mA		I_3/mA	

（2）验证戴维南定理和诺顿定理。

1）按图 1-7 接线，将电压 E_1 和 E_2 调到 10V，将负载电阻 R_N 接入 A、B 端，改变 R_N 的值，测量 R_N 为不同值时流过 R_N 的电流和 R_N 两端的电压，将测量数据记录于表 1-6 中。

2）将 R_N 撤出，测量该二端网络的开路电压 U_∞。

3）将 A、B 端短路，测量短路电流 I_{sc}，然后计算等效内阻 R_0。

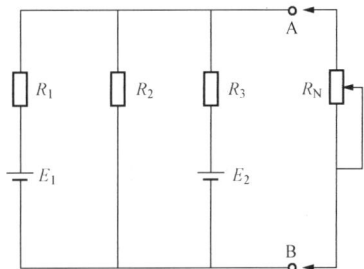

图 1-7　验证戴维南定理实验电路

4）将直流稳压电源与等效内阻 R_0、负载电阻 R_N 串联。调节直流稳压电源的输出电压为等效电源电压 U_∞，改变 R_N 的值，与步骤 1）中的值对应，测量流过 R_N 的电流和 R_N 两端的电压，将测量数据记入表 1-7 中，实验电路自行设计。

5）将步骤 3）中测得的 I_{sc} 用一可调恒流源代替，与等效内阻 R_0 并联后，构成等效电流源。再与可调负载电阻 R_N 并联，改变 R_N 的值，与步骤 1）中的值对应，测量对应的电流和电压，将测量数据记录于表中，表格自拟，实验电路自行设计。

表 1-6　　　　　　　　　　　　戴维南定理端口测量值

R_N/Ω							
I/mA							
U_{AB}/V							

表 1-7　　　　　　　　　　　　戴维南定理等效测量值

R_N/Ω							
I/mA							
U_{AB}/V							

四、注意事项

（1）进行叠加原理实验时，应标明各电压、电流的参考方向，并注意电压表和电流表的极性，测量数据要冠以正、负号。

（2）实验完毕或改接线路时，一定要先关掉稳压电源的电源开关，以免拆线时造成电源短路。

五、实验报告要求

（1）根据表 1-5 的测量数据验证叠加原理，如有误差，试分析原因。

（2）将表 1-6 和表 1-7 的测量数据进行比较，验证戴维南定理。

（3）回答思考题，记录所使用的仪器和设备。

六、思考题和设计任务

（1）用表 1-5 的任一组数据，可否验证基尔霍夫定律？

（2）测量等效电源内阻时，有些大电源不能采用实验中所用的方法，还有其他方法吗？试说明。

（3）参考图 1-5，设计一个用以验证互易定理的电路图，并简拟实验步骤。

实验三　示波器和信号发生器

一、实验目的

（1）了解示波器的原理，熟悉示波器面板上开关和旋钮的作用，初步学会示波器的一般使用方法。

（2）学习信号发生器的使用方法。

二、原理与说明

（1）示波器是一种综合性的电信号特性测试仪，可以直接显示出电信号的波形，测量电信号幅值、频率以及同频率两信号的相位差等。电路实验中常会用到这种基本电子测量仪器。

（2）信号发生器是产生各种波形的信号电源。常用的信号发生器有正弦信号发生器、方波信号发生器、脉冲信号发生器等。信号发生器的频率（周期）和输出幅值一般可以通过开关和旋钮加以调节，是电路实验中常用的一种基本仪器。

（3）示波器的结构较为复杂，面板上的开关和旋钮较多，而信号发生器又是初次接触，因此，为使本实验能顺利进行，需要学生在课前预习示波器说明的基础上，仔细听取教师针对具体仪器进行的讲解和演示，然后再动手操作，并在示波器上分别调试出图 1-8 所示的图形。

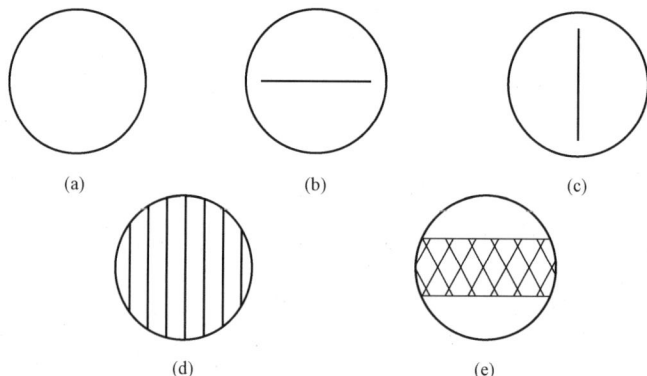

图 1-8　示波器观测图

（a）无任何图形；（b）水平一条线；（c）垂直一条线；

（d）只有暗淡的垂直竖线；（e）图形不稳定

（4）示波器是现代测量中一种最常用的仪器，它能够直观地观察被测信号的真实波形，
直接测量信号幅度、周期和时间，并能同时显示几个信
号进行比较测量。示波器测量技术是一种最灵活的、多
用途的测量技术。图 1-9 所示为示波器显示的一个完整
的正弦波。

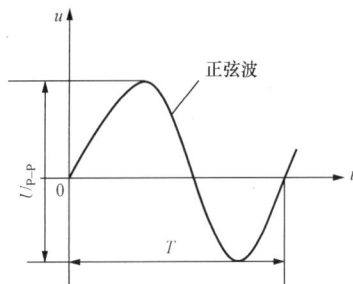

三、任务与方法

（1）熟悉示波器和信号发生器的各主要开关和旋钮
的作用。

1）将示波器置于扫描（连续）工作方式，接通电
源并预热后，在示波器的荧光屏上调出一条水平扫描亮

图 1-9 示波器测量图

线，分别旋动［聚焦］、［辅助聚焦］、［亮度］、［标尺亮度］、［垂直位移］、［水平位移］
等旋钮，体会这些旋钮的作用和对水平扫描线的影响。

2）将信号发生器输出调到零值位置并接至示波器的输入端，然后合上信号发生器
的电源开关，预热后再给定一输出电压，在示波器的荧光屏上调出被测信号的波形。
分别旋动（或转换）示波器的水平扫描系统（X 通道）和垂直系统（Y 通道）的各旋钮
（或开关），体会这些旋钮（或开关）的作用以及对输入信号波形的形状和稳定性的
影响。

分别改变信号发生器产生信号的幅值和频率，重复调节各旋钮（或开关）体会，体
会其对信号波形的影响。

（2）用示波器测量给定电信号的幅值和频率，将测出的频率与信号发生器的标称频率相
比较，记录测量步骤和方法。

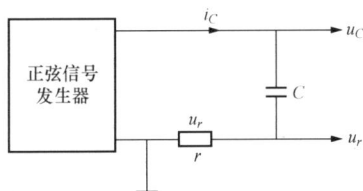

图 1-10 信号发生器实验电路
　　　r—电流取样电阻；
　u_r 的波形即表示 i_C 的波形。

（3）按图 1-10 接线，由正弦信号发生器输出一
给定电压，通过示波器观察电容器的端电压 u_C 和流
过电容器的电流 i_C 的波形，然后用示波器测量 u_C 和
i_C 的相位差。

（4）用示波器测量信号发生器的输出波形。

1）测量正弦信号波形最高和最低两点之间（峰
-峰）在 Y 轴方向占有的方格个数 H（可为小数，如
2.5 格）。

2）测量一个完整的正弦波形在 X 轴方向占有的
方格个数 D（可为小数），测量数据记录于表 1-8 中。

3）将信号波形改为方波或三角波，重复以上步骤 1）、2），并分别将数据记入表 1-8 中
"方波"或"三角波"一栏。

4）分别按下列计算公式计算电压信号波形的有效值 U，计算结果记录于表 1-8。

正弦波 $$U = \frac{U_{P\text{-}P}}{2\sqrt{2}}$$

方波 $$U = \frac{1}{2}U_{P\text{-}P}$$

三角波 $$U = \frac{1.15}{4}U_{P\text{-}P}$$

信号发生器		示 波 器			
波形	频率/kHz	T	f	$U_{\text{P-P}}$	U
正弦波	1.5				
方　波	1.5				
三角波	1.5				

表 1-8　　　　　　　　　　信号发生器典型信号的测量

四、注意事项

(1) 在了解示波器、信号发生器的使用方法以及各旋钮（或开关）的作用后，再动手操作。使用这些仪器时，旋动各旋钮（或开关）不要用力过猛。

(2) 用示波器观察信号发生器的波形时，两台仪器的公共地线要接在一起，以免产生干扰信号。

五、实验报告要求

(1) 记录用示波器测得的各个波形，标明被测信号的幅值和频率等。

(2) 总结用示波器测量电压信号的幅值、频率和两个同频率信号相位差的步骤和方法。

(3) 列出所用仪器设备。

(4) 回答思考题。

六、思考题

用一台工作正常的示波器测量正弦信号时，观察到如图 1-8 所示的现象，试回答应该旋动哪些旋钮，才有可能得到清晰和稳定的波形？

实验四　一阶电路的响应

一、实验目的

(1) 学习用示波器观察和分析电路的响应。

(2) 研究 RC 电路在零状态、阶跃激励和方波激励情况下，响应的基本规律和特点。

二、原理与说明

(1) 含有 L、C 储能元件的电路，其响应可以由微分方程求解。凡是可用一阶微分方程描述的电路，称为一阶电路。一阶电路通常由一个储能元件和若干个电阻元件组成。

(2) 所有储能元件初始值为零的电路对激励的响应称为零状态响应。对于图 1-11 所示的一阶电路，当 $t=0$ 时，开关 S 由位置 2 掷向位置 1，直流电流经 R 向 C 充电，电路方程为

$$u_C + RC\frac{\mathrm{d}u_C}{\mathrm{d}t} = U_{\text{S}}$$

初始值　　　　$u_C(0_-) = 0$

可以得出电容的电压和电流随时间变化的规律为

$$u_C(t) = U_{\text{S}}(1 - e^{-\frac{t}{\tau}}) \quad (t \geqslant 0)$$

$$i_C(t) = \frac{U_{\text{S}}}{R}e^{-\frac{t}{\tau}} \quad (t \geqslant 0)$$

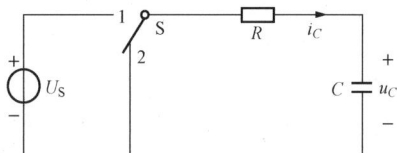

图 1-11　零状态、零输入响应

上式表明，零状态响应是输入激励的线性函数。其中，$\tau = RC$ 为时间常数，是反应电路过渡过程进行得快慢的物理量。τ 越大，暂态响应所持续的时间越长，过渡过程的时间越长；反之，τ 越小，过渡过程的时间越短。

（3）电路在无激励情况下，由储能元件的初始状态引起的响应称为零输入响应。图 1-11 中，当开关 S 置于 1，$u_C = U_0$，$t = 0$ 时，再将开关 S 转换到位置 2，电容器的初始电压 $u_C(0_-)$ 经 R 放电。由方程 $u_C + RC\dfrac{du_C}{dt} = 0$，$t \geqslant 0$ 及初始值 $u_C(0_-) = U_0$，可以得出电容器上的电压和电流随时间变化的规律，即

$$u_C(t) = u_C(0_+)e^{-\frac{t}{\tau}} \quad (t \geqslant 0)$$

$$i_C(t) = -\frac{u_C(0_+)}{R}e^{-\frac{t}{\tau}} \quad (t \geqslant 0)$$

$$u_C(0_+) = u_C(0_-) = U_0$$

上式表明，零输入响应是初始状态的线性函数。

（4）对于 RC 电路的方波响应，当电路的时间常数远小于方波周期时，可以视为零状态响应和零输入响应的多次过程。方波的前沿相当于给电路一个阶跃输入，其响应就是零状态响应；方波的后沿相当于在电容具有初始值 $u_C(0_-)$ 时将电源用短路置换，电路响应转换为零输入响应。

为了清楚地观察到响应的全过程，可使方波的半周期和时间常数 RC 保持约 5:1 的关系。由于方波是周期信号，可以用普通示波器显示出稳定的图形，以便于定量分析。

（5）RC 电路充放电的时间常数 τ 可以由响应波形中估算得出。设时间坐标单位 t 确定，对于充电曲线来说，幅值上升到终值的 63.2% 时所对应的时间即为一个为 τ［见图 1-12 (a)］。对于放电曲线幅值下降到初值的 36.8% 时所对应的时间即为一个 τ［见图 1-12 (b)］。

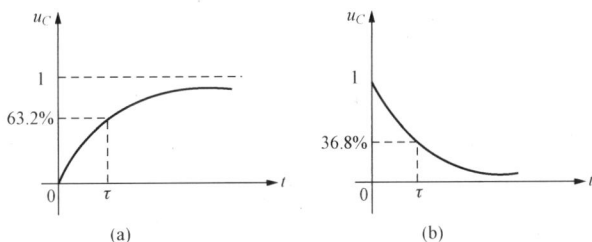

图 1-12 时间常数测量
(a) 上升沿时间常数测量；(b) 下降沿时间常数测量

（6）微分电路。当选择 R 和 C 的值使电容 C 上的电压 u_C 远大于电阻 R 上的电压 u_R 时，有

$$u_C \approx u_s$$

$$i = C\frac{du_C}{dt} \approx C\frac{du_s}{dt}$$

$$u_R = Ri \approx RC\frac{du_C}{dt}$$

即电阻 R 上的电压与输入电压近似微分关系。以正弦输入为例，则有 $1/\omega C \gg R$。

（7）积分电路。当选择 R 和 C 的值使电容 C 上的电压 u_C 远小于电阻 R 上的电压 u_R 时，即 $u_C \ll Ri$，即时间常数 $\tau = RC$ 很大，则可得 $Ri \approx u_s$，$i = u_s/R$。由

$$i = C\frac{du_C}{dt}$$

得

$$u_C = \frac{1}{C}\int_{-\infty}^{t} i_C dt = \frac{1}{CR}\int_{-\infty}^{t} u_s dt$$

即 u_C 与输入电压成积分关系。

三、任务与方法

（1）研究 RC 电路零输入响应与零状态响应。按图 1-13 接线，开关 S 首先置于位置 2，电容器电压为零以后，S 由位置 2 转换到位置 1，即可用示波器观察到零状态响应的波形；电路达到稳态以后，S 再由位置 1 转换到位置 2，即可观察到零输入响应的波形。分别改变电阻 R、电容 C 和电压 U_S 的值，观察并绘制零输入响应和零状态响应时 $u_C(t)$ 和 $i_C(t)$ 的波形。

（2）研究 RC 电路的方波响应。按图 1-14 接线，适当选取方波电源的周期和 R、C 的值，观察并绘制 $u_C(t)$ 和 $i_C(t)$ 的波形，改变 R 或 C 的值，使 $RC=\dfrac{T}{10}$，$RC \ll \dfrac{T}{10}$，$RC=\dfrac{T}{2}$，$RC \gg \dfrac{T}{2}$，观察 $u_C(t)$ 和 $i_C(t)$ 的变化情况，并作记录。

（3）按图 1-12 所示方法，试估算时间常数 τ。

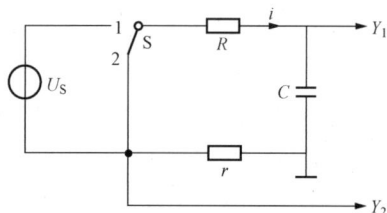

图 1-13　零输入、零状态响应测量实验电路
U_S—直流电压源；r—电流取样电阻

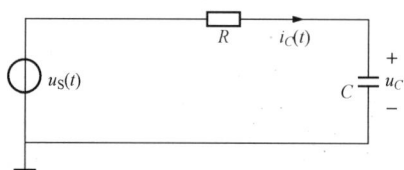

图 1-14　方波响应测量实验电路
$u_S(t)$ —方波信号发生器产生的电压信号、周期为 T

四、注意事项

（1）用示波器观察响应的一次过程时（见图 1-13），扫描时间要选取适当，当扫描亮点开始在荧光屏左端出现时，立即合上开关 S。

（2）在观察 $u_C(t)$ 和 $i_C(t)$ 的波形时，由于其幅值相差较大，因此要注意调节 Y 轴的灵敏度。

（3）由于示波器和方波信号发生器的公共地线必须接在一起，因此在实验中，方波响应、零输入和零状态响应的电流取样电阻 r 的接地端不同，在观察和绘制电流响应波形时，注意分析波形的实际方向。

五、实验报告要求

（1）将观察绘制的各响应的波形分别画在坐标纸上，并注明各坐标轴的量值和单位。

（2）从方波响应 $u_C(t)$ 的波形估算出时间常数 τ，并与计算值比较。

（3）列出所用仪器设备。

（4）回答思考题。

六、思考题

（1）当电容器具有初始电压时，RC 电路在阶跃激励下是否会出现没有暂态的现象？为什么？

（2）如何用实验方法证明全响应是零状态响应分量和零输入响应分量之和？

实验五 二阶电路的响应与状态轨迹

一、实验目的

（1）研究 L、R、C 串联电路对应的二阶微分方程的解的类型特点及其与元件参数的关系。

（2）观察分析各种类型的状态轨迹。

二、原理与说明

（1）R、L、C 串联电路，无论是零输入响应，还是零状态响应，电路过渡过程的性质完全由特征方程

$$LCp^2 + RCp + 1 = 0$$

的特征根

$$p_{1,2} = -\frac{R}{2L} \pm \sqrt{\left(\frac{R}{2L}\right)^2 - \left(\frac{1}{\sqrt{LC}}\right)^2} = -\delta \pm \sqrt{\delta^2 - \omega_0^2}$$

决定。其中，$\delta = \dfrac{R}{2L}$，$\omega_0 = \dfrac{1}{\sqrt{LC}}$。

1）如果 $R > 2\sqrt{L/C}$，则 $p_{1,2}$ 为两个不相等的负实根，电路过渡过程的性质为过阻尼的非振荡过程。

2）如果 $R = 2\sqrt{L/C}$，则 $p_{1,2}$ 为两个相等的负实根，电路过渡过程的性质为临界阻尼过程。

3）如果 $R < 2\sqrt{L/C}$，则 $p_{1,2}$ 为一对共轭复根，电路过渡过程的性质为欠阻尼的振荡过程。

改变电路参数 R、L 或 C，均可使电路发生上述三种不同性质的过程。

电路发生振荡过程时，其振荡的性质取决于电路的衰减系数 $\delta = \dfrac{R}{2L}$，一般情况下，δ 是正实数，这种振荡称为衰减振荡；如果电路中的电阻为零，这种振荡称为等幅振荡；如果有可能使电路中的总电阻为负值，则这种振荡就称为增幅振荡。

（2）对于欠阻尼情况，衰减振荡角频率 ω_d 和衰减系数 δ 可以从响应波形中测量得出，如在响应 $i(t)$ 波形中（见图 1-15）ω_d 可以利用示波器直接测出，且 $\omega_d = \sqrt{\omega^2 - \delta^2} = \dfrac{2\pi}{t_2 - t_1}$；对于 δ，由于有

$$i_{1m} = Ae^{-\delta t_1}, \ i_{2m} = Ae^{-\delta t_2}$$

$$\frac{i_{1m}}{i_{2m}} = e^{-\delta(t_1 - t_2)} = e^{\delta(t_2 - t_1)}$$

显然，$t_2 - t_1$ 即为周期 $T_d = \dfrac{2\pi}{\omega_d}$，所以有

$$\delta = \frac{1}{T_d} \ln \frac{i_{1m}}{i_{2m}}$$

由此可见，用示波器测出周期 T_d 和 i_{1m}、i_{2m} 幅值后，就可以计算 δ 的值。

（3）对于图 1-16 所示二阶电路（$r = 0$），也可以用两个一阶方程的联立即由状态方程

来求解，即

$$\mathrm{d}u_C/\mathrm{d}t = i_L/C$$
$$\mathrm{d}i_L/\mathrm{d}t = (u_S - u_C - Ri_L)/L$$

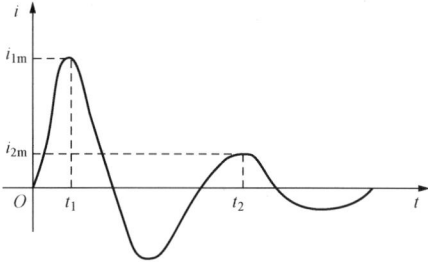

图 1-15　衰减系数测量

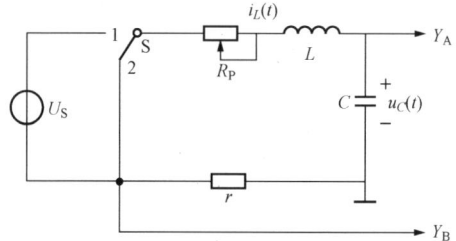

图 1-16　二阶电路波形测量实验电路

初始值为

$$u_C(0_-) = U_0,\ i_L(0_-) = I_0$$

其中，u_C 和 i_L 为状态变量。对于所有 $t \geqslant 0$ 的不同时刻，由状态变量在状态平面上确定的点集合，就叫做状态轨迹。将示波器置于水平工作方式，当 Y 轴输入 u_C 波形，X 轴输入 i_L 波形时（在 r 上取电压 u_r），适当调节 Y 轴和 X 轴幅值，即可在荧光屏上显现出状态轨迹。

三、任务与方法

(1) 研究 R、L、C 串联电路的零输入响应 u_C、i_L 和阶跃响应。实验电路见图 1-16，U_S 为直流电压源，改变电阻 R_P 的值，观察上述两种响应的过阻尼、欠阻尼和临界阻尼情况，并绘制 $u_C(t)$ 和 $i_L(t)$ 的波形。对于回路的总电阻，要考虑到实际电感中的直流电阻 R_L 和电流取样电阻 r。

(2) 将示波器置于水平工作方式，观察并绘制上述各种情况下的状态轨迹。

(3) 观察并绘制过阻尼、临界阻尼和欠阻尼情况下的方波响应。对欠阻尼情况，在改变电阻 R_P 时，注意衰减振荡角频率 ω_d 及衰减系数 δ 对波形的影响，并用示波器测出 ω_d 和 δ 的值。

为了清楚地观察到响应的全过程，可选取方波信号源的半周期和电路谐振时的周期保持约 5：1 的关系。

(4) 观察并绘制方波激励时上述各种情况下的状态轨迹。

四、注意事项

观察零输入响应和阶跃响应的状态轨迹时，注意轨迹的起点、终点以及最大值出现的位置。

五、实验报告要求

(1) 将观察到的各个波形分别画在坐标纸上，并结合电路元件的参数加以分析讨论。

(2) 根据实验参数，计算欠阻尼情况下方波响应中 ω_d 的值，并与实测数据相比较。

(3) 列出所用仪器设备。

(4) 回答思考题。

六、思考题

(1) 当 R、L、C 电路处于过阻尼情况时，若再增加回路的电阻 R，对过渡过程有何影响？当电路处于欠阻尼情况时，若再减小回路电阻 R，对过渡过程又有何影响？为什么？在什么情况下电路达到稳态的时间最短？

（2）不做实验，能否根据欠阻尼情况下的 u_C、i_L 波形定性地画出其状态轨迹？

实验六　R、L、C元件在交流电路中的阻抗特性

一、实验目的

（1）研究 R、L、C 元件在正弦交流电路中的阻抗特性。

（2）学习用示波器观察 R、L、C 元件的电压、电流波形及其相位关系，以加深对相量和相量图的理解。

二、原理与说明

在正弦交流电路中，电路元件的端电压与通过该元件的电流有效值之比，即为元件阻抗值。在电源频率不高的情况下，电阻及电容元件均可视为理想元件，电感元件虽具有电阻特性，但在 $X_L \gg R$ 的条件下，仍可看作理想元件。因此有

$$\frac{U}{I} = R$$

$$\frac{U}{I} = X_L = \omega L$$

$$X_C = \frac{1}{\omega C} = \frac{U}{I}$$

由上可知，可用交流电压表和电流表来测量各元件的电阻和电抗。上述阻抗元件都与电源的频率具有一定的函数关系，称为阻抗频率特性，可通过实验测量并绘制其特性曲线。

由于 R、L、C 在正弦交流电路中所呈现的阻抗特性不同，故不同元件上电压和电流之间将出现不同的相位差。交流电路中，所有的电压、电流之间都是一种相量关系，如果用仪表测得各支路电流和各元件上的电压有效值后，可借助相量图来建立这些量之间的相量关系。

三、任务与方法

（1）将电阻、电感和电容按图 1-17 接线，信号发生器的输出电压调到 5V 保持不变。

1）将开关 S1 闭合，S2、S3 断开（即不接 L 和 C 支路），改变电源频率，记录不同频率时所对应的电流，将测量结果记录于表 1-9 中。

2）将 S1 断开，S2、S3 分别单独接入电感及电容支路，重复上述测量步骤，并计算 X_L 和 X_C，表格自拟。

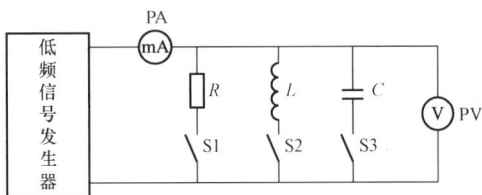

图 1-17　频率特性实验电路

表 1-9　　　　　　　　　交流电路频率变化测量数据

测量数据	f/Hz	40	60	80	100	120	150
	I/mA						
计 算 值	Z/Ω						

（2）信号发生器保持电压 5V，用交流毫安表分别测量电源频率为 50Hz 时，R、L、C 支路的电流、总电流，并将数据记录于表 1-10。

表 1-10　　　　　　　　　　支路电流、总电流测量数据

f/Hz	I	I_C	I_R	I_L
50				

（3）按图 1-18 接线，将信号发生器的频率调到 50Hz，电压调到 5V，用示波器分别观察 R、L、C 元件上的 $u(t)$ 及 $i(t)$ 波形，由于示波器是高输入阻抗测量仪器，所以不能直接测量 $i(t)$，由 $u(t)=i(t)r$，可用一个小电阻 r 将 $i(t)$ 变换成 $u(t)$，通过测量 $u(t)$ 来观察 $i(t)$。

四、注意事项

（1）正确使用测量仪表和示波器，并选择适当量程。

（2）每次读数时，应先将信号源电压调到 5V，并注意不要将信号发生器短路。

（3）双迹法测量相位差，可将两个被测信号分别加入示波器 Y 轴的上、下通道，同时示波器触发方式采用"外触发"。则在荧光屏上将同时显示两个被测信号波形，如图 1-19 所示。两信号之间的相位差为 φ，计算式为

$$\varphi=\left(\frac{AB}{CD}\right)\times360°$$

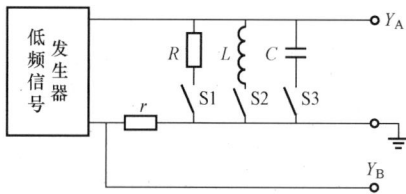

图 1-18　相位测量实验电路　　　　　　图 1-19　相位差图

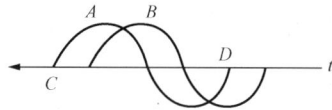

五、实验报告要求

（1）以电源频率为横坐标，R、X_L、X_C 为纵坐标，在同一坐标系中绘制各种元件的频率特性，并分析其特点。

（2）根据表 1-10 中测量结果，验证总电流 I 是否为各支路电流的代数和，并思考为什么。

（3）分析 R、L、C 电路 $u(t)$ 和 $i(t)$ 的相位关系。

（4）列出所用仪器设备。

实验七　R、L、C 串联谐振电路

一、实验目的

（1）加深对串联谐振电路特性的理解。

（2）学习测量 R、L、C 串联和并联谐振电路的频率特性曲线。

二、原理与说明

（1）如图 1-20 所示，R、L、C 串联电路的阻抗是电源角频率 ω 的函数，即

$$Z = R + \mathrm{j}(\omega L - 1/\omega C)$$

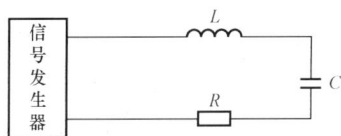

图 1-20　串联谐振实验电路

当 $\omega L - (1/\omega C) = 0$ 时，电路处于谐振状态，谐振角频率 $\omega_0 = 1/\sqrt{LC}$，谐振频率 $f_0 = 1/(2\pi\sqrt{LC})$。显然，谐振频率仅与元件 L、C 的值有关，而与电阻 R、激励电源的角频率 ω 无关。当 $\omega < \omega_0$ 时，电路呈容性，阻抗角 $\varphi < 0°$；当 $\omega > \omega_0$ 时，电路呈感性，阻抗角 $\varphi > 0°$。

（2）电路处于谐振状态时的特性。

1）由于回路总电抗 $X_0 = \omega_0 L - (1/\omega_0 C) = 0$，因此，回路阻抗 $|Z_0|$ 为最小值，整个回路相当于一个纯电阻电路，激励电源的电压与电路的响应电流同相位。

2）由于感抗 $\omega_0 L$ 与容抗 $1/\omega_0 C$ 相等，所以电感上的电压 U_L 与电容上的电压 U_C 值相等，相位相差 $180°$，U_L（或 U_C）与激励电压 U_S 之比称为回路的品质因数 Q，即

$$Q = \frac{U_L}{U_S} = \frac{U_C}{U_R} = \frac{\omega_0 L}{R} = \frac{1}{R\omega_0 C} = \frac{1}{R}\sqrt{\frac{L}{C}}$$

图 1-21 所示为不同 Q 值时的频率特性曲线。显然，Q 值越大，曲线尖峰值越陡峭，其选择性就越好。

在 U、R、L、C 固定的条件下，改变电源角频率 ω，可得到图 1-22 所示的谐振曲线，其中，$\omega_0 = 1/\sqrt{LC}$ 为谐振角频率，ω_C 和 ω_L 分别是 U_C 和 U_L 最大时对应的角频率，且 $\omega_C < \omega_0$，$\omega_L > \omega_0$。并且只有当 $Q = \omega_0 L/R = 1/(\omega_0 CR) > 1/\sqrt{2}$ 时，U_C 和 U_L 曲线才出现最大值，否则 U_C 将单调下降趋于 0，U_L 将单调上升趋于 U。

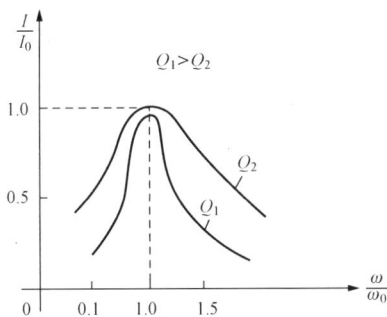

图 1-21　Q 值频率特性曲线

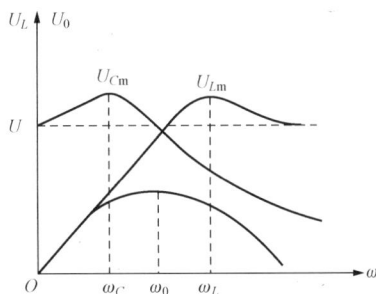

图 1-22　幅频特性曲线

三、任务与方法

（1）自拟实验方案，作实验接线图，将信号发生器的输出电压调到 5V，频率可调，电感为 $L = 10\text{mH}$，要求 $f_0 = 50\text{kHz}$ 时谐振，Q 可在 2～7 内选择。

（2）在保证电压 U = 5V 的条件下，测量不同频率时的 I、U_R、U_L 及 U_C 值，并将测量数据记录于表 1-11 中。

（3）保持 L、C 不变，取另一电阻 $R_2 \geqslant R_1/3$，重测曲线，只记录对应于每一频率的 U_R 值。

表 1-11　　　　　　　　　　　　串联谐振电路频率变化测量数据

f/kHz					
I/mA					
U_R/V					
U_L/V					
U_C/V					

（4）设计一测量 LC 并联谐振电路的电路图，并拟定实验方案。

四、注意事项

（1）每次改变信号电源的频率后，注意调节输出电压，使其保持为定值（5V）。

（2）毫安表在使用前应注意校准调零。

五、实验报告要求

（1）根据实验数据，在坐标纸上绘制不同 Q 值下的幅频特性曲线、相频特性曲线以及 $U_C(\omega)$、$U_L(\omega)$ 曲线，分别与理论计算值相比较，并作简略分析。

（2）谐振时，是否有 $U=U_R$ 及 $U_L=U_C$ 的关系。若等式不成立，试分析其原因。

（3）列出所用仪器设备。

实验八　回转器的特性

一、实验目的

（1）研究回转器的特性。

（2）学习回转器的测试方法。

二、原理与说明

回转器是一个二端口网络，如图 1-23 所示，它能够将一个端口上的电流（或电压）"回转"为另一端口上的电压（或电流），其传输方程为

$$u_1 = \frac{1}{G}i_2, \quad i_1 = Gu_2$$

式中　G——回转器的回转电导。

回转器的入端电阻为

$$R_{\text{in}} = \frac{u_1}{i_1} = \frac{1}{G^2 R_L}$$

图 1-23　回转器原理图

在正弦稳态下，输出端口的负载复阻抗为 Z_L 时，则

$$Z_{\text{in}} = \frac{1}{G^2 Z_L}$$

因此，当负载 Z_L 为电容 C 时，回转器 A、B 端呈现电感性，其等值电感 $L=C/G^2$，回转器的这一特性在集成电路中获得了重要的应用。同样，Z_L 为电感 L 时，回转器的入端等值电容 $C=G^2 L$。

图 1-24 所示为理想回转器的电路模型，它由两个电压控制型电流源组成。本实验所采用的回转器电路由两只运算放大器构成，型号为 LM324，如图 1-25 所示。

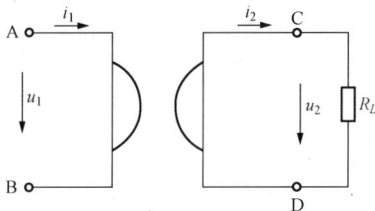

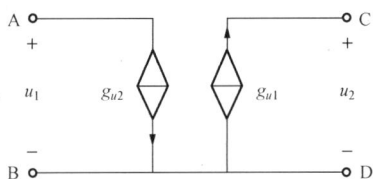

图 1-24 理想回转器电路模型

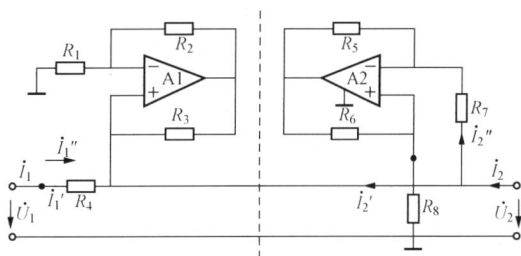

图 1-25 实际回转器电路

将图 1-25 所示电路从虚线处分成两部分进行分析。先分别求解各部分电路 $\dot{U}_1$、$\dot{U}_2$ 和 $\dot{I}_1$、$\dot{I}_2$ 的关系，然后叠加即可获得上述回转器的基本方程。具体分析过程如下：

图 1-25 中，虚线左边的电路如图 1-26 所示。设运算放大器 A1 的输入电压为 $\dot{U}_-$、$\dot{U}_+$，输入电流为 $\dot{I}_-$、$\dot{I}_+$，输出电压为 $\dot{U}'$。根据运算放大器的性质，应有

$$\dot{U}_+ \approx \dot{U}_-, \quad \dot{I}_+ \approx 0, \quad \dot{I}_- \approx 0$$

由欧姆定律，可得

$$\dot{U}_- = \frac{\dot{U}'}{R_1+R_2}R_1, \quad \dot{I}_1' = \frac{\dot{U}_1'-\dot{U}_2}{R_4}, \quad \dot{I}_3 = \frac{\dot{U}_2-\dot{U}}{R_3}$$

而

$$\dot{U}_+ = \dot{U}_2, \quad \dot{I}_3 = \dot{I}_2' + \dot{I}_1'$$

所以有

$$\dot{I}_1' = \frac{1}{R_4}\dot{U}_1 - \frac{1}{R_4}\dot{U}_2$$

$$\dot{I}_2' = \dot{I}_3 - \dot{I}_1' = \frac{\dot{U}_2-\dot{U}_1'}{R_3} - \dot{I}_1' = \frac{1}{R_3}\left(\dot{U}_2 - \frac{R_1+R_2}{R_1}\dot{U}_2\right) - \dot{I}_1'$$

$$= -\frac{1}{R_4}\dot{U}_1 - \left(\frac{R_2}{R_1R_3} - \frac{1}{R_4}\right)\dot{U}_2$$

对于图 1-25 中虚线右边的电路，采用同样的分析方法可得

$$\dot{I}_2'' = \left(\frac{1}{R_4} - \frac{R_B}{R_AR_C}\right)\dot{U}_1 + \frac{R_B}{R_AR_C}\dot{U}_2$$

$$= -\frac{1}{R_A}\dot{U}_1 + \frac{1}{R_A}\dot{U}_2$$

将对应的电流叠加，可得图 1-26 所示回转器的基本方程。要使图 1-25 所示电路构成理想的回转器，则电路参数可取为：$R_1 = R_2 = R_3 = 1\text{k}\Omega$；$R_4 = 2\text{k}\Omega$；$R_A = 2\text{k}\Omega$，$R_B = 3\text{k}\Omega$，$R_C = R_D = 1\text{k}\Omega$。

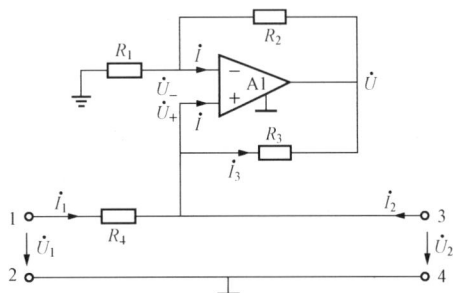

图 1-26 实际回转器左侧部分电路

三、任务与方法

实验电路如图 1-27 所示，图中 U_S 为电源正弦输入。

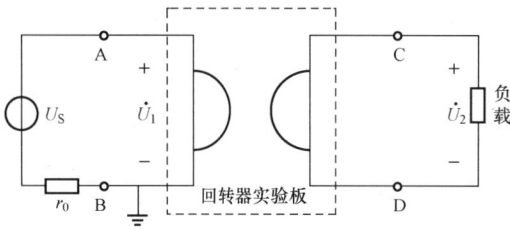

图 1-27　回转器实验电路

（1）当负载分别为 R_1、R_2、R_3 时，测量 $\dot{U}$ 及 $\dot{I}_1$ 的值，求解回转器的回转电导 G 及输入电阻 R_{in}。

（2）将负载换为电容器 C，用双线示波器观察并记录 A—B 端 i_1 的幅值和相位关系。

（3）将负载换为电感 L，重复步骤（2）。

（4）改变电源频率，重复上述步骤。

四、注意事项

（1）在整个实验过程中，要注意观察回转器的 u、i 波形，只有波形为正弦波时，回转器才处于正常工作状态。

（2）用双线示波器观察波形时，要求有一个公共接地点。本实验取 B 点为公共接地点。

五、实验报告要求

（1）根据测量数据，计算不同频率下的等值电感 L，绘制 $L(f)$ 曲线。

（2）讨论实验过程中所观察到的现象，从中概括对回转器的认识。

实验九　二端口网络参数的测定

一、实验目的

（1）学习测定无源线性二端口网络的参数。

（2）研究二端口网络及其等效电路在有载情况下的性能。

二、原理与说明

（1）对于无源线性二端口网络，如图 1-28 所示，可以用网络参数来表征其特性，这些参数取决于二端口网络内部的元件和结构，而与输入（激励）无关。网络参数确定后，两个端口处的电压、电流关系即网络的特性方程即唯一确定。

1）若将二端口网络的输入端电流 $\dot{I}_1$ 和输出电流 $\dot{I}_2$ 作为自变量，电压 $\dot{U}_1$ 和 $\dot{U}_2$ 作为因变量。则有特性方程

图 1-28　无源线性二端口网络

$$\dot{U}_1 = Z_{11}\dot{I}_1 + Z_{12}\dot{I}_2, \quad \dot{U}_2 = Z_{21}\dot{I}_1 + Z_{22}\dot{I}_2$$

式中　Z_{11}，Z_{12}，Z_{21}，Z_{22}　二端口网络的 Z 参数，具有阻抗的性质。可分别表示为

$$Z_{11} = \left.\frac{\dot{U}_1}{\dot{I}_1}\right|_{\dot{I}_2=0}, \quad Z_{12} = \left.\frac{\dot{U}_1}{\dot{I}_2}\right|_{\dot{I}_1=0}$$

$$Z_{21} = \left.\frac{\dot{U}_2}{\dot{I}_1}\right|_{\dot{I}_2=0}, \quad Z_{22} = \left.\frac{\dot{U}_2}{\dot{I}_2}\right|_{\dot{I}_1=0}$$

从上述 Z 参数的表达式可知，只要将二端口网络的输入端和输出端分别开路，测量其相应的电压和电流后，就可以确定二端口网络的 Z 参数。

当二端口网络为互易网络时，则有 $Z_{12}=Z_{21}$，因此，4 个二端口网络 Z 参数中只有 3 个是独立的。

2) 若将二端口网络的输出端电压 $\dot{U}_2$ 和电流 $-\dot{I}_2$ 作为自变量，输入端电压 $\dot{U}_1$ 和电流 $\dot{I}_1$ 作为因变量，则有特性方程

$$\dot{U}_1 = A_{11}\dot{U}_2 + A_{12}(-\dot{I}_2), \quad \dot{I}_1 = A_{21}\dot{U}_2 + A_{22}(-\dot{I}_2)$$

式中 A_{11}，A_{12}，A_{21}，A_{22}——二端口网络的 A 参数，即传输参数，可分别表示为

$$A_{11} = \frac{\dot{U}_1}{\dot{U}_2}\bigg|_{\dot{I}_2=0}, \quad A_{12} = \frac{\dot{U}_1}{-\dot{I}_2}\bigg|_{\dot{U}_2=0}$$

$$A_{21} = \frac{\dot{I}_1}{\dot{U}_2}\bigg|_{\dot{I}_2=0}, \quad A_{22} = \frac{\dot{I}_2}{-\dot{I}_2}\bigg|_{\dot{U}_2=0}$$

可见，A 参数同样可以用实验方法求得，当二端口网络为互易网络时，则有

$$A_{11}A_{22} - A_{12}A_{21} = 1$$

因此，4 个二端口网络 A 参数中只有 3 个是独立的。

在电力及电信传输中，常用 A 参数方程来描述网络特性。

3) 若将二端口网络的输入端电流 $\dot{I}_1$ 和输出端电压 $\dot{U}_2$ 作为自变量，输入端电压 $\dot{U}_1$ 和输出端电流 $\dot{I}_2$ 作为因变量。则有特性方程

$$\dot{U}_1 = h_{11}\dot{I}_1 + h_{12}\dot{U}_2, \quad \dot{I}_2 = h_{21}\dot{I}_1 + h_{22}\dot{U}_2$$

式中 h_{11}，h_{12}，h_{21}，h_{22}——二端口网络的 h 参数，即混合参数，可分别表示为

$$h_{11} = \frac{\dot{U}_1}{\dot{I}_1}\bigg|_{\dot{U}_2=0}, \quad h_{12} = \frac{\dot{U}_1}{\dot{U}_2}\bigg|_{\dot{I}_1=0}$$

$$h_{21} = \frac{\dot{I}_2}{\dot{I}_1}\bigg|_{\dot{U}_2=0}, \quad h_{22} = \frac{\dot{I}_2}{\dot{U}_2}\bigg|_{\dot{I}_1=0}$$

h 参数同样可以用实验方法求得。当二端口网络为互易网络时，则有 $h_{12}=-h_{21}$，因此，二端口网络的 4 个 h 参数中只有 3 个是独立的。

h 参数常被用来分析晶体管放大电路的特性。

（2）无源线性二端口网络的外部特性可以用 3 个阻抗（或导纳）元件组成的 T 形（或 Ⅱ 形）等效电路来代替，T 形等效电路如图 1-29 所示。若已知网络的 A 参数，则阻抗 Z_1、Z_2、Z_3 分别为

$$Z_1 = \frac{A_{11}-1}{A_{21}}, \quad Z_2 = \frac{1}{A_{21}}, \quad Z_3 = \frac{A_{22}-1}{A_{21}}$$

因此，求解二端口网络的 A 参数之后，网络的 T 形（或 Ⅱ 形）等效电路的参数也就随之确定。

（3）在二端口网络输出端接一个负载阻抗 Z_L，在输入端接一内阻抗为 Z_1 的电压源 U_S，如图 1-30 所示，则二端口网络的输入阻抗为输入端电压相量与电流相量之比，即

$$Z_{in} = \frac{\dot{U}_1}{\dot{I}_1}$$

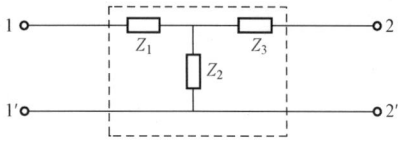

图 1-29　二端口网络 T 形等效电路　　　　图 1-30　二端口网络实验电路

根据 A 参数方程，得

$$Z_{in} = \frac{A_{11}Z_L + A_{12}}{A_{21}Z_L + A_{22}}$$

二端口网络输入阻抗、输出阻抗可以根据网络参数计算得到，也可以通过实验测得。

（4）本实验仅研究直流无源二端口网络的特性，因此，只需将上述各式中的 $\dot{U}$、$\dot{I}$、Z 改为相应的 U、I、R 即可。

三、任务与方法

给定的二端口网络实验板如图 1-31 所示。

（1）测定二端口网络的 Z 参数和 A 参数。

（2）测定二端口网络在有载情况下（即 2-2′ 端口接入负载 R_L）的输入电阻，并验算在此情况下的 A 参数方程和 Z 参数方程。

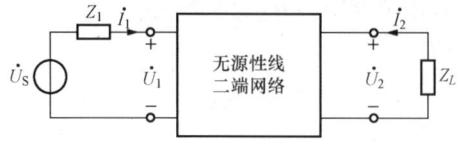

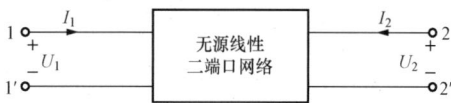

图 1-31　二端口网络实验板

（3）验证二端口网络 T 形等效电路的等效性。根据实验任务（1）测得的参数计算出 T 形等效电路的参数 R_1、R_2 和 R_3，并用电阻箱组成该 T 形电路，然后测出 T 形等效电路 A 参数和 h 参数，以及有载情况下［同实验任务（2）］的输入电阻。

实验电路和实验记录表格自拟，外加在网络端口的电压不要超过给定值，实验设备可在设备清单所列范围内选用。

四、注意事项

（1）在测量流入（出）端口的电流时，注意电流表极性。

（2）设计的实验线路要求安全可靠，操作简单方便。

（3）在换接线路时，先将稳压电源的输出调到零，然后断开电源，防止将稳压电流的输出端短路。

五、实验报告要求

（1）用实验任务（1）测得的 A 参数或 Z 参数计算出对应的 h 参数，并与实验任务（3）测得的 h 参数相比较。

（2）用实验任务（1）测得的 A 参数计算出二端口网络的输入电阻，并与实验任务（2）的测量值相比较。

（3）根据实验数据比较二端口网络和 T 形等效电路的等效性。

（4）从测得的 A 参数和 Z 参数判别本实验所研究的二端口网络是否为互易网络和对称网络。

（5）列出所用实验设备。

（6）回答思考题(2)。

六、思考题

(1) 二端口网络的参数为什么与外加电压或流过网络的电流无关?

(2) 对于图 1-31 所示电路，说明如何建立其二端口网络的方程以及如何用实验方法测出 A 参数。

实验十　仿　真　线

一、实验目的

(1) 了解仿真线参数与实际传输线的关系。

(2) 观察终端开路或短路时仿真线上电压的驻波。

(3) 观察终端接匹配负载时仿真线上电压的分布。

(4) 观察脉冲信号在仿真线上沿线的延迟现象。

二、原理与说明

(1) 对于具有分布参数的均匀传输线，如果只研究其始端和终端电压、电流间的关系，那么可以将均匀传输线看作是一个对称的二端口网络，并且可以用一个集中参数网络来等值替代。显然，这种等值性只有在始端和终端才能成立。若将整个均匀传输线划分为 n 个相等的区段，则对每一个区段来说都可以用一个对称二端口网络来等值替代。这样，整个传输线便可以用一个包含 n 个环节的链形网络来等值替代，如图 1-32 所示。在等值链形网络中，各环节的端钮（如图 1-32 中的 A—A′、B—B′、C—C′等）都保持着和实际传输线对应点之间的等值性。显然，环节的数目越多，保持等值性的点也就越多。当环节的数目取得足够大时，在等值链形网络上所测量出来的电压和电流分布规律就能够相当准确地反映实际传输线上的电压和电流的分布规律。

上述等值链形网络有时称为仿真线。对于在实验室内研究电力或电信传输线来说，仿真线是很重要的。

(2) 设有一对架空线，如图 1-33 所示。导线的半径 $a=6.66\text{mm}$，两线之间距离 $D=10\text{cm}$，导线由纯铜制成。架空线每单位长度的参数为

$$L_0 \approx \frac{\mu_0}{\pi}\ln\frac{D}{a} = \frac{4\pi \times 10^7}{\pi}\ln\frac{10 \times 10^{-2}}{6.66 \times 10^{-3}} = 1.08(\mu\text{H/m})$$

$$C_0 = \frac{\pi\varepsilon_0}{\ln\frac{D}{a}} = \pi\left(\frac{1}{36\pi} \times 10^{-9}\right)\Big/\ln\frac{10 \times 10^{-2}}{6.66 \times 10^{-3}} = 10.25(\text{pF/m})$$

$$r_0 \approx 2\frac{1}{\pi a^2 \gamma} = 2 \times \frac{1}{\pi(6.66 \times 10^{-3})^2 \times 5.88 \times 10^7} = 0.244 \times 10^{-3}(\Omega/\text{m})$$

$$G_0 \approx 0$$

式中　μ_0——空气的磁导率；

ε_0——空气的介电常数；

γ——铜的电导率；

G_0——导线间每单位长度上的漏电导。气候干燥时，由于空气漏电较小，故可忽略不计；如果气候潮湿或传输线上因高压产生电晕时，则 G_0 的数值不能忽略。

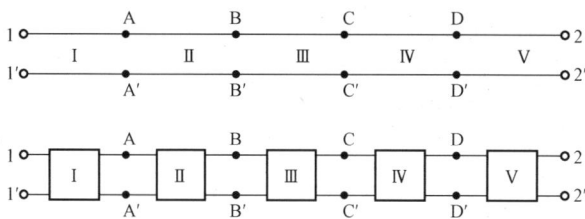

图 1-32　均匀传输线等效链形网络　　　　　　　图 1-33　架空线

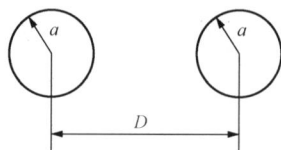

当上述架空线用来传输 100kHz 的信号时，其单位长度的感抗为

$$X_{L0} = \omega L_0 = 2\pi f L_0 = 0.679(\Omega/\text{m})$$

此时 $X_{L0} \gg r_0$，故可忽略 r_0 而将架空线看作无损耗线。

本实验用 40 节 Π 形 L、C 网络组成的链形网络作为仿真线，如图 1-34 所示。图中电感元件用电视机的中放变压器心绕成，每一节 Π 形网络 $L = 50\mu H$。在 100kHz 时，感抗 $X_L = 31.4\Omega$。它相当于实际架空线的长度 l_n 为

$$l_n = \frac{L}{L_0} = \frac{50 \times 10^{-6}}{1.08 \times 10^{-6}} = 46.2(\text{m})$$

每一节 Π 形网络的等值电容为

$$C = C_0 l_n = 10.25 \times 10^{-12} \times 46.2 = 473(\text{pF})$$

应根据上述参数值选择链形网络实验电路中的电容元件。本实验所用仿真线模拟的架空线实际长度为

$$l = 40 l_n = 1848(\text{m})$$

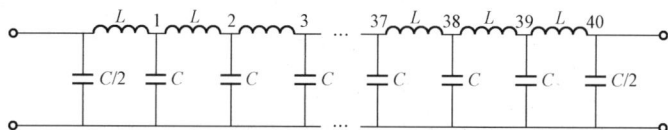

图 1-34　均匀传输线链形网络实验电路

三、实验内容

（1）仿真线始端与终端接匹配阻抗，用双踪示波器测量沿线电压的振幅和相位。仿真线的输入信号由信号发生器提供。信号电压的峰值为 2V，信号频率为 100kHz 或 150kHz。

（2）仿真线始端与终端接匹配阻抗，用双踪示波器观察沿线脉冲电压和延迟时间。信号源选用脉冲发生器，脉冲频率为 3～10kHz，脉冲幅值为 1V。

（3）仿真线终端开路或短路，始端接匹配阻抗。用示波器测量沿线驻波电压的振幅与相位。信号源所用信号电压和频率同（1）。

（4）仿真线终端开路或短路，始端接匹配阻抗，用示波器测量始端电压波形。信号源选用方波发生器，脉冲频率为 3～10kHz。

四、注意事项

（1）由于实验所用信号频率较高，应注意各仪器和实验电路接地点的正确连接。

（2）本实验所用的电子仪器，其使用方法应在实验时予以简要介绍。

五、实验报告要求

（1）根据实验内容（1）和（3）所测数据，在坐标纸上绘制下列曲线：

1）始端与终端接匹配阻抗时沿线的电压分布。

2）始端接匹配阻抗、终端开路短路时，沿线的电压分布。

（2）根据实验内容（4）所测数据，绘制仿真线在脉冲激励下，终端开路或短路、始端接匹配阻抗时，始端的电压波形。

（3）列出所用仪器设备。

（4）回答思考题（2）和（3）。

六、思考题

（1）根据实验原理与说明（2）中所给出的架空线参数，计算该传输线的特性阻抗与匹配阻抗。

（2）如果信号源的频率是 1MHz，试问在本实验所用的 40 节链形网络上能观察到几个波长的电压波形。

（3）图 1-34 所示仿真线上，试说明为什么始端和终端的跨接电容是 $C/2$。

实验十一 交 流 参 数 的 测 定

一、实验目的

（1）学习用交流电压表、交流电流表和功率表测量元件的交流等效参数。

（2）学习使用万用电桥测量元件参数。

二、原理与说明

（1）交流电路中，元件的阻抗值或无源一端口网络的等效阻抗值，可以用交流电压表、交流电流表和功率表分别测出元件（或网络）两端的电压 U、流过的电流 I 及其所消耗的有功功率 P 之后再通过计算得出，其关系为：阻抗的模 $|Z|=U/I$，功率因数 $\cos\varphi=P/UI$，等效电阻 $R=|Z|\cos\varphi=P/I^2$，等效电抗 $X=|Z|\sin\varphi$。

上述测量方法称为三表法，是测定交流阻抗的基本方法，其缺点是不能从 X 的值判断等效阻抗是容抗还是感抗。解决该问题的方法如下：如果没有功率因数表，可在一端口网络的端口处再并联一小电容，视其总电流的增减判断。电流增加为电容性，电流减小为感性。

（2）在实验中常用交流电桥直接测出电路元件的电感、电容和电阻，本实验以 QS18A 型万用电桥（见第三章 QS18A 型万能电桥的使用）为例来说明其测量方法。

三、任务与方法

按图 1-35 接线，并按下述步骤进行实验。

（1）合上开关 S1，断开 S2，测量 P、U、U_R、U_L、I，并计算电阻 R 及电感 L，测量数据及计算结果记录于表 1-12 中。

（2）断开 S1、合上 S2，测定 U、P、U_R、U_C、I，计算电容器的电阻 R 及电容 C，记录表格自拟。

（3）S1 及 S2 同时合上，R、L、C 组成一无源一端口网络，在同样的电源激励下，测

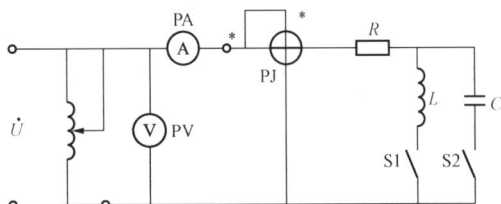

图 1-35 交流参数测定电路

量网络的等效电阻 R 及等值电抗 X，并联一小电容判断其为容性或感性。

表 1 - 12　　　　　　　　　　交 流 参 数 测 定 数 据

测　量　数　据					计　算　值				
I/A	U/V	U_R/V	U_L/V	P/W	Z/Ω	X_L/Ω	R/Ω	L/H	$\cos\varphi$

（4）用万用电桥测量 L、C 和 R 的值。

四、注意事项

（1）三表法实验中电压较高，必须严格遵守安全操作规程。身体不要触及带电部位，在接线和拆线时，都必须先断开电源。

（2）用万用电桥测量元件时，信号发生器的电压取 10V 以下，频率为 1000Hz，标准电感和被测线圈要相互远离，更不要靠近信号发生器。

五、实验报告要求

（1）根据测量数据，计算各阻抗元件的等值参数。

（2）根据表 1 - 12 的测量数据绘制相量图，判断是否符合基尔霍夫电压定律？

（3）用三表法测元件参数时，为什么在被测元件两端并接小电容器可以判断元件的性质？试用相量图加以说明。

（4）列出所用实验设备。

实验十二　荧光灯及功率因数的改进

一、实验目的

（1）学习提高功率因数的方法，进一步理解提高功率因数的意义。

（2）了解荧光灯电路的工作原理和接线。

二、原理与说明

电力系统中的大多数负载，如感应电动机，荧光灯等都是感性负载，功率因数较低，造成电气设备的利用率降低，同时降低了输电线的输电效率，对电力系统的运行不利。也就是说，负载有功功率一定时，功率因数越低，则线路电流越大，输电线上的功率消耗越大，从而输电效率越低。因此，从电力系统运行的角度考虑，希望负载运行在功率因数较高的情况下，为此，可在感性负载端并联适当的电容来提高功率因数。

荧光灯是感性负载，在荧光灯电路两端并联不同值的电容，观察线路电流及负载端功率因数的变化情况。

荧光灯的基本电路如图 1 - 36（a）所示，在刚接通电源时，灯管尚未放电，启动器的触头处于断开位置，电路中没有电流，电源电压全部加在启动器上，使其产生辉光放电而发热。U 形双金属片受热膨胀后，触头闭合，于是电源、镇流器、灯管两电极和启动器构成一个闭合通路，产生电流，加热灯管的电极，使它发射电子。这时因为启动器两触头间的电压降为零，所以辉光放电停止。U 形双金属片开始冷却，当它弯曲到使触头断开时，在这一瞬间，镇流器两端能出现足够高的自感电动势，这个自感电动势与电源电压同时作用在灯管两电极之间，使灯管产生弧光放电，因而涂在灯管内壁的荧光质便发出可见光。

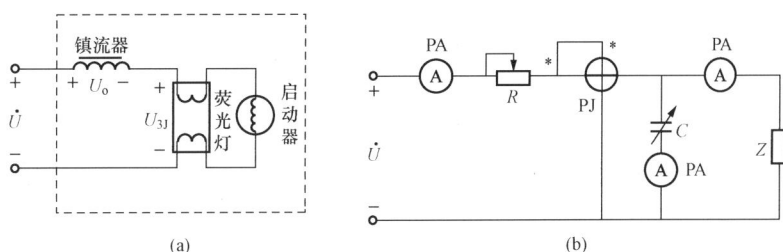

图 1-36 荧光灯功率测量图

(a) 荧光灯基本电路；(b) 荧光灯测量电路

灯管放电后，电流通过镇流器产生电压降，灯管两端电压即启动器两端电压低于电源电压，不足以使启动器放电，所以启动器的触头不再闭合，这时电源、镇流器和灯管构成一通路。

由于镇流器的接入，荧光灯电路的功率因数降低到 0.5～0.6，为了提高线路功率因数，一般在荧光灯电路两端并联接入一个电容器。

三、任务与方法

（1）按图 1-36 接线，在不接入电容器 C 的情况下：

1）观察荧光灯的启动情况。

2）测量全部功率 P_1 和荧光灯功率 P_2，电流 I，电压 U，灯管的电压降 U_{3J} 及镇流器的电压降 U_L，并计算功率因数 $\cos\varphi$ 及效率 η。

（2）接入电容 C，将 C 从小到大逐步增加，记录相应的功率和电流，并计算功率因数和效率。表格自拟。

四、注意事项

（1）功率表、荧光灯要正确接线，注意身体不要触及带电部分，以保证安全。

（2）在接入和撤出电容器之前，都应先断开电源，操作完毕后再合上电源。

五、实验报告要求

（1）完成各项计算，在同坐标系内绘制 $I=f(C)$ 和 $\cos\varphi=f(C)$ 曲线，从理论上分析曲线的成因。

（2）画出相量图，分析在感性负载端并联适当的电容器以后，为何可以提高负载端的功率因数？

（3）列出所用仪器设备。

六、思考题

（1）在实验过程中，P_1 和 P_2 是否有变化，为什么？

（2）荧光灯电路中的镇流器可否用电容器去代替？有什么条件？为什么？

实验十三　三相电路功率的测量

一、实验目的

（1）学习用三瓦计法和二瓦计法测量三相电路的有功功率。

（2）学习用一瓦计法测量对称三相电路的无功功率。

二、原理与说明

（1）根据单相功率表的基本原理，在测量交流电路中负载所消耗的功率时，其读数 P 取决于下式

$$P = UI\cos\varphi$$

式中　U——功率表电压线圈所跨接的电压；

　　　　I——流过功率表电流线圈的电流；

　　　　φ——$\dot{U}$ 和 $\dot{I}$ 之间的相位差。

单相功率表也可以用来测量三相电路的功率，只是各功率表应采取适当的接法。

（2）三相四线制电路中，负载所消耗的总功率 P 需要用三只功率表分别测出 A、B、C 各相负载的功率，然后相加，即

$$P = P_A + P_B + P_C$$

式中　P_A，P_B，P_C——A、B、C 相负载消耗的功率。

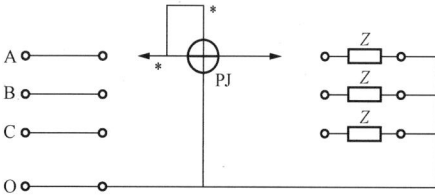

图 1-37　单相功率测量图

上述测量方法称为三瓦计法。若三相负载对称，则每相负载消耗的功率相同，这时只需用一只功率表测量任一相的功率，将其读数乘以 3 即为三相电路的总功率。

（3）三相三线制电路中，通常用两只功率表测量三相功率，又称二瓦计法。如图 1-37 所示，三相负载所消耗的总功率 P 为两只功率表读数的代数和，即

$$P = P_1 + P_2 = U_{AC}I_A\cos\varphi_1 + U_{BC}I_B\cos\varphi_2$$
$$= P_A + P_B + P_C$$

式中　P_1，P_2——两只功率表的读数。

利用功率的瞬时表达式，不难推出上述结论。

图 1-38（b）所示为与图 1-38（a）接线图相对应的电压、电流相量图。

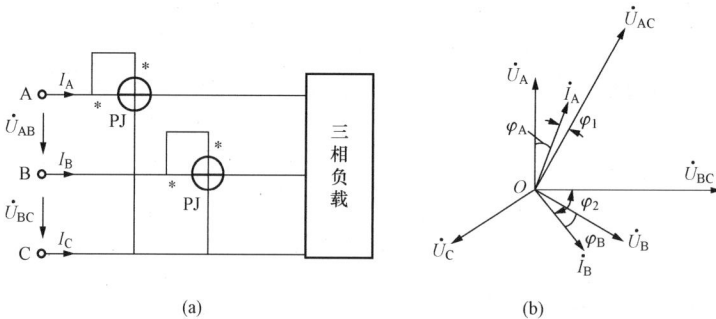

(a)　　　　　　　　　　　　(b)

图 1-38　二瓦计法测量图

(a) 接线图；(b) 相量图

（4）用二瓦计法测量三相功率时，应注意下列问题：

1）二瓦计法适用于对称或不对称的三相三线制电路，一般不适用于三相四线制电路。

2）图 1-38（a）只是二瓦计法的一种接线方式，而一般接线原则为：两只功率表的电

流线圈分别串接入任意两相相线，电流线圈的发电机端（对应端）必须接在电源侧。两功率表的电压线圈的发电机端必须各自接到电流线圈的发电机端，两只功率表的电压线圈的非发电机端必须同时接到没有接入功率表电流线圈的第三相相线（俗称火线）上。

3）在对称三相电路中，两只功率表的读数与负载的功率因数之间有如下关系：负载为纯电阻（即功率因数等于1）时，两只功率表的读数相等；负载的功率因数大于0.5时，两只功率表的读数均为正；负载的功率因数等于0.5时，某一只功率表的读数为零；负载的功率因数小于0.5时，某一只功率表的指针会反向偏转。为了正确读数，应将该功率表电流线圈（或电压线圈支路）的两个端钮接线互换，使指针正向偏转，但读数取为负值。有的功率表内的电压线圈带有转换开关可将其反向连接，于是功率表的指针就会改变偏转方向。

（5）对称三相电路中的无功功率可以用一只功率表来测量。将功率表的电流线圈串接在任一相相线中，而电压线圈跨接到另外两相相线之间，如图1-39所示，则有

$$Q = \sqrt{3}U_1 I_1 \sin\varphi = \sqrt{3}U_1 I_1 \cos(90° - \varphi) = \sqrt{3}P$$

式中 P——功率表的读数。当负载为感性时，功率表正向偏转；负载为容性时，功率表反向偏转，读数取负值。

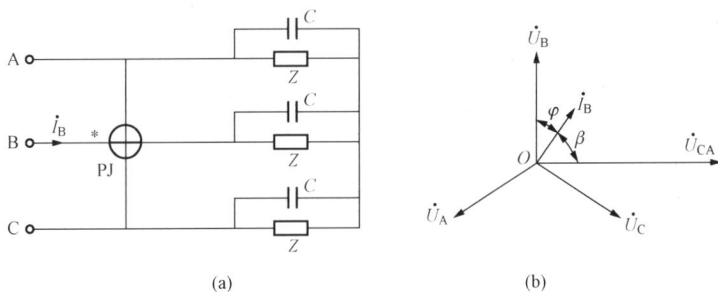

图1-39 一瓦计法测量无功功率电路

（a）接线图；（b）相量图

三、任务与方法

（1）测量三相四线制电路中负载所消耗的有功功率。

1）用三瓦计法和二瓦计法测量对称电阻性负载的有功功率。

2）用三瓦计法测量不对称电阻性负载的有功功率，然后再按二瓦计法接线和测量，并与三瓦计法测得的结果相比较。

（2）测量三相三线制电路中负载所消耗的有功功率和吸收的无功功率。

1）用二瓦计法测量对称容性负载的有功功率；用一只功率表测量三相负载吸收的无功功率，与用二瓦计法测量值计算得出的无功功率相比较。

2）用二瓦计法测量不对称负载的有功功率。

根据上述任务，自拟实验电路、实验步骤和记录表格。使用功率表测量时，功率表的电流线圈通过电流插头接入电路，电压线圈通过试笔接到被测点。

四、注意事项

（1）改接线路时，应先断开电源，以保证安全。

（2）注意功率表的接线方式，电压量程和电流量程的选择。

（3）负载端线电压不得超过给定值。

五、实验报告要求

（1）整理实验数据和结果，说明用三瓦计法和二瓦计法测量三相电路的有功功率的步骤和适用场合。

（2）为什么二瓦计法可以测量三相三线制电路中负载所消耗的有功功率？

（3）试解释用二瓦计法测量时，其中一只功率表可能反向偏转的原因。

（4）列出所用仪器设备。

实验十四　三相电路的研究

一、实验目的

（1）研究三相负载作星形连接时，在对称和不对称情况下线电压与相电压的关系。

（2）比较三相供电方式中三线制和四线制的特点，正确使用二瓦计功率表。

（3）进一步提高分析和查找故障的能力。

（4）研究三角形接法下负载的情况。

二、原理与说明

（1）三相电路中，负载的连接有星形连接和三角形连接两种方式。星形连接时根据需要可以采用三相三线制或三相四线制供电；三角形连接时只能采用三相三线制供电。三相电路中电源和负载有对称和不对称两种情况。本实验研究三相电源对称、负载作星形连接时的电路工作情况。

（2）图 1-40 所示为星形连接的三线制供电图。当线路阻抗忽略不计时，负载的线电压等于电源的线电压，若负载对称，则负载中性点 O′ 和电源中性点 O 之间电压为零。其电压相量图如图 1-41 所示，此时负载的相电压对称，线电压 U_1 与相电压 U_{ph} 满足 $U_1 = \sqrt{3}U_{ph}$ 的关系。若负载不对称，负载中性点 O′ 与电源中性点 O 之间电压不再为零，负载端的各相电压也不再对称，其值可以通过计算得到，或者通过实验测出。

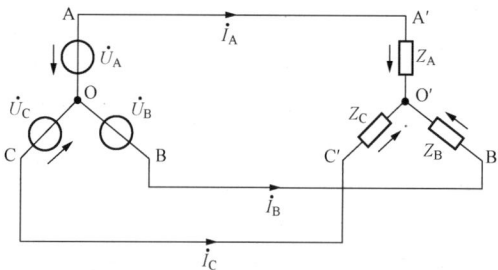

图 1-40　星形连接的三线制供电图

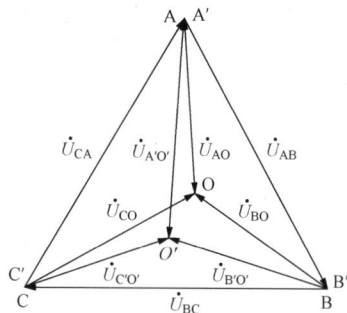

图 1-41　电压相量图及位形图

（3）位形图是电压相量图的一种特殊形式，其特点是位形图上的点与电路图上的点一一对应。图 1-41 是对应于图 1-40 星形连接三线制电路的位形图。图中，$\dot{U}_{AB}$ 为电路中从 A 点到 B 点的电压相量，$\dot{U}_{A'O'}$ 为电路中从 A′ 点到 O′ 点之间的电压相量。三相负载对称时，位形图中负载中性点 O′ 与电源中性点 O 重合；负载不对称时，虽然线电压仍对称，但负载的相电压不再对称，负载中性点 O′ 发生位移，如图 1-41 所示。

（4）图 1-40 中，若将电源中性点 O′和负载中性点 O 之间用中性线连接起来，即成为三相四线制。负载对称时，中性线电流为零，其工作情况与三线制相同；负载不对称时，若忽略线路阻抗，则负载端相电压仍然对称，但这时中性线电流不再为零，可用计算方法或实验方法确定。

（5）负载作三角形连接时，若负载对称，则线电流满足 $I_1 = \sqrt{3} I_{ph}$ 的关系，若负载不对称，则各相电压仍能保持对称关系，但 $I_1 \neq \sqrt{3} I_{ph}$。

本实验用三相白炽灯作负载，可以从灯光的明暗变化观察到所示负载的变化。图 1-42 所示为负载接线图，开关 S 闭合时，3 个负载对称；断开时，3 个负载不对称。

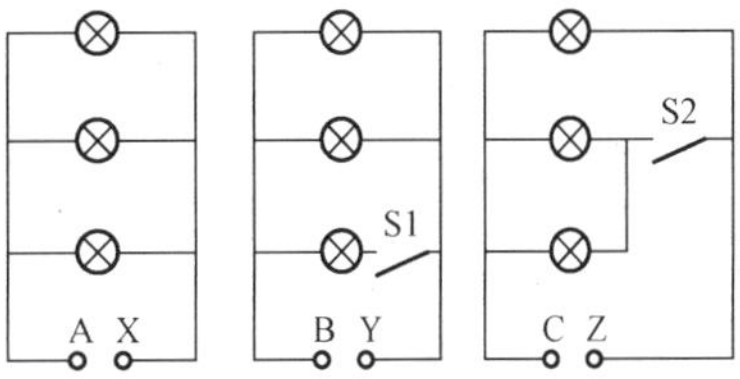

图 1-42 负载接线图

三、任务与方法

（1）三相白炽灯负载作星形连接，三相端线分别接在电源的 A、B、C 接线柱上，负载中性点 O′ 与电源中性点 O 相连接，如图 1-43 所示。要求在下述各种运行方式下，测量各相电流、线电压、相电压、中性电流及两中性点间的电压等，测量结果记录表 1-13 中。

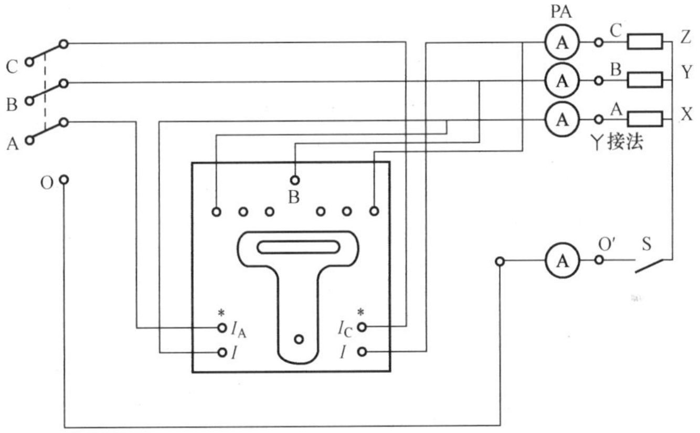

图 1-43 星形连接三相四线制实验电路

表 1-13　　　　　　　　　　星形连接三相四线制测量数据

待测数据 / 实验内容		P/W	U_{AB}/V	U_{BC}/V	U_{CA}/V	$U_{OO'}$/V	$U_{AO'}$/V	$U_{BO'}$/V	$U_{CO'}$/V	I_A/A	I_B/A	I_C/A	I_O/A
负载对称	有中性线												
	无中性线												
负载不对称	有中性线												
	无中性线												
A 相开路 负载对称	有中性线												
	无中性线												
C 相短路	无中性线												

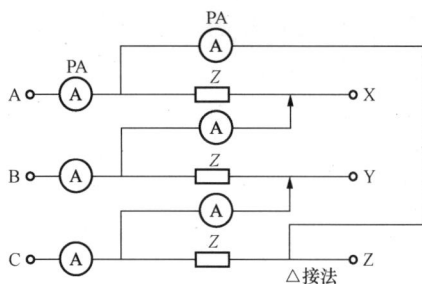

图 1-44　三角形连接三线制实验电路

（2）将图 1-43 中的三相负载改接成三角形连接，如图 1-44 所示。

1）负载对称及不对称时，测量各相电压、线电流及相电流，测量结果记录于表 1-14。

2）观察断开一相及断开一线时各相负载的变化情况，并分析变化的原因。

表 1-14　　　　　　　　　　三角形连接三线制测量数据

待测数据 实验内容	P /W	U_{AB} /V	U_{BC} /V	U_{AC} /V	I_A /A	I_B /A	I_C /A	I_{AB} /A	I_{BC} /A	I_{CA} /A
三角形对称负载										
三角形不对称负载										

四、注意事项

（1）负载端线电压不要超过 220V。

（2）在实验过程中，不仅要记录仪表的读数，还要注意灯光的明暗变化。

五、实验报告要求

（1）根据测量结果，验证以下关系成立的条件：

1）星形：$U_1 = \sqrt{3} U_{ph}$。

2）三角形：$I_1 = \sqrt{3} I_{ph}$。

（2）星形连接负载不对称时，绘制：

1）有中性线时的电流相量图。

2）无中性线时的电压相量图。

3）一相短路时的电压相量图。

（3）试总结在分析、判断、查找三相电路故障方面的体会。

（4）列出所用仪器设备。

第二章　模拟电路实验

实验一　用万用表对模拟电子元器件进行测量

一、实验目的

（1）熟悉用数字万用表测量不同对象的测量方法。

（2）了解二极管、晶体管一般工作原理及常用判断引脚方法。

二、实验原理

用万用表可以对二极管、晶体管、电阻、电容等进行粗测。万用表电阻挡等效电路如图 2-1 所示。当万用表处于 $R \times 1$、$R \times 100$、$R \times 1k$ 挡时，一般地，$E_0 = 1.5V$；而当万能表处于 $R \times 10k$ 挡时，$E_0 = 15V$。测试电阻时要记住，红色表笔接在表内电池负端（表笔插孔标"＋"号），而黑色表笔接在正端（表笔插孔标以"－"号）。

三、实验内容

1. 二极管管脚极性、质量的判别

二极管由一个 PN 结组成，具有单向导电性，其正向电阻小（一般为几百欧姆），而反向电阻大（一般为几十千欧至几百千欧）。利用二极管的上述特点可对其管脚极性、质量进行判别。

（1）管脚极性判别。将万用表置于 $R \times 100$（或 $R \times 1k$）的电阻挡，将二极管的两只管脚分别接到万用表的两根测试表笔上，如图 2-2 所示。如果测出的电阻较小（约几百欧姆），则与万用表黑色表笔相连接的一端是正极，另一端就是负极；相反，如果测出的电阻较大（约几百千欧姆），那么与万用表黑色表笔相连接的一端是负极，另一端就是正极。

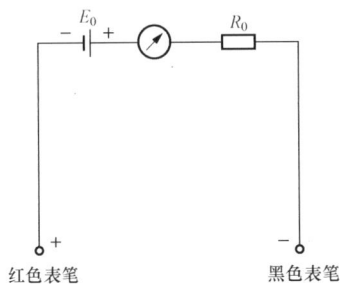

图 2-1　万用表电阻挡等效电路
R_0—等效电阻；E_0—表内电池

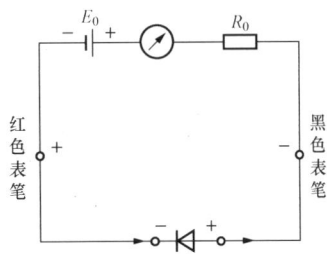

图 2-2　判断二极管极性

（2）二极管质量好坏的判别。一个二极管的正、反向电阻差别越大，其性能就越好。如果双向阻值都较小，说明二极管质量差，不能使用；如果双向阻值都为无穷大，则说明该二极管已经断路。如双向阻值均为零，说明二极管已被击穿。

利用数字万用表的二极管挡也可判别其正、负极，此时红色表笔（插在"V·Ω"插孔）带正电，黑色表笔（插在"COM"插孔）带负电。用两支表笔分别接触二极管的两个电极，若显示值在 1V 以下，说明二极管处于正向导通状态，红色表笔连接的是正极，黑色表笔连接的是负极；若显示溢出符号"1"，说明二极管处于反向截止状态，黑色表笔连接的是正极，红色表笔连接的是负极。

2. 晶体管管脚、质量判别

可以将晶体管的结构看作是两个"背靠背"的 PN 结。对 NPN 型晶体管来说基极是两个 PN 结的公共阳极，对 PNP 型晶体管来说基极是两个 PN 结的公共阴极，如图 2-3（a）、（b）所示。

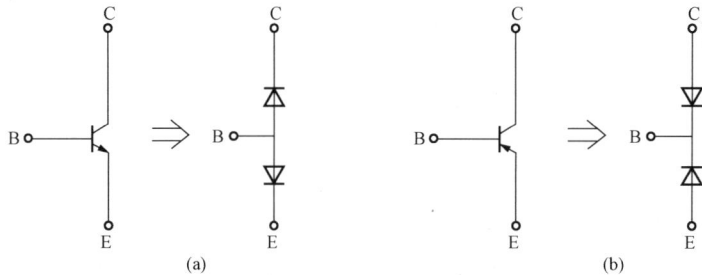

图 2-3　晶体管结构示意图
（a）NPN 型；（b）PNP 型

（1）管型与基极的判别。万用表置电阻挡，量程选 1k 挡（或 $R \times 100$），将万用表任一表笔先接某一个电极——假定的公共极，另一表笔分别接触其他两个电极，当两次测得的电阻均很小（或均很大），则前者所接电极就是基极，如两次测得的阻值一大一小，相差很多，则前者假定的基极有错，应更换其他电极重测。

根据上述方法，可以找出公共极，该公共极就是基极 B，若公共极是阳极，该晶体管属 NPN 型，反之则属 PNP 型。

（2）发射极与集电极的判别。为使晶体管具有电流放大作用，发射结需加正偏置，集电结加反偏置，如图 2-4 所示。

当晶体管基极 B 确定后，便可判别集电极 C 和发射极 E，同时还可以大致了解穿透电流 I_{CEO} 和电流放大系数 β 的大小。

以 PNP 型晶体管为例，若用红色表笔（对应表内电池的负极）接集电极 C，黑色表笔接发射极 E（相当于 C、E 极间电源极性正接），如图 2-5 所示，这时万用表指针摆动很小，所指示的电阻值反映晶体管穿透电流 I_{CEO} 的大小（电阻值大，表明 I_{CEO} 小）。如果在 C、B 间跨接一只电阻（$R_B = 100k\Omega$），此时万用表指针将有较大摆动，所指示的电阻值较小，反映了集电极电流 $I_C = I_{CEO} + \beta I_B$ 的大小。且电阻值减小越多表明 β 越大。如果 C、E 极接反（相当于 C、E 间电源极性反接），则晶体管处于倒置工作状态，此时电流放大系数很小（一般小于 1），于是万用表指针摆动很小。因此，比较 C、E 极两种不同电源极性接法，便可判别 C 极和 E 极，同时还可大致了解穿透电流 I_{CEO} 和电流放大系数 β 的大小。如果万用表上有 h_{FE} 用插孔，可利用 h_{FE} 来测量电流放大系数 β。

3. 检查整流桥堆的质量

整流桥堆是将 4 只硅整流二极管接成桥式电路，再用环氧树脂（或绝缘塑料）封装而成的半导体器件。整流桥堆有交流输入端（A、B）和直流输出端（C、D），如图 2-6 所示。

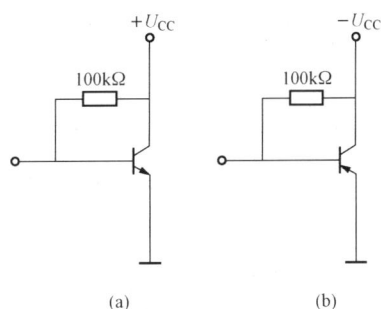

图 2-4　晶体管的偏置情况
(a) NPN 型；(b) PNP 型

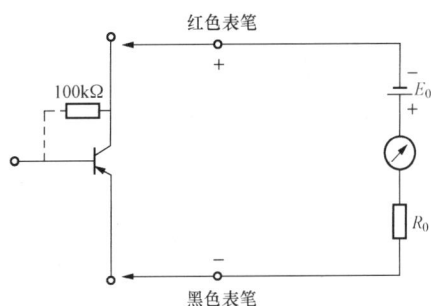

图 2-5　晶体管集电极 C、发射极 E 的判别

采用判别二极管质量的方法可以检查整流桥堆的质量。从图中可看出，交流输入端 A—B 间总会有一只二极管处于截止状态使 A—B 间总电阻趋向于无穷大；直流输出端 D—C 间的正向压降则等于两只硅二极管的压降之和。因此，用数字万用表的二极管挡测 A—B 间的正、反向电压时均显示溢出，而测 D—C 间的正、反向电压时显示大约 1V，即可证明桥堆内部无短路现象。如果有一只二极管已经击穿短路，那么测 A—B 间的正、反向电压时，必定有一次显示约 0.5V。

4. 电容的测量

电容的测量一般借助专门的测试仪器，通常用电桥，而用万用表仅能粗略地检查电解电容是否失效或有漏电情况。

测量电路如图 2-7 所示。

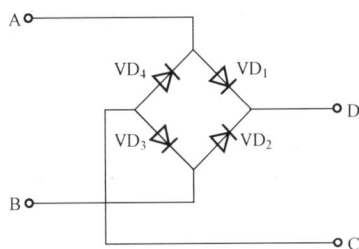

图 2-6　整流桥堆管脚及质量判别

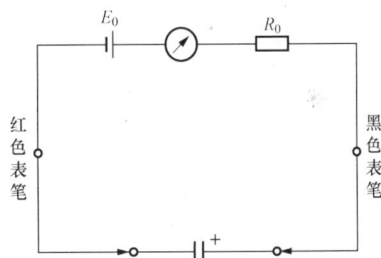

图 2-7　电容的测量

测量前应先将电解电容的两个引出线短接一下，使其上所充的电荷释放。然后将万用表置于 1k 挡，并将电解电容的正、负极分别与万用表的黑色表笔、红表表笔接触。在正常情况下，可以看到表头指针先是产生较大偏转（向 0Ω 处），以后逐渐向起始零位（高阻值处）返回。这反映了电容器的充电过程，指针的偏转反映了电容充电电流的变化情况。

一般来说，表头指针偏转越大，返回速度越慢，则说明电容的容量越大，若指针返回到接近零位（高阻值），说明电容漏电阻很大，指针所指示电阻值，即为该电容的漏电阻。对于质量合格的电解电容而言，该阻值通常在 500kΩ 以上。电解电容在失效时（电解液干涸，容量大幅度下降）表头指针偏转很小，甚至不偏转。已被击穿的电容器，其阻值接近于零。

对于电容值较小的电容（云母、瓷质电容等），原则上也可以通过上述方法进行检查，但由于电容值较小，表头指针偏转也很小，返回速度又很快，实际上难以对它们的电容值和性能进行判别，仅能检查是否短路或断路。这时应选用 $R\times10k$ 挡测量。

四、实验总结

(1) 根据实验结果，判断本次实验所用元器件类型。

(2) 分析在实验过程中所遇到的问题。

五、思考题

(1) 阅读教材中有关本次实验所用元器件的工作原理。

(2) 如果本次实验采用的是数字万用表，应如何进行实验?

(3) 列出所用的仪器设备。

实验二 小信号共射放大器

一、实验目的

(1) 学会放大器静态工作点的调试方法，分析静态工作点对放大器性能的影响。

(2) 掌握放大器电压放大倍数、输入电阻、输出电阻及最大不失真输出电压的测试方法。

(3) 熟悉常用电子仪器及模拟电路实验设备的使用。

二、实验原理

图 2-8 所示为电阻分压式工作点稳定单管放大器实验电路。图中，偏置电路采用 R_{B1}、R_{B2} 组成的分压电路，并在发射极接电阻 R_E，以稳定放大器的静态工作点。当在放大器的输入端加输入信号 u_i 后，便可在放大器的输出端得到一个与 u_i 相位相反、幅值被放大了的输出信号 u_0，从而实现了电压放大。

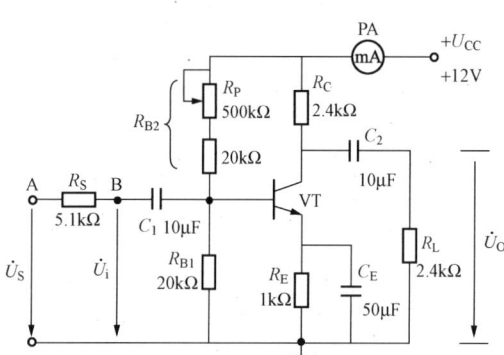

图 2-8 共射极单管放大器实验电路

图 2-8 电路中，当流过偏置电阻 R_{B1}、R_{B2} 的电流远大于晶体管 VT 的基极电流 I_B 时（一般为 5～10 倍），则放大器的静态工作点可由下式估算

$$U_B \approx \frac{R_{B1}}{R_{B1}+R_{B2}}U_{CC}$$

$$I_E \approx \frac{U_B-U_{BE}}{R_E} \approx I_C$$

$$U_{CE} = U_{CC} - I_C(R_C+R_E)$$

电压放大倍数为

$$A_V = -\beta\frac{R_C//R_L}{r_{be}}$$

输入电阻为

$$R_i = R_{B1} // R_{B2} // r_{be}$$

输出电阻为

$$R_o \approx R_C$$

由于电子器件性能的分散性比较大，因此在设计和制作晶体管放大电路时，离不开测量和调试技术。在设计前应测量所用元器件的参数，为电路设计提供必要的依据，在完成设计和装配以后，还必须测量和调试放大器的静态工作点和各项性能指标。一个优质的放大器，

必定是理论设计与实验调整相结合的产物。因此，除了学习放大器的理论知识和设计方法外，还必须掌握必要的测量和调试技术。

放大器的测量和调试一般包括：放大器静态工作点的测量与调试，消除干扰与自激振荡及放大器各项动态参数的测量与调试等。

1. 放大器静态工作点的测量与调试

（1）静态工作点的测量。测量放大器的静态工作点，应在输入信号 $u_i = 0$ 的情况下进行，即将放大器输入端与地端短接，然后选用量程合适的直流毫安表和直流电压表，分别测量晶体管的集电极电流 I_C 以及各电极对地的电位 U_B、U_C 和 U_E。实验中，为了避免断开集电极，一般采用测量电压 U_E 或 U_C，然后计算 I_C 的方法，如，只要测出 U_E，即可由 $I_C \approx I_E = \dfrac{U_E}{R_E}$ 计算 I_C（也可由 $I_C = \dfrac{U_{CC} - U_C}{R_C}$，由 U_C 确定 I_C），同时计算 $U_{BE} = U_B - U_E$，$U_{CE} = U_C - U_E$。

为了减小误差，提高测量准确度，应选用内阻较高的直流电压表。

（2）静态工作点的调试。放大器静态工作点的调试是指对晶体管集电极电流 I_C（或 U_{CE}）的调整与测试。

静态工作点是否合适，对放大器的性能和输出波形都有很大影响。若静态工作点偏高，放大器在加交流信号后易产生饱和失真，此时 u_o 的负半周将被"削底"，如图 2-9（a）所示；若静态工作点偏低，则易产生截止失真，即 u_o 的正半周被"缩顶"（一般截止失真不如饱和失真明显），如图 2-9（b）所示。上述情况都不符合放大器不失真放大的要求。所以在选定静态工作点后还必须进行动态调试，即在放大器的输入端加一定的输入电压 u_i，检查输出电压 u_o 的大小和波形是否满足要求。若不满足，则应调节静态工作点的位置。

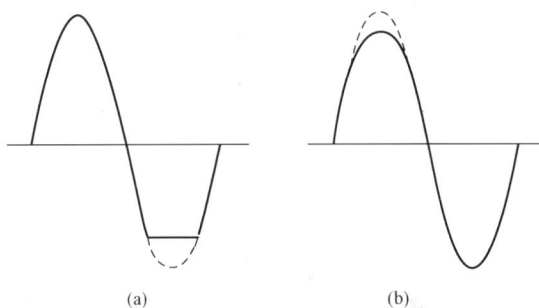

图 2-9　静态工作点对 u_o 波形失真的影响
（a）饱和失真；（b）截止失真

改变电路参数 U_{CC}、R_C、R_B（R_{B1}、R_{B2}）都会引起静态工作点的变化，如图 2-10 所示。通常多采用调节偏置电阻 R_{B2} 的方法来改变静态工作点，如减小 R_{B2}，可使静态工作点位置提高等。

需要说明的是，上述放大器的静态工作点位置偏高或偏低不是绝对的，而是相对信号的幅值而言，若输入信号幅值很小，即使静态工作点位置较高或较低也不一定会出现失真。所以确切地说，产生波形失真是信号幅值与静态工作点设置配合不当所致。如需满足较大信号幅值的要求，静态工作点最好尽量靠近交流负载线的中点。

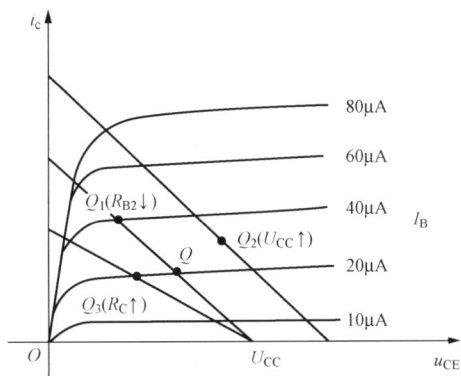

图 2-10　电路参数对放大器静态工作点的影响

2. 放大器动态指标测试

放大器动态指标包括电压放大倍数、输入电阻、输出电阻、最大不失真输出电压（动态范围）和通频带等。

（1）电压放大倍数 A_V 的测量。调整放大器到合适的静态工作点，然后加输入电压 u_i，在输出电压 u_o 不失真的情况下，用交流毫伏表测量 u_i 和 u_o 的有效值 U_i 和 U_o，则

$$A_V = \frac{U_o}{U_i}$$

（2）输入电阻 R_i 的测量。为了测量放大器的输入电阻，按图 2-11 电路在被测放大器的输入端与信号源之间串联一已知电阻 R，在放大器正常工作情况下，用交流毫伏表测量 U_S 和 U_i，根据输入电阻的定义可得

$$R_i = \frac{U_i}{I_i} = \frac{U_i}{\dfrac{U_R}{R}} = \frac{U_i}{U_S - U_i}R$$

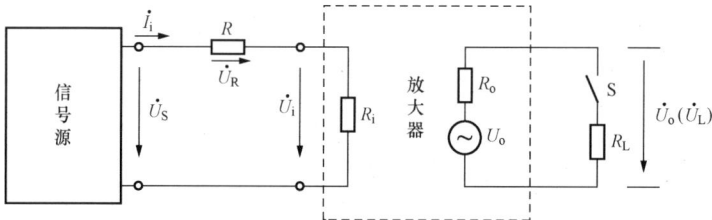

图 2-11　输入、输出电阻测量电路

测量输入电阻时应注意下列几点：

1）由于电阻 R 两端没有电路公共接地点，所以测量 R 两端电压 U_R 时必须分别测量 U_S 和 U_i，然后按 $U_R = U_S - U_i$ 求解 U_R 值。

2）电阻 R 的值不宜取过大或过小，以免产生较大的测量误差，通常取 R 与 R_i 为同一数量级，本实验可取 $R = 1 \sim 2\text{k}\Omega$。

（3）输出电阻 R_o 的测量。按图 2-4 接线，在放大器正常工作条件下，测量输出端不接负载 R_L 时的输出电压 U_o 和接入负载后的输出电压 U_L，根据

$$U_L = \frac{R_L}{R_o + R_L}U_o$$

即可求出

$$R_o = \left(\frac{U_o}{U_L} - 1\right)R_L$$

测试中应注意，必须保持 R_L 接入前后输入信号的大小不变。

（4）最大不失真输出电压 U_{OPP} 的测量（最大动态范围）。如上所述，为了得到最大动态范围，应将静态工作点调至交流负载线的中点。为此在放大器正常工作情况下，逐步增大输入信号的幅值，并同时调节 R_P（改变静态工作点），用示波器观察 u_o，当输出波形同时出现"削底"和"缩顶"现象时，如图 2-12 所示，说明静态工作点已经在交流负载线的中点。

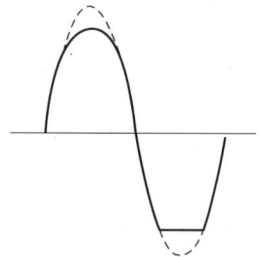

图 2-12　静态工作点正常、输入信号太大引起的失真

然后反复调整输入信号，使波形输出幅值最大，且无明显失真时，用交流毫伏表测出 U_o（有效值），则动态范围等于 $2\sqrt{2}U_o$。或用示波器直接读出 U_{OPP}。

（5）放大器幅频特性的测量。放大器的幅频特性是指放大器的电压放大倍数 A_V 与输入信号频率 f 之间的关系曲线。单管阻容耦合放大电路的幅频特性曲线如图 2-13 所示。图中，A_{Vm} 为中频电压放大倍数，通常规定电压放大倍数随频率变化下降到中频放大倍数的 $1/\sqrt{2}$ 倍，即 $0.707A_{Vm}$ 时所对应的频率分别称为下限频率 f_L 和上限频率 f_H，则通频带 $f_{BW}=f_H-f_L$。

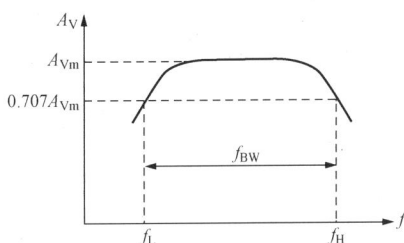
图 2-13 放大器幅频特性曲线

放大器的幅率特性就是测量不同频率信号时的电压放大倍数 A_V。为此，可采用上述测量 A_V 的方法，每改变一个信号频率，测量其对应的电压放大倍数，测量时应注意取点要恰当，在低频段与高频段应多取点，在中频段可以少取点。此外，在改变频率时，要保持输入信号的幅值不变，且输出波形不得失真。

三、实验设备与元器件

（1）+12V 直流电源。

（2）函数信号发生器。

（3）双踪示波器。

（4）交流毫伏表。

（5）直流电压表。

（6）直流毫安表。

（7）频率计。

（8）万用电表。

（9）晶体管 3DG6×1（$\beta=50\sim100$）或 9011×1。

（10）电阻、电容若干。

四、实验内容

实验电路见图 2-8。为防止干扰，各电子仪器的公共端必须连接在一起，同时信号源、交流毫伏表和示波器的引线应采用专用电缆线或屏蔽线，若使用屏蔽线，则屏蔽线的外包金属网应接在公共接地端上。

1. 调试静态工作点

接通直流电源前，先将 R_P 调至最大，函数信号发生器输出旋钮旋至零。接通 +12V 电源，调节 R_P，使 $I_C=2.0\text{mA}$（即 $U_E=2.0\text{V}$），用直流电压表测量 U_B、U_E、U_C，用万用电表测量 R_{B2}，测量数据记录于表 2-1 中。

表 2-1　　　　　　　　$I_C=2\text{mA}$ 时放大电路测量值与计算值

测　　量　　值				计　　算　　值		
U_B/V	U_E/V	U_C/V	RB_2/kΩ	U_{BE}/V	U_{CE}/V	I_C/mA

2. 测量电压放大倍数

在放大器输入端加入频率为 1kHz 的正弦信号 u_S，调节函数信号发生器的输出旋钮使放大器输入电压 $U_i \approx 10 \mathrm{mV}$，同时用示波器观察放大器输出电压 u_o 波形，在波形不失真条件下用交流毫伏表测量下述三种情况下的 U_o 值，并用双踪示波器观察 u_o 和 u_i 的相位关系，测量数据记录于表 2-2 中。

表 2-2　　　　$I_c=2.0\mathrm{mA}$，$U_i=$　　mV 时放大电路测量值与计算值

$R_L/\mathrm{k\Omega}$	$R_L/\mathrm{k\Omega}$	U_o/V	A_V	观察记录一组 u_o 和 u_i 波形
2.4	∞			
1.2	∞			
2.4	2.4			

3. 观察静态工作点对电压放大倍数的影响

置 $R_C=2.4\mathrm{k\Omega}$，$R_L=\infty$，U_i 适量，调节 R_P，用示波器观察输出电压波形，在 u_o 不失真的条件下，测量数组 I_C 和 U_o，测量数据记录于表 2-3 中。

表 2-3　　　　$R_C=2.4\mathrm{k\Omega}$、$R_L=\infty$、$U_i=$　　mV 时放大电路的测量值

I_C/mA			2.0	
U_o/V				
A_V				

测量 I_C 时，要先将信号源输出旋钮旋至零（即使 $U_i=0$）。

4. 观察静态工作点对输出波形失真的影响

置 $R_C=2.4\mathrm{k\Omega}$，$R_L=2.4\mathrm{k\Omega}$，$u_i=0$，调节 R_P 使 $I_C=2.0\mathrm{mA}$，测量 U_{CE}，逐步加大输入信号，使输出电压 u_o 足够大但不失真，然后保持输入信号不变，分别增大和减小 R_P，使波形出现失真，绘制 u_o 的波形，测量失真情况下的 I_C 和 U_{CE}，测量数据记录于表 2-4 中。需要注意的是，每次测量 I_C 和 U_{CE} 时都要将信号源的输出旋钮旋至零。

表 2-4　　　　$R_C=2.4\mathrm{k\Omega}$、$R_L=\infty$、$U_i=$　　mV 时放大电路的测量值

I_C/mA	U_{CE}/V	u_o 波形	失真情况	晶体管工作状态
2.0				

5. 测量最大不失真输出电压

置 $R_C = 2.4\text{k}\Omega$，$R_L = 2.4\text{k}\Omega$，按照实验原理 2（4）中所述方法，同时调节输入信号的幅值和电位器 R_P，用示波器和交流毫伏表测量 U_{OPP} 及 U_o，测量数据记录于表 2-5 中。

表 2-5 $R_C = 2.4\text{k}\Omega$、$R_L = 2.4\text{k}\Omega$ 时放大电路的测阻值

I_C/mA	U_{im}/mV	U_{om}/V	U_{OPP}/V

6. 测量输入电阻和输出电阻（选做）

置 $R_C = 2.4\text{k}\Omega$，$R_L = 2.4\text{k}\Omega$，$I_C = 2.0\text{mA}$。输入 $f = 1\text{kHz}$ 的正弦信号，在输出电压 u_o 不失真情况下，用交流毫伏表测量 U_S、U_i 和 U_L，测量数据记录于表 2-6 中。

保持 U_S 不变，断开 R_L，测量输出电压 U_o，测量数据记录于表 2-6 中。

表 2-6 $I_C = 2\text{mA}$、$R_C = 2.4\text{k}\Omega$、$R_L = 2.4\text{k}\Omega$ 时放大电路的测量值

U_S/mV	U_i/mV	$R_i/\text{k}\Omega$		U_L/V	U_o/V	$R_o/\text{k}\Omega$	
		测量值	计算值			测量值	计算值

7. 测量幅频特性曲线（选做）

取 $I_C = 2.0\text{mA}$，$R_C = 2.4\text{k}\Omega$，$R_L = 2.4\text{k}\Omega$。保持输入信号 u_i 的幅值不变，改变信号源频率 f，逐点测量相应的输出电压 U_o，测量数据记录于表 2-7 中。

表 2-7 $U_i =$ mV 时放大电路的测量值

		f_1	f_o	f_n	
f/kHz					
U_o/V					
$A_V = U_o/U_i$					

为了信号源频率 f 取值合适，可先粗测一下，找出中频范围，然后再仔细读数。

五、实验总结

（1）列表整理测量结果，并将静态工作点、电压放大倍数、输入电阻、输出电阻的实测值与理论计算值比较（取一组数据进行比较），分析产生误差的原因。

（2）总结 R_C、R_L 及静态工作点对放大器电压放大倍数、输入电阻、输出电阻的影响。

（3）讨论静态工作点变化对放大器输出波形的影响。

（4）分析讨论在调试过程中出现的问题。

六、思考题

（1）阅读教材中有关单管放大电路的内容并估算实验电路的性能指标。假设：晶体管 3DG6 的 $\beta = 100$，$R_{B1} = 20\text{k}\Omega$，$R_{B2} = 60\text{k}\Omega$，$R_C = 2.4\text{k}\Omega$，$R_L = 2.4\text{k}\Omega$，估算放大器的静态工作点、电压放大倍数 A_V、输入电阻 R_i 和输出电阻 R_o。

（2）阅读实验附录中有关消除放大器干扰和自励振荡的内容。

（3）能否用直流电压表直接测量晶体管的 U_{BE}？为什么实验中要采用测量 U_B、U_E，再间接计算 U_{BE} 的方法？

（4）如何测量 R_{B2}？

（5）当调节偏置电阻 R_{B2}，使放大器输出波形出现饱和或截止失真时，晶体管的管压降 U_{CE} 如何变化？

（6）改变静态工作点对放大器的输入电阻 R_i 有否有影响？改变外接电阻 R_L 对输出电阻 R_o 是否有影响？

（7）在测试 A_V、R_i 和 R_o 时如何选择输入信号的幅值大小和频率？为什么信号频率一般选 1kHz，而不选 100kHz 或更高？

（8）测试中，如果将函数信号发生器、交流毫伏表、示波器中任一仪器的两个测试端子接线换位（即各仪器的接地端不再连接在一起），将会出现什么问题？

实验三　场效应晶体管放大器

一、实验目的

（1）了解结型场效应晶体管的性能和特点。

（2）进一步熟悉放大器动态参数的测试方法。

二、实验原理

场效应晶体管是一种电压控制型器件。按结构可分为结型和绝缘栅型两种类型。由于场效应晶体管栅源之间处于绝缘或反向偏置，所以输入电阻很高（一般可达上百兆欧姆），又由于场效应晶体管是一种多数载流子控制器件，因此热稳定性好，抗辐射能力强，噪声系数小。加之制造工艺较简单，便于大规模集成，因此得到越来越广泛的应用。

1. 结型场效应晶体管的特性和参数

场效应晶体管的特性主要是输出特性和转移特性。图 2-14 所示为 3DJ6F 型 N 沟道结型场效应管的输出特性和转移特性曲线。其直流参数主要有饱和漏极电流 I_{DSS}，夹断电压 U_P 等；交流参数主要是低频跨导，即

$$G_m = \frac{\Delta I_D}{\Delta U_{GS}} \mid U_{DS} = 常数$$

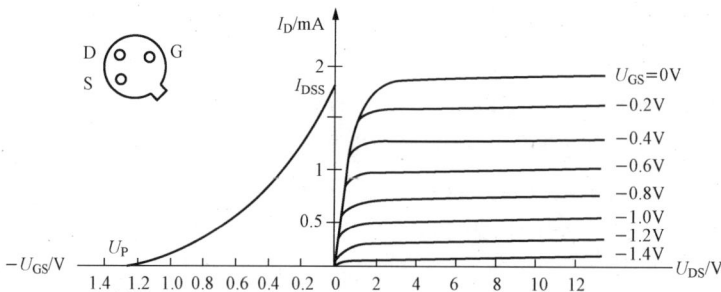

图 2-14　3DJ6F 型 N 沟道结型场效应晶体管的输出特性和转移特性曲线

表 2-8 列出了 3DJ6F 型 N 沟道结型场效应晶体管的典型参数值及测试条件。

表 2 - 8　　　　　**3DJ6F 型 N 沟道结型场效应晶体管的典型参数值及测试条件**

参数名称	饱和漏极电流 I_{DSS}/mA	夹断电压 U_P/V	跨导 G_m/μA/V
测试条件	$U_{DS}=10V$ $U_{GS}=0V$	$U_{DS}=10V$ $I_{DS}=50μV$	$U_{DS}=10V$ $I_{DS}=3mA$ $f=1kHz$
参数值	1～3.5	$<|-9|$	>100

2. 场效应晶体管放大器性能分析

图 2 - 15 所示为结型场效应管组成的共源级放大电路。其静态工作点电压、电流为

$$U_{GS} = U_G - U_S = \frac{R_{G1}}{R_{G1}+R_{G2}}U_{DD} - I_D R_S$$

$$I_D = I_{DSS}\left(1-\frac{U_{GS}}{U_P}\right)^2$$

中频电压放大倍数为

$$A_{Vm} = -G_m R'_L = -G_m R_D \,/\!/\, R_L$$

输入电阻为

$$R_i = R_G + R_{G1} \,/\!/\, R_{G2}$$

输出电阻为

$$R_o \approx R_D$$

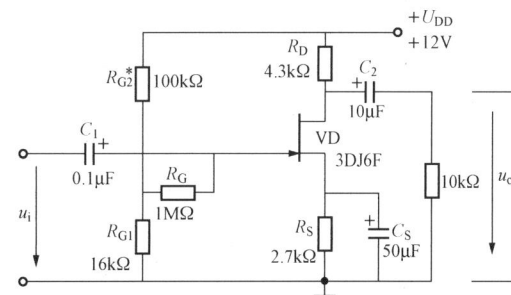

图 2 - 15　结型场效应晶体管共源级放大器实验电路

其中，跨导 G_m 可由特性曲线用作图法求得，或由公式 $G_m = -\frac{2I_{DSS}}{U_P}\left(1-\frac{U_{GS}}{U_P}\right)$ 计算。需要注意的是，计算时 U_{GS} 要用静态工作点处的值。

3. 输入电阻的测量方法

场效应晶体管放大器的静态工作点、电压放大倍数和输出电阻的测量方法，与实验二中晶体管放大器的测量方法相同。其输入电阻的测量，从原理上讲，也可采用实验二中所述方法，但由于场效应晶体管的 R_i 较大，若直接测量输入电压 U_S 和 U_i，则限于测量仪器的输入电阻有限，必然会带来较大的误差。因此为了减少误差，常利用被测放大器的隔离作用，通过测量输出电压 U_o 来计算输入电阻。测量电路如图 2 - 16 所示。

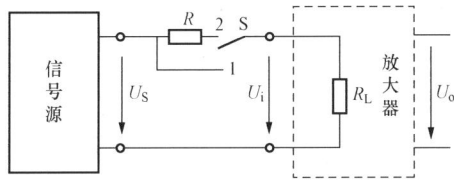

在场效应晶体管放大器的输入端串联电阻 R，将开关 S 掷向"1"（即使 $R=0$），测量放大器的输出电压 $U_{o1} = A_V U_S$，保持 U_S 不变，再将 S 掷向"2"（即接入 R），测量放大器的输出电压 U_{o2}。由于两次测量中 A_V 和 U_S 保持不变，故

图 2 - 16　场效应晶体管放大器输入
电阻测量电路

$$U_{o2} = A_V U_i = \frac{R_i}{R+R_i}U_S A_V$$

由此可求出

$$R_i = \frac{U_{o2}}{U_{o1} - U_{o2}} R$$

其中，R 和 R_i 不要相差太大，本实验可取 $R = 100 \sim 200\text{k}\Omega$。

三、实验内容

1. 静态工作点的测量和调整

（1）按图 2-15 连接电路，令 $u_i = 0$，接通 +12V 电源，用直流电压表测量 U_G、U_S、U_D。检查静态工作点是否在特性曲线放大区的中间部分，若静态工作点位置合适则将测量结果记录于表 2-9 中。

（2）若不合适，则适当调整 R_{G2} 和 R_S，调整好后，再测量 U_G、U_S 和 U_D，测量结果记录于表 2-9 中。

表 2-9　　　　　　　　静态工作点的测量和调整后的测量值和计算值

测　量　值						计　算　值		
U_G/V	U_S/V	U_D/V	U_{DS}/V	U_{GS}/V	I_D/mA	U_{DS}/V	U_{GS}/V	I_D/mA

2. 电压放大倍数 A_V、输入电阻 R_i 和输出电阻 R_o 的测量

（1）A_V 和 R_o 的测量。在放大器的输入端加入 $f = 1\text{kHz}$ 的正弦信号 u_i（$50 \sim 100\text{mV}$），并用示波器观察输出电压 u_o 的波形。在输出电压 u_o 没有失真的条件下，用交流毫伏表分别测量 $R_L = \infty$ 和 $R_L = 10\text{k}\Omega$ 时的输出电压 U_o（注意：保持 U_i 幅值不变），测量值记录于表 2-10 中。

表 2-10　　　　　　　电压放大倍数 A_V、输入电阻 R_i 的测量值和计算值

	测　量　值				计　算　值		u_i 和 u_o 波形
	U_i/V	U_o/V	A_v	$R_o/\text{k}\Omega$	A_V	$R_o/\text{k}\Omega$	
$R_L = \infty$							
$R_L = 10\text{k}\Omega$							

用示波器同时观察 u_i 和 u_o 的波形，绘制并分析两波形的相位关系。

（2）R_i 的测量。按图 2-16 改接实验电路，选择大小合适的输入电压 U_S（$50 \sim 100\text{mV}$），将开关 S 掷向 "1"，测量 $R = 0$ 时的输出电压 U_{o1}，然后将开关 S 掷向 "2"（接入 R），保持 U_S 不变，再测量 U_{o2}，根据公式

$$R_i = \frac{U_{o2}}{U_{o1} - U_{o2}} R$$

求解 R_i，将上述测量值和计算值记录于表 2-11 中。

表 2-11　　　　　　　　　　　R_i 的测量值和计算值

测　量　值			计　算　值
U_{o1}/V	U_{o2}/V	$R_i/\text{k}\Omega$	$R_i/\text{k}\Omega$

四、实验总结

（1）整理实验数据，将测得的 A_V、R_i、R_o 和理论计算值进行比较。

（2）将场效应晶体管放大器与晶体管放大器进行比较，总结场效应晶体管放大器的特点。

（3）分析实验中的问题，总结收获。

五、思考题

（1）复习有关场效应晶体管的内容，并分别用图解法与计算法估算场效应晶体管的静态工作点（根据实验电路参数），求解静态工作点处的跨导 G_m。

（2）场效应晶体管放大器输入回路的电容 C_1 为什么可以取得小一些（可以取 $C_1 = 0.1\mu F$）？

（3）在测量场效应晶体管静态工作电压 U_{GS} 时，能否用直流电压表直接并联在 G、S 两端测量？为什么？

（4）为什么测量场效应晶体管输入电阻时要用测量输出电压的方法？

实验四　射 极 跟 随 器

一、实验目的

（1）掌握射极跟随器的特性及测试方法。

（2）进一步学习放大器各项参数的测试方法。

二、实验原理

射极跟随器的原理图如图 2 - 17 所示。它是一个电压串联负反馈放大电路，具有输入电阻高，输出电阻低，电压放大倍数接近于 1，输出电压能够在较大范围内跟随输入电压作线性变化以及输入、输出信号同相等特点。

由于射极跟随器的输出取自发射极，故也称为射极输出器。

图 2 - 17　射极跟随器原理图

1. 输入电阻 R_i

图 2 - 17 所示电路中，有

$$R_i = r_{be} + (1+\beta)R_E$$

若考虑偏置电阻 R_B 和负载 R_L 的影响，则

$$R_i = R_B \text{ // } [r_{be} + (1+\beta)(R_E \text{ // } R_L)]$$

由上式可知，射极跟随器的输入电阻 R_i 比共射极单管放大器的输入电阻 $R_i = R_B \text{ // } r_{be}$ 要高得多，但由于偏置电阻 R_B 的分流作用，输入电阻难以进一步提高。

输入电阻的测试方法同单管放大器，实验线路如图 2 - 18 所示。只要测得 A、B 两点的对地电位即可计算 R_i，即

$$R_i = \frac{U_i}{I_i} = \frac{U_i}{U_s - U_i}R$$

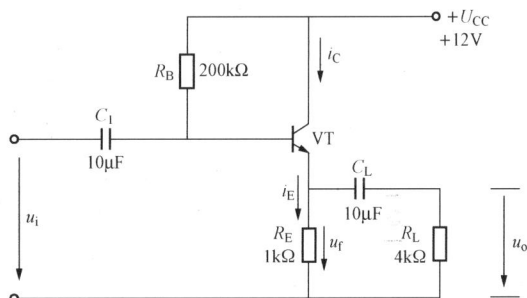

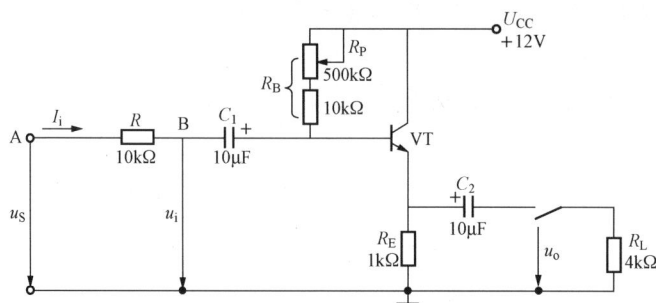

图 2 - 18 射极跟随器实验电路

2. 输出电阻 R_o

图 2 - 17 所示电路中，有

$$R_o = \frac{r_{be}}{\beta} \; // \; R_E \approx \frac{r_{be}}{\beta}$$

若考虑信号源内阻 R_S，则

$$R_o = \frac{r_{be} + (R_S \; // \; R_B)}{\beta} \; // \; R_E \approx \frac{r_{be} + (R_S \; // \; R_B)}{\beta}$$

由上式可知，射极跟随器的输出电阻 R_o 比共射极单管放大器的输出电阻 $R_o \approx R_C$ 低得多。晶体管的 β 越高，输出电阻越小。

输出电阻 R_o 的测试方法与单管放大器相同，即先测量空载输出电压 U_o，再测量接入负载 R_L 后的输出电压 U_L，根据

$$U_L = \frac{R_L}{R_o + R_L} U_o$$

即可求解 R_o 为

$$R_o = \left(\frac{U_o}{U_L} - 1 \right) R_L$$

3. 电压放大倍数

图 2 - 17 所示电路中，有

$$A_V = \frac{(1+\beta)(R_E \; // \; R_L)}{r_{be} + (1+\beta)(R_E \; // \; R_L)} \leqslant 1$$

由上式可知，射极跟随器的电压放大倍数小于等于 1，且为正值。这是深度电压负反馈的结果。但其射极电流仍比基极电流大 $(1+\beta)$ 倍，所以射极限随器具有一定的电流和功率放大作用。

4. 电压跟随范围

电压跟随范围是指射极跟随器输出电压 u_o 跟随输入电压 u_i 作线性变化的区域。当 u_i 超过一定范围时，u_o 便不能跟随 u_i 作线性变化，即 u_o 波形产生了失真。为了使输出电压 u_o 正、负半周对称，并充分利用电压跟随范围，静态工作点应选在交流负载线中点，测量时可直接用示波器读取 u_o 的峰—峰值，即电压跟随范围；或用交流毫伏表读取 u_o 的有效值，则电压跟随范围为

$$U_{OPP} = 2\sqrt{2} U_o$$

三、实验内容

按图 2-18 连接电路。

1. 静态工作点的调整

接通+12V 直流电源，在 B 点加入 $f=1\text{kHz}$ 的正弦信号 u_i，输出端用示波器观察输出波形，反复调整 R_P 及信号源的输出幅值，使在示波器的屏幕上观察到一个最大不失真的输出波形，然后置 $u_i=0$，用直流电压表测量晶体管各电极对地电位，将测量数据记录于表 2-12 中。

表 2-12 静态工作点的测量值

U_E/V	U_B/V	U_C/V	I_E/mA

在以下测试过程中应保持 R_P 值不变(即保持静态工作点 I_E 不变)。

2. 测量电压放大倍数 A_V

接入负载 $R_L=4\text{k}\Omega$，在 B 点加入 $f=1\text{kHz}$ 的正弦信号 u_i，调节输入信号幅值，用示波器观察输出波形 u_o，在输出最大不失真情况下，用交流毫伏表测量 U_i、U_L 的值，记录于表 2-13 中。

3. 测量输出电阻 R_o

接入负载 $R_L=4\text{k}\Omega$，在 B 点加入 $f=1\text{kHz}$ 的正弦信号 u_i，用示波器观察输出波形，测量空载输出电压 U_o 及带负载时输出电压 U_L 的值，记录于表 2-14 中。

表 2-13 电压放大倍数 A_V 的测量值

U_i/V	U_L/V	A_V

表 2-14 输出电阻 R_o 的测量值

U_o/V	U_L/V	R_o/kΩ

4. 测量输入电阻 R_i

在 A 点加入 $f=1\text{kHz}$ 的正弦信号 u_S，用示波器观察输出波形，用交流毫伏表分别测出 A、B 点的对地电位 U_S、U_i，记录于表 2-15中。

表 2-15 输入电阻 R_i 的测量值

U_S/V	U_i/V	R_i/kΩ

5. 测试跟随特性

接入负载 $R_L=4\text{k}\Omega$，在 B 点加入 $f=1\text{kHz}$ 的正弦信号 u_i，逐渐增大信号 u_i 的幅值，用示波器观察输出波形直至输出波形达到最大且不失真状态，测量对应的 U_L 值，记录于表2-16中。

6. 测试频率响应特性

保持输入信号 u_i 幅值不变，改变信号源频率，用示波器观察输出波形，用交流毫伏表测量不同频率下的输出电压 U_L 值，记录于表 2-17 中。

表 2-16	跟随特性的测量值
U_i/V	
U_L/V	

表2-17	频率响应特性的测量值
f/kHz	
U_L/V	

四、预习要求

(1) 复习射极跟随器的工作原理。

(2) 根据图 2-18 所示射极跟随器实验电路的元器件参数值估算其静态工作点,并画出交、直流负载线。

五、实验报告

(1) 整理实验数据,并绘制曲线 $U_L = f(U_i)$ 及曲线 $U_L = f(f)$。

(2) 分析射极跟随器的性能和特点。

附:若有自举电路的射极跟随器。

在一些电子测量仪器中,为了减小仪器对信号源所取用的电流,以提高测量准确度,通常采用图 2-19 所示带有自举电路的射极跟随器,以提高偏置电路的等效电阻,从而保证射极跟随器有足够高的输入电阻。

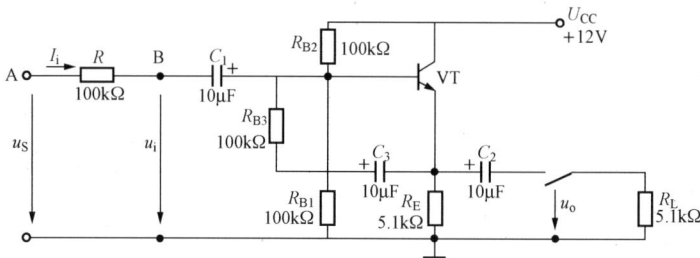

图 2-19 带有自举电路的射极跟随器

实验五 差动放大器

一、实验目的

(1) 加深对差动放大器性能及特点的理解。

(2) 学习差动放大器主要性能指标的测试方法。

二、实验原理

图 2-20 所示为差动放大器的基本结构。它由两个元件参数相同的基本共射放大电路组成。当开关 S 置向左边时,构成典型的差动放大器。调零电位器 R_P 用来调节 VT1、VT2 的静态工作点,使得输入信号 $U_i = 0V$ 时,双端输出电压 $U_o = 0V$,R_E 为 VT1、VT2 共用的发射极电阻,它对差模信号无负反馈作用,因而不影响差模电压放大倍数,但对共模信号有较强的负反馈作用,故可以有效地抑制零漂,稳定静态工作点。

当开关 S 置向右边时,构成具有恒流源的差动放大器。它用晶体管恒流源代替发射极电阻 R_E,可以进一步提高差动放大器抑制共模信号的能力。

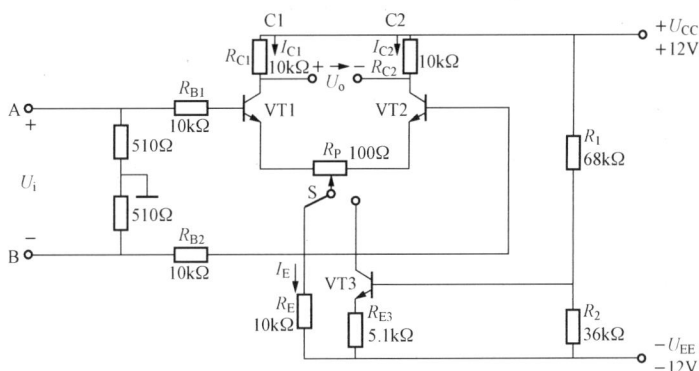

图 2 - 20 差动放大器实验电路

1. 静态工作点的估算

典型差动放大器电路中，认为 $U_{B1}=U_{B2}\approx0$，则有

$$I_E \approx \frac{|U_{EE}|-U_{BE}}{R_E}$$

$$I_{C1} = I_{C2} = \frac{1}{2}I_E$$

恒流源差动放大器电路中，有

$$I_{C3} \approx I_{E3} \approx \frac{\dfrac{R_2}{R_1+R_2}(U_{CC}+|U_{EE}|)-U_{BE}}{R_{E3}}$$

$$I_{C1} = I_{C2} = \frac{1}{2}I_{C3}$$

2. 差模电压放大倍数和共模电压放大倍数

当差动放大器的射极电阻 R_E 足够大，或采用恒流源电路时，差模电压放大倍数 A_d 由输出端方式决定，而与输入方式无关。

双端输出时，$R_E=\infty$，R_P 在中心位置时，则

$$A_d = \frac{\Delta U_o}{\Delta U_i} = -\frac{\beta R_C}{R_B + r_{be} + \frac{1}{2}(1+\beta)R_P}$$

单端输出时，有

$$A_{d1} = \frac{\Delta U_{C1}}{\Delta U_i} = \frac{1}{2}A_d$$

$$A_{d2} = \frac{\Delta U_{C2}}{\Delta V_i} = -\frac{1}{2}A_d$$

当输入共模信号时，若为单端输出，则有

$$A_{C1} = A_{C2} = \frac{\Delta U_{C1}}{\Delta U_i} = \frac{-\beta R_C}{R_B + r_{be} + (1+\beta)\left(\frac{1}{2}R_P + 2R_E\right)} \approx -\frac{R_C}{2R_E}$$

若为双端输出，在理想情况下有

$$A_C = \frac{\Delta U_o}{\Delta U_i} = 0$$

实际上，由于元器件不可能完全对称，因此 A_C 也不会绝对等于零。

3. 共模抑制比 CMRR

为了表征差动放大器对有用信号（差模信号）的放大作用和对共模信号的抑制能力，通常用一个综合指标来衡量，即共模抑制比，且

$$CMRR = \left|\frac{A_d}{A_C}\right| \quad \text{或} \quad CMRR = 20\lg\left|\frac{A_d}{A_C}\right|(\mathrm{dB})$$

差动放大器的输入信号可采用直流信号也可采用交流信号。本实验由函数信号发生器提供频率 $f=1\mathrm{kHz}$ 的正弦信号作为输入信号。

三、实验内容

1. 典型差动放大器性能测试

按图 2-20 连接实验电路，开关 S 拨向左边构成典型差动放大器。

（1）测量静态工作点。

1）调节放大器零点。信号源不接入。将放大器输入端 A、B 与地短接，接通 ±12V 直流电源，用直流电压表测量输出电压 U_o，调节调零电位器 R_P，使 $U_o=0$。调节要仔细，力求准确。

2）测量静态工作点。零点调好以后，用直流电压表测量 VT1、VT2 各电极电位及射极电阻 R_E 两端电压 U_{RE}，记录于表 2-18 中。

表 2-18　　　　　　　　典型差动放大器静态工作点的测量值和计算值

	U_{C1}/V	U_{B1}/V	U_{E1}/V	U_{C2}/V	U_{B2}/V	U_{E2}/V	U_{RE}/V
测量值							
	I_C/mA			I_B/mA		U_{CE}/V	
计算值							

（2）测量差模电压放大倍数。断开直流电源，将函数信号发生器的输出端连接放大器输入 A 端，地端连接放大器输入 B 端构成单端输入方式，调节输入信号为频率 $f=1\mathrm{kHz}$ 的正弦信号，并使输出旋钮旋至零，用示波器观察输出端（集电极 C1 或 C2 与地之间）。

接通 ±12V 直流电源，逐渐增大输入电压 u_i（约 100mV），在输出波形无失真的情况下，用交流毫伏表测量 U_i、U_{C1}、U_{C2}，记录于表 2-19 中，并观察 u_i、u_{C1}、u_{C2} 之间的相位关系及 u_{RE} 随 u_i 变化的情况。

（3）测量共模电压放大倍数。将放大器 A、B 短接，信号源接连 A 端与地之间，构成共模输入方式，调节输入信号 $f=1\mathrm{kHz}$，$U_i=1\mathrm{V}$，在输出电压无失真的情况下，测量 U_{C1}、U_{C2} 并记录于表 2-19 中，观察 u_i、u_{C1}、u_{C2} 之间的相位关系及 u_{RE} 随 u_i 变化的情况。

2. 具有恒流源的差动放大电路性能测试

将图 2-20 电路中开关 S 拨向右边，构成具有恒流源的差动放大电路，重复实验内容 1.（2）、1.（3）的要求，测量数据记录于表 2-19 中。

表 2 - 19 具有恒流源的差动放大电路的测量值

	典型差动放大电路		具有恒流源差动放大电路	
	单端输入	共模输入	单端输入	共模输入
U_i	100mV	1V	100mV	1V
U_{C1}/V				
U_{C2}/V				
$A_{d1}=\dfrac{U_{C1}}{U_i}$				
$A_d=\dfrac{U_o}{U_i}$				
$A_{C1}=\dfrac{U_{C1}}{U_i}$				
$A_C=\dfrac{U_o}{U_i}$				
$CMRR=\left\|\dfrac{A_{d1}}{A_{C1}}\right\|$				

四、实验总结

(1) 整理实验数据,列表比较下列参数的实验结果和理论估算值,分析误差原因。

1) 静态工作点和差模电压放大倍数。

2) 典型差动放大电路单端输出时的 CMRR 实测值与理论值比较。

3) 典型差动放大电路单端输出时 CMRR 的实测值与具有恒流源的差动放大器 CMRR 实测值比较。

(2) 比较 u_i、u_{C1} 和 u_{C2} 之间的相位关系。

(3) 根据实验结果,总结电阻 R_E 和恒流源的作用。

五、思考题

(1) 根据实验电路参数,估算典型差动放大器和具有恒流源的差动放大器的静态工作点及差模电压放大倍数(取 $\beta_1=\beta_2=100$)。

(2) 测量静态工作点时,放大器输入端 A、B 与地应如何连接?

(3) 实验中如何获得双端和单端输入差模信号?如何获得共模信号?画出 A、B 端与信号源之间的连接图。

(4) 如何进行静态工作点调零?用什么仪表测量 U_o?

(5) 如何用交流毫伏表测量双端输出电压 U_o?

实验六　集成运算放大器的基本应用（1）
——模拟运算放大电路

一、实验目的

（1）熟悉集成运算放大器的性能和使用方法。

（2）验证集成运算放大器的几种基本运算功能。

二、实验原理

（1）集成运算放大器具有很高的开环放大倍数，将其引入深度负反馈后，可以得到非常稳定的闭环放大倍数，其结果几乎与运算放大器的参数及环境温度等条件无关。因而要实现不同的数学运算，只改变其外部所接阻抗元件即可。

（2）本实验选用 LM324 型四运算放大器，这是一种低功耗通用型运算放大器，一块 LM324 中包括四个运算放大器，其内部电路图和顶视图如图 2-21 所示。LM324 型集成运算放大器可用 3～30V 单电源，也可用 ±1.5～±15V 的双电源（见图 2-21（b）中引脚 4 为电源 U^+ 端），且没有消振和调零的引出端子，若需消振和调零可采用外接电阻和电容网络。

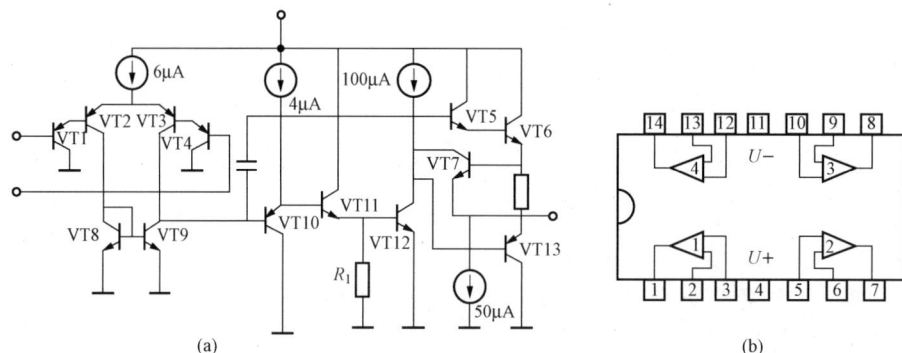

图 2-21　LM324 型四运算集成运算放大器

(a) 电路原理图；(b) 顶视图

LM324 型集成运算放大电路的主要参数包括：

1）输入失调电压 $V_{0s} \leqslant 9\text{mV}$。

2）输入失调电流 $I_{0s} \leqslant 0.15\mu\text{A}$。

3）输入基极电流 $I_b \leqslant 0.5\mu\text{A}$。

4）开环电压增益 $A_{V0} \geqslant 100\text{dB}$。

5）共模抑制比 $CMRR \geqslant 70\text{dB}$。

6）最大输出电压 $V_{0-q} \geqslant 0\text{V} \sim (U_+ \pm 1.5)\text{V}$。

7）允许功耗 570mW。

三、实验内容

将两组稳压电源输出分别调到 12V，然后按图 2-22 接成 ±12V 输出。关掉稳压电源开关，按图 2-21（b）给 LM324 型放大器接好正、负电源。

1. 反相比例运算电路

（1）用 LM324 型四运算集成运算放大器中的任意一个运算放大器组成图 2-23 所示的反相比例运算电路，经指导教师检查同意后，再合上稳压电源开关。

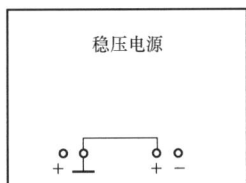

图 2-22　稳压电源

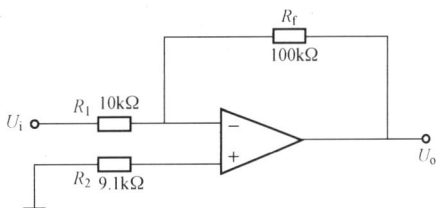

图 2-23　反相比例运算电路

（2）将输入端 2 端接地，再将万用表 200mV 直流电压挡接入电路输出端和接地端，测量 U_o 的电位。

（3）撤去 2 端接地线，从 2 端输入 0.05、0.2、1V 方波，测量相应的 U_o，记录于表 2-20 中。求解 U_o/U_i 之比，验证其是否等于 $-R_f \sim /R_1$。

2. 基本积分运算电路

（1）用一个运算放大器，按图 2-24 接成基本积分运算电路。

（2）3 端接地，从 2 端输入 1V 方波，用示波器同时观察 U_i 及 U_o 的波形，并将波形绘制在坐标纸上。

3. 电压跟随电路

（1）将运算放大器组成如图 2-25 所示的电压跟随器。

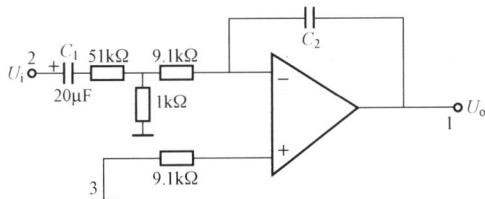

图 2-24　基本积分运算电路

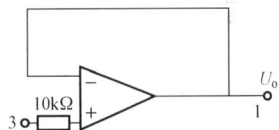

图 2-25　电压跟随器电路

（2）从 3 端输入 1~5V 直流电压，用万用表测量相应的输出电压 U_o，将测量数据记录于表 2-21 中。

4. 反相加法运算电路

（1）将运算放大器组成如图 2-26 所示的反相加法器。

（2）在 3、2 两端分别加上 -0.5V 与 +1V 的直流电压，测量输出电压 U_o，将测量数据记录于表 2-22 中，检验 U_o 值是否符合公式

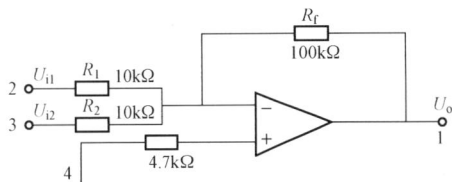

图 2-26　反相加法器电路

$$U_o = \frac{-R_f}{R_1}(U_{i1} + U_{i2})$$

四、注意事项

（1）正、负电源不能接错。

（2）作每一种运算时，输入、输出端和接地端不能弄错，无关端子的导线要撤掉，开关位置不能弄错。

（3）输入信号的大小要按规定输入，不能过大，否则运算放大器将发生堵塞。

五、实验报告要求

（1）列出所用仪器与元器件的型号。

（2）根据以上实验要求填写表 2 - 20～表 2 - 22。

表 2 - 20　　　　　　　　　　　　反相比例运算电路测量值

U_i/V	U_o/V	u_i 波形	u_o 波形	A_V	
				实测值	计算值

表 2 - 21　　　　　　　　　　　　电压跟随器电路测量值

U_i/V					
U_o/V					

表 2 - 22　　　　　　　　　　　　反相加法运算电路测量值

U_{i1}/V					
U_{i2}/V					
U_o/V					

六、思考题

（1）预习运算放大器的内容。

（2）利用现有实验板，如何组成一个差动放大器？

（3）能否用运算放大器组成其他用途的电路？

（4）使用单电源供电时应怎样进行接线与测量？

实验七　集成运算放大器的基本应用（2）
——有源滤波器

一、实验目的

（1）熟悉用运算放大器、电阻和电容组成有源低通滤波、高通滤波和带通、带阻滤波器。

（2）学会测量有源滤波器的幅频特性。

二、实验原理

由 RC 元件与运算放大器组成的滤波器称为 RC 有源滤波器，其功能是让一定频率范围内的信号通过，抑制或急剧衰减此频率范围以外的信号，可用于信息处理、数据传输、抑制干扰等方面，但因受运算放大器频带限制，这类滤波器主要用于低频范围。根据对频率范围的选择不同，可分为低通（LPF）、高通（HPF）、带通（BPF）与带阻（BEF）四种滤波器，其幅频特性如图 2-27 所示。

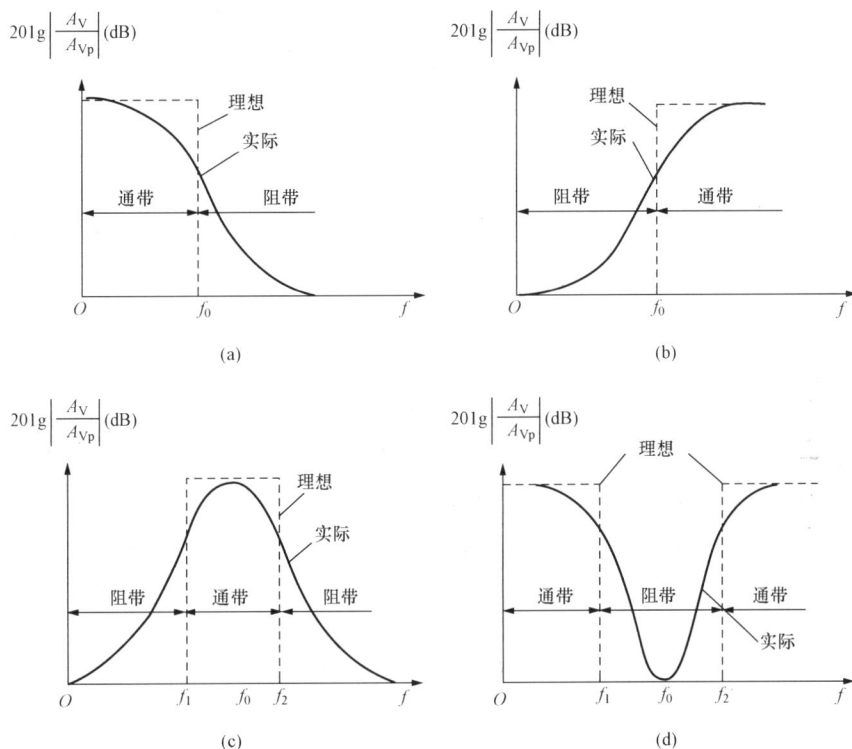

图 2-27 四种滤波电路的幅频特性曲线

（a）低通；（b）高通；（c）带通；（d）带阻

具有理想幅频特性的滤波器很难实现，只能用实际的幅频特性去逼近。一般来说，滤波器的幅频特性越好，其相频特性越差，反之亦然。滤波器的阶数越高，幅频特性衰减的速率越快，但 RC 网络的节数越多，元件参数计算越繁琐，电路调试越困难。任何高阶滤波器均可以用较低的二阶 RC 有源滤波器级联实现。

1. 低通滤波器（LPF）

低通滤波器用来通过低频信号，衰减或抑制高频信号。图 2-28（a）所示为典型的二阶有源低通滤波器。它由两级 RC 滤波环节与同相比例运算电路组成，其中第一级电容 C 接至输出端，引入适量的正反馈。以改善幅频特性。

图 2-28（b）所示为二阶低通滤波器幅频特性曲线。

低通滤波器电路性能参数计算如下

$$A_{Vp} = 1 + \frac{R_f}{R_1}$$

$$f_0 = \frac{1}{2\pi RC}$$

$$Q = \frac{1}{3 - A_{Vp}}$$

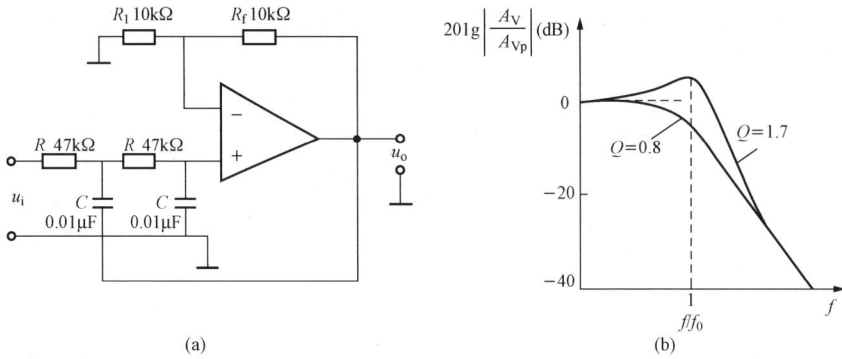

图 2-28　二阶低通滤波器
（a）电路图；（b）幅频特性

式中　A_{Vp}——二阶低通滤波器的通带增益；

f_0——截止频率，是二阶低通滤波器通带与阻带的界限频率；

Q——品质因数，其大小影响低通滤波器在截止频率处幅频特性的形状。

2. 高通滤波器（HPF）

与低通滤波器相反，高通滤波器用来通过高频信号，衰减或抑制低频信号。

只要将图 2-28 所示的低通滤波电路中起滤波作用的电阻、电容互换，即可变成二阶有源高通滤波器，如图 2-29（a）所示。高通滤波器性能与低通滤波器相反，其频率响应和低通滤波器是"镜像"关系，参照 LPH 的分析方法，可求得 HPF 的幅频特性，如图 2-29（b）所示。

低通滤波器电路性能参数 A_{Vp}、f_0、Q 各变量的含义同二阶低通滤波器。

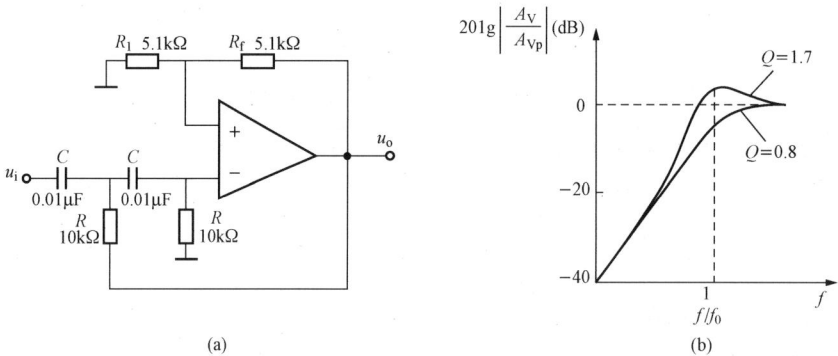

图 2-29　二阶高通滤波器
（a）电路图；（b）幅频特性

3. 带通滤波器（BPF）

带通滤波器只允许在某一个通频带范围内的信号通过，而比通频带下限频率低和比上限频率高的信号均加以衰减或抑制。

典型的带通滤波器是将二阶低通滤波器中其中一级改成高通形成，如图 2-30（a）所示。

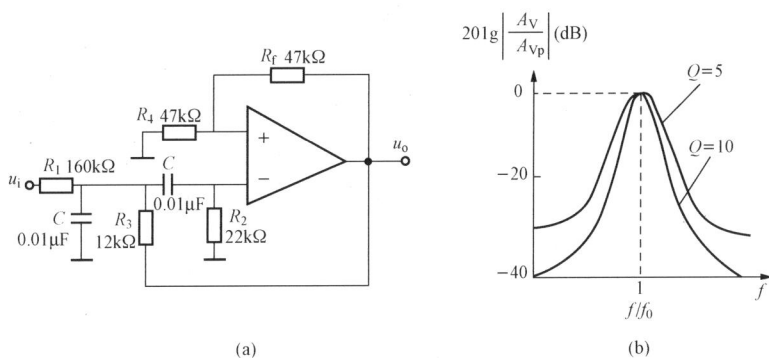

图 2-30 二阶带通滤波器

（a）电路图；（b）幅频特性

二阶带通滤波器电路性能参数计算如下：

通带增益

$$A_{Vp} = \frac{R_4 + R_f}{R_4 R_1 C B}$$

中心频率

$$f_0 = \frac{1}{2\pi} \sqrt{\frac{1}{R_2 C^2} \left(\frac{1}{R_1} + \frac{1}{R_3} \right)}$$

通带宽度

$$B = \frac{1}{C} \left(\frac{1}{R_1} + \frac{2}{R_2} - \frac{R_f}{R_3 R_4} \right)$$

选择性

$$Q = \frac{\omega_0}{B}$$

带通滤波器电路的优点是改变 R_f 和 R_4 的比例就可以改变频宽而不影响中心频率。

4. 带阻滤波器（BEF）

如图 2-31（a）所示，与带通滤波器相反，带阻滤波器是在规定的频带内信号不能通过（或受到很大衰减或抑制），而在其余频率范围，信号则能顺利通过。

在双 T 网络后加一级同相比例运算电路就构成了基本的二阶有源带阻滤波器。其幅频特性如图 2-31（b）所示。

带阻滤波器电路性能参数计算如下

通带增益

$$A_{Vp} = 1 + \frac{R_f}{R_1}$$

中心频率

$$f_0 = \frac{1}{2\pi RC}$$

阻带宽度

$$B = 2(2 - A_{Vp}) f_0$$

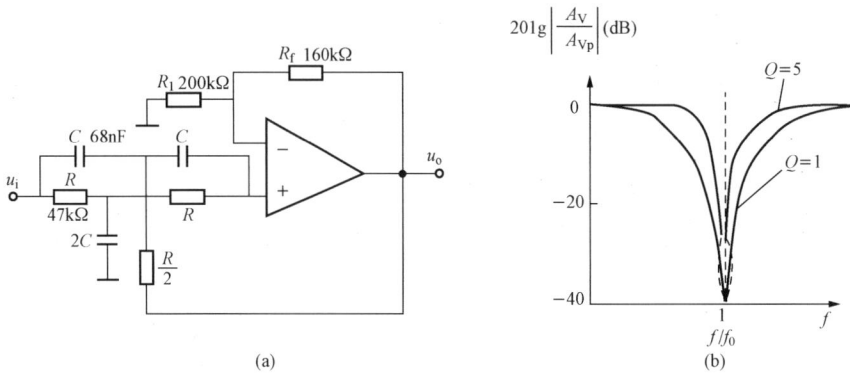

图 2-31 二阶带阻滤波器

(a) 电路图；(b) 幅频特性

选择性

$$Q = \frac{1}{2(2 - A_{Vp})}$$

三、实验内容

1. 二阶低通滤波器

实验电路见图 2-28（a）。

（1）粗测。接通±12V 电源。u_i 接函数信号发生器，令函数信号发生器的输出为 $U_i =$ 1V 的正弦波，在滤波器截止频率附近改变输入信号频率，用示波器或交流毫伏表观察输出电压幅值的变化是否具备低通特性，如果不具备，应排除电路故障。

（2）在输出波形不失真的条件下，选取适当幅值的正弦输入信号，在维持输入信号幅值不变的情况下，逐点改变输入信号频率。测量输出电压，记录于表 2-23 中，绘制频率特性曲线。

2. 二阶高通滤波器

实验电路见图 2-29（a）。

（1）粗测。输入 $U_i = 1V$ 的正弦波信号，在滤波器截止频率附近改变输入信号频率，观察电路是否具备高通特性。

（2）绘制高通滤波器的幅频特性曲线，记录于表 2-24 中。

表 2-23 二阶低通滤波器电路测量值

f/Hz	
U_o/V	

表 2-24 二阶高通滤波器电路测量值

f/Hz	
U_o/V	

3. 带通滤波器（选做）

实验电路见图 2-30（a），测量其频率特性，记录于表 2-25 中。

（1）实测电路的中心频率 f_0。

（2）以实测中心频率为中心，绘制电路的幅频特性曲线。

4. 带阻滤波器（选做）

实验电路见图 2-31（a）。

（1）实测电路的中心频率 f_0。

（2）绘制电路的幅频特性曲线，记录于表 2-26 中。

表 2-25 带通滤波器电路测量值

f/Hz	
U_o/V	

表2-26 带阻滤波器电路测量值

f/Hz	
U_o/V	

四、实验总结

（1）整理实验数据，绘制各电路实测的幅频特性曲线。

（2）根据实验曲线，计算截止频率、中心频率、带宽及品质因数。

（3）总结有源滤波电路的特性。

五、预习思考题

（1）复习教材有关滤波器的内容。

（2）分析图 2-28～图 2-31 所示电路，写出它们的增益特性表达式。

（3）计算图 2-28、图 2-29 所示的截止频率，以及图 2-30、图 2-31 所示的中心频率。

（4）绘制上述四种电路的幅频特性曲线。

实验八 集成运算放大器的基本应用（3）
——电压比较器

一、实验目的

（1）掌握电压比较器的电路构成及特点。

（2）学会电压比较器的测试方法。

二、实验原理

电压比较器是集成运算放大器非线性应用电路，其原理是将一个模拟量电压信号和一个参考电压相比较，在二者幅值相等的附近，输出电压产生跃变，相应输出高电平或低电平。比较器可以组成非正弦波形变换电路，应用于模拟与数字信号转换等领域。

图 2-32 所示为最简单的电压比较器。图中，U_R 为参考电压，加在运算放大器的同相输入端，输入电压 u_i 加在反相输入端。

当 $u_i < U_R$ 时，运算放大器输出高电平，稳压管 VZ 反向稳压工作。输出端电位被其钳位在稳压管的稳定电压 U_Z，即 $u_o = U_Z$。

当 $u_i > U_R$ 时，运算放大器输出低电平，VZ 正向导通，输出电压等于稳压管的正向压降 U_D，即 $u_o = -U_D$。

因此，以 U_R 为界，当输入电压 u_i 变化时，输出端反映两种状态，即高电位和低电位。

传输特性曲线是表示输出电压与输入电压之间关系的曲线。图 2-32（a）所示电压比较器的传输特性曲线如图 2-32（b）所示。

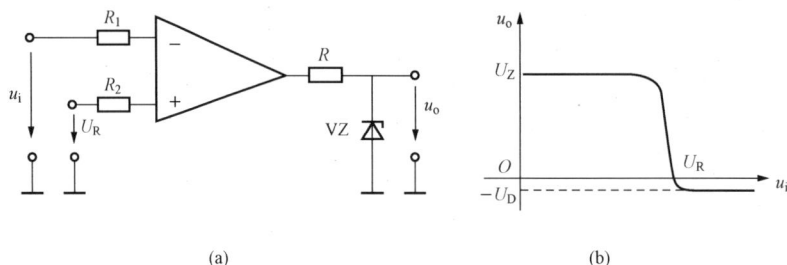

图 2 - 32　电压比较器

(a) 电路图；(b) 传输特性曲线

常用的电压比较器有过零比较器、具有滞回特性的过零比较器、双限比较器（又称窗口比较器）等。

1. 过零比较器

图 2 - 33 所示为加限幅电路的过零比较器，VZ 为限幅稳压管。信号从运算放大器的反相输入端输入，参考电压为零。从同相端输入时，当 $u_i > 0$ 时，输出 $u_o = -(U_Z + U_D)$，当 $u_i < 0$ 时，输出 $u_o = +(U_Z + U_D)$。其电压传输特性曲线如图 2 - 33 (b) 所示。

过零比较器结构简单，灵敏度高，但抗干扰能力差。

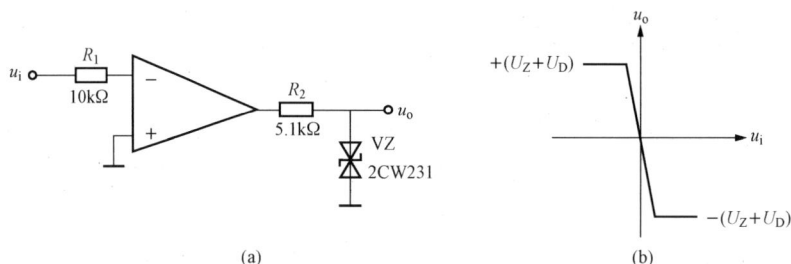

图 2 - 33　过零比较器

(a) 电路图；(b) 电压传输特性曲线

2. 滞回比较器

图 2 - 34 所示为具有滞回特性的过零比较器。过零比较器在实际工作时，如果 u_i 恰好在过零值附近，则由于零点漂移的存在，u_o 将不断由一个极限值转换到另一个极限值，这在控制系统中，对执行机构将是很不利的。为此，就需要输出特性具有滞回现象。如图 2 - 34 所示，从输出端引一个电阻分压正反馈支路到同相输入端，若 u_o 改变状态，U_Σ 点也随着改变电位，使过零点离开原来位置。当 u_o 为正（记作 U_+），$U_\Sigma = \dfrac{R_2}{R_1 + R_2} U_+$，则当 $u_i > U_\Sigma$ 后，u_o 即由正变负（记作 U_-），此时 U_Σ 变为 $-U_\Sigma$。故只有当 u_i 下降到 $-U_\Sigma$ 以下，才能使 u_o 再度回升到 U_+，于是出现图 2 - 34 (b) 所示的滞回特性曲线。$-U_\Sigma$ 和 U_Σ 的差称为回差。改变 R_2 的数值可以改变回差的大小。

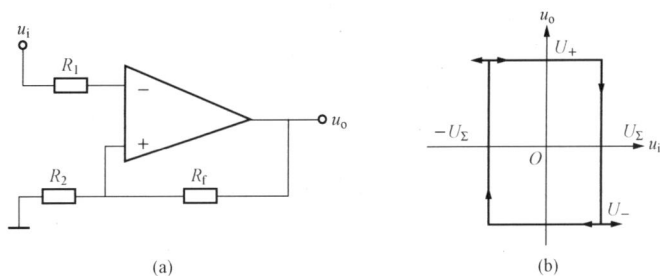

图 2 - 34 滞回比较器

(a) 电路图；(b) 传输特性曲线

3. 窗口（双限）比较器

简单的比较器仅能鉴别输入电压 u_i 比参考电压 U_R 高或低的情况，窗口比较器电路由两个简单比较器组成，如图 2 - 35 所示，它能指示出 u_i 值是否处于 U_R^+ 和 U_R^- 之间。如果 $U_R^- < u_i < U_R^+$，窗口比较器的输出电压 u_o 为高电平 U_{oH}；如果 $u_i < U_R^-$ 或 $u_i > U_R^+$，则输出电压 u_o 为低电平 U_{oL}。

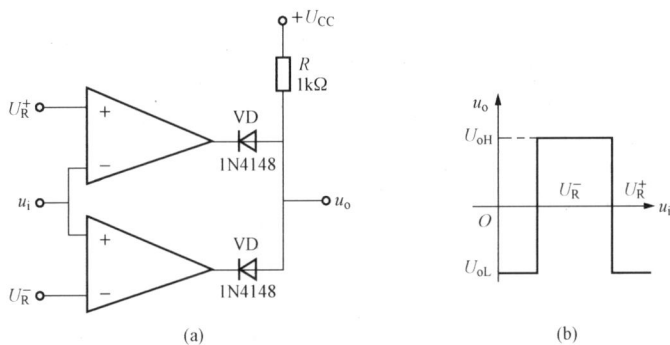

图 2 - 35 由两个简单比较器组成的窗口比较器

(a) 电路图；(b) 传输特性曲线

三、实验内容

1. 过零比较器

实验电路见图 2 - 33。

（1）接通 ±12V 电源。

（2）测量 u_i 悬空时的 U_o 值。

（3）u_i 输入 500Hz、峰值为 2V 的正弦信号，观察 $u_i \rightarrow u_o$ 波形并记录。

（4）改变 u_i 的幅值，测量并绘制传输特性曲线。

2. 反相滞回比较器

实验电路如图 2 - 36 所示。

（1）按图接线，u_i 接 +5V 可调直流电源，测量 u_o 由 $+U_{omax} \rightarrow -U_{omax}$ 变化时 u_i 的临界值。

（2）同上，测量 u_o 由 $-U_{omax} \rightarrow +U_{omax}$ 变化时 u_i 的临界值。

（3）u_i 接 500Hz、峰值为 2V 的正弦信号，观察并记录 $u_i \rightarrow u_o$ 波形。

（4）将分压支路 100kΩ 电阻改为 200kΩ，重复上述实验，测定传输特性。

3. 同相滞回比较器

实验线路如图 2-37 所示。

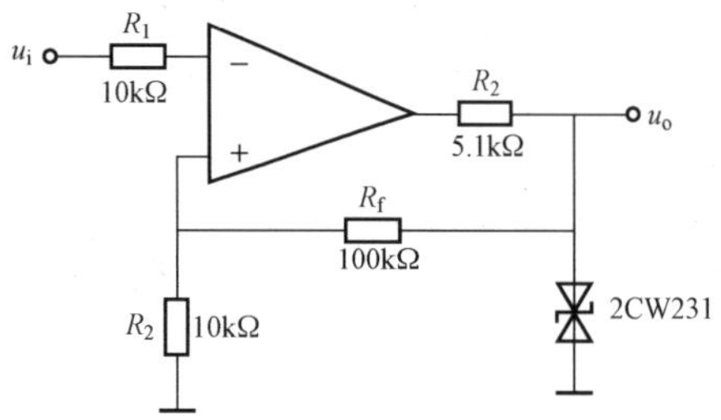

图 2-36　反相滞回比较器实验电路 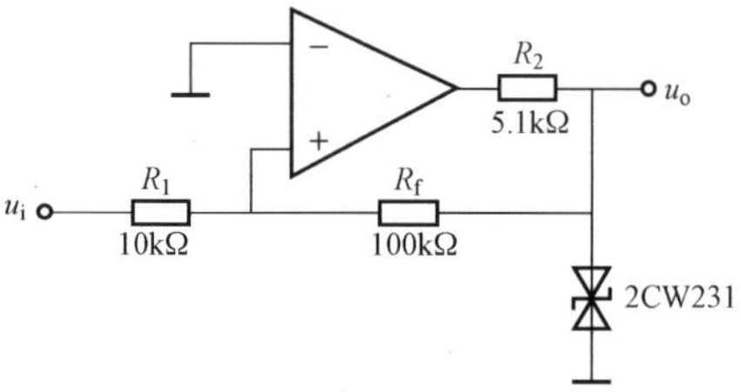　　　　图 2-37　同相滞回比较器实验电路

（1）参照实验内容 2，自拟实验步骤及方法。

（2）将结果与实验内容 2 进行比较。

4. 窗口比较器（选做）

参照图 2-35 自拟实验步骤和方法测定其传输特性。

四、实验总结

（1）整理实验数据，绘制各类比较器的传输特性曲线。

（2）总结几种比较器的特点，阐明它们的应用。

五、思考题

（1）复习教材有关比较器的内容。

（2）绘制各类比较器的传输特性曲线。

（3）若要将图 2-35 所示窗口比较器的电压传输曲线的高、低电平对调，应如何改动比较器电路？

实验九　RC 正弦波振荡器

一、实验目的

（1）进一步学习 RC 正弦波振荡器的组成及其振荡条件。

（2）学会测量、调试振荡器。

二、实验原理

从结构上看，正弦波振荡器是没有输入信号的、带选频网络的正反馈放大器。若用 R、C 元件组成的选频网络，称为 RC 振荡器，一般用来产生 1Hz～1MHz 的低频信号。

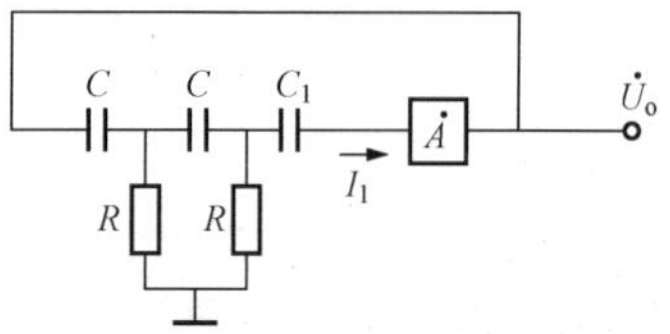

图 2-38　RC 移相振荡器原理图

1. RC 移相振荡器

RC 移相振荡器电路如图 2-38 所示，选择 $R \gg R_i$。振荡频率为

$$f_0 = \frac{1}{2\pi \sqrt{6} RC}$$

起振条件：放大器 A 的电压放大倍数 $|\dot{A}| > 29$。

电路特点：简便，但选频作用差，振幅不稳，频率调节不便，一般用于频率固定且稳定性要求不高的场合。

频率范围：几赫兹至数万赫兹

2. RC 串并联网络（文氏桥）振荡器

RC 串并联网络振荡器电路如图 2-39 所示。振荡频率为

$$f_0 = \frac{1}{2\pi RC}$$

起振条件为

$$|\dot{A}| > 3$$

电路特点：可方便地连续改变振荡频率，便于加负反馈稳幅，容易得到良好的振荡波形。

3. 双 T 选频网络振荡器

双 T 选频网络振荡器电路如图 2-40 所示。

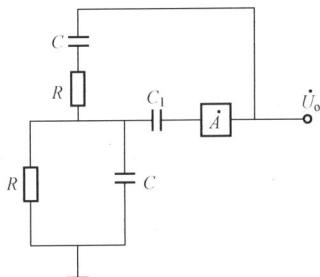

图 2-39 RC 串并联网络振荡器原理图

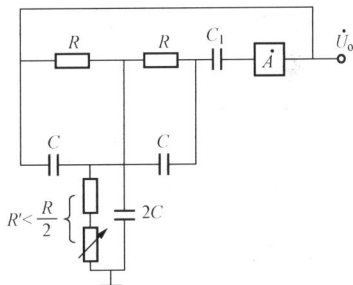

图 2-40 双 T 选频网络振荡器原理图

振荡频率为

$$f_0 = \frac{1}{5RC}$$

起振条件

$$R' < \frac{R}{2}, \ |\dot{A}\dot{F}| > 1$$

电路特点：选频特性好，调频困难，适用于产生单一频率的振荡。

本实验采用两级共射极分立元件放大器组成 RC 正弦波振荡器。

三、实验内容

1. RC 串并联选频网络振荡器

（1）按图 2-41 连接线路。

（2）接通 RC 串并联网络，并使电路起振，用示波器观察输出电压 u_0 的波形，调节 R_P 以获得满意的正弦信号，记录波形及其参数。

（3）测量振荡频率，并与计算值进行比较。

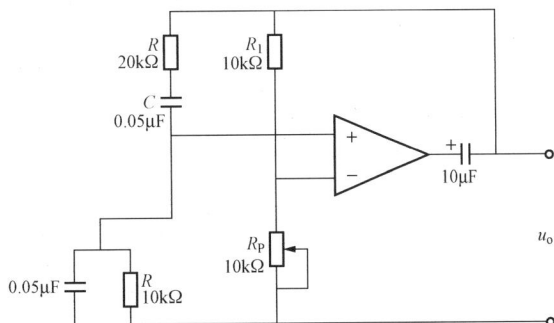

图 2-41 RC 串并联选频网络振荡器实验电路

（4）改变 R 或 C 的值，观察振荡频率变化情况。

（5）RC 串并联网络幅频特性的观察。将 RC 串并联网络与放大器断开，用函数信号发生器的正弦信号注入 RC 串并联网络，保持输入信号的幅值不变（约 3V），频率由低到高变化，RC 串并联网络输出幅值将随之变化，当信号源达到某一频率时，RC 串并联网络的输出将达到大值（约 1V）。且输入、输出同相位，此时信号源频率为

$$f = f_0 = \frac{1}{2\pi RC}$$

2. 双 T 选频网络振荡器（选做）

（1）按图 2-42 连接线路。

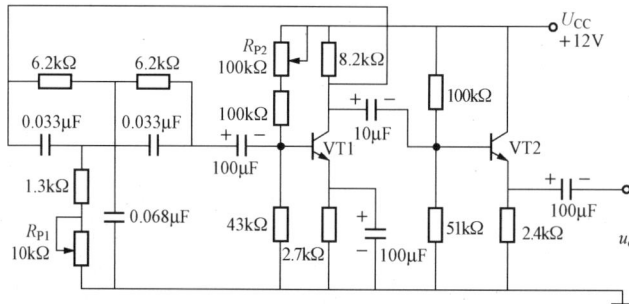

图 2-42　双 T 网络 RC 正弦波振荡器实验电路

（2）断开双 T 网络，调试 VT1 静态工作点，使 U_{C1} 为 6～7V。

（3）接入双 T 网络，用示波器观察输出波形。若不起振，调节 R_{P1}，使电路起振。

（4）测量电路振荡频率，并与计算值比较。

3. RC 移相振荡器的组装与调试（选做）

（1）按图 2-43 连接线路。

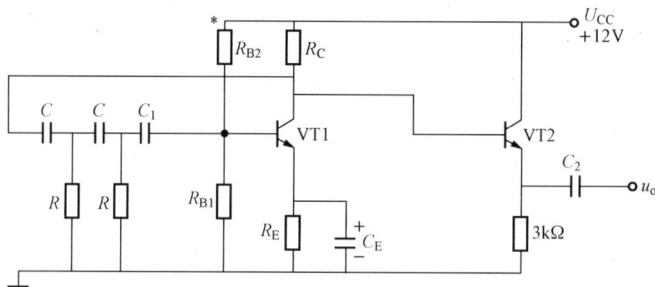

图 2-43　RC 移相振荡器实验电路

（2）断开 RC 移相电路，调整放大器的静态工作点，测量放大器电压放大倍数。

（3）接通 RC 移相电路，调节 R_{B2} 使电路起振，并使输出波形幅值最大，用示波器观察输出电压 u_o 的波形，同时用频率计和示波器测量振荡频率，并与理论值比较。

四、实验总结

（1）由给定电路参数计算振荡频率，并与实测值比较，分析误差产生的原因。

（2）在直角坐标纸上绘制振荡波形。

五、思考题

(1) 复习教材有关三种类型 RC 振荡器的结构与工作原理。

(2) 计算三种实验电路的振荡频率。

(3) 如何用示波器测量振荡电路的振荡频率？

实验十 直流稳压电源 (1)——串联型晶体管稳压电源

一、实验目的

(1) 研究单相桥式整流、电容滤波电路的特点。

(2) 掌握串联型晶体管稳压电源主要技术指标的测试方法。

二、实验原理

电子设备一般都需要直流电源供电。这些直流电源除了少数直接利用干电池和直流发电机外，大多数是采用将交流电（市电）转变为直流电的直流稳压电源。

直流稳压电源由电源变压器、整流、滤波和稳压电路四部分组成，其原理框图如图 2-44 所示。电网供给的交流电压 u_1（220V，50Hz）经电源变压器降压后，得到符合电路需要的交流电压 u_2，然后由整流电路变换成方向不变、大小随时间变化的脉动电压 u_3，再用滤波器滤去其交流分量，即可得到比较平直的直流电压 u_i。但这样的直流输出电压，还会随交流电网电压的波动或负载的变动而变化。因此，在对直流供电要求较高的场合，还需要使用稳压电路，以保证输出的直流电压更加稳定。

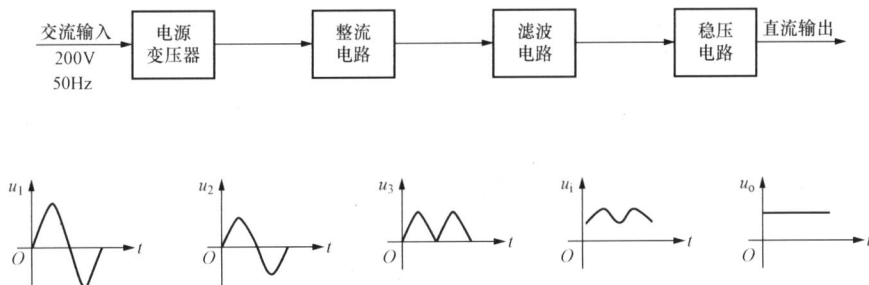

图 2-44 直流稳压电源框图

图 2-45 所示为由分立元器件组成的串联型稳压电源实验电路。其整流部分为单相桥式整流、电容滤波电路；稳压部分为串联型稳压电路，由调整器件（晶体管 VT1），比较放大器 VT2、R_7，取样电路器 R_1、R_2、R_P，稳压管 VZ、R_3 和过电流保护电路 VT3 及电阻 R_4、R_5、R_6 等组成。整个稳压电路是一个具有电压串联负反馈的闭环系统，其稳压过程为：当电网电压波动或负载变动引起输出直流电压发生变化时，取样电路取出输出电压的一部分送入比较放大器，并与基准电压进行比较，产生的误差信号经 VT2 放大后送至调整晶体管 VT1 的基极，使调整管改变其管压降，以补偿输出电压的变化，从而达到稳定输出电压的目的。

稳压电路中，由于调整晶体管与负载串联，因此流过调整晶体管的电流即为负载电流。当输出电流过大或发生短路时，调整晶体管会因电流过大或电压过高而损坏，所以需要对调整晶体管加以保护。在图 2-45 电路中，晶体管 VT3、VT4、R_5、R_6 组成减流型保护电路。

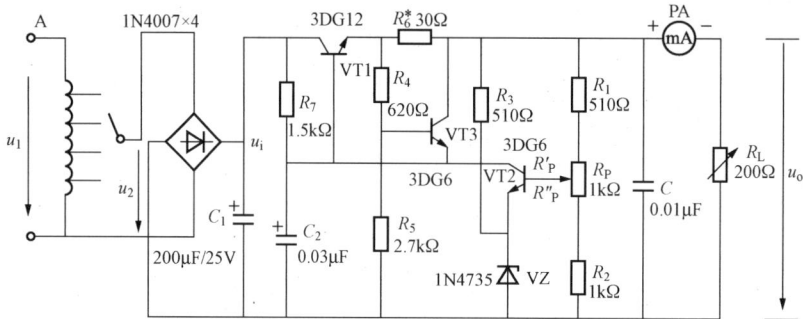

图 2-45　串联型稳压电源实验电路

该电路设计在 $I_{op}=1.2I_0$ 时开始起保护作用，此时输出电流减小，输出电压降低。故障排除后电路应能自动恢复正常工作。调试时，若保护作用提前，应减少 R_6 的值；若保护作用滞后，则应增大 R_6 的值。

串联型晶体管稳压电源的主要性能指标包括：

（1）输出电压 U_o 和输出电压调节范围。其中，输出电压 U_o 计算式为

$$U_o = \frac{R_1 + R_P + R_2}{R_2 + R_P''}(U_Z + U_{BE2})$$

由上式可知，调节 R_P 可以改变输出电压 U_o。

（2）最大负载电流 I_{om}。

（3）输出电阻 R_o。定义为：当输入电压 U_i（指稳压电路输入电压）保持不变，由于负载变化而引起的输出电压变化量与输出电流变化量之比，即

$$R_o = \frac{\Delta U_o}{\Delta I_0}\bigg|_{U_i} = 常数$$

（4）稳压系数 S。定义为：当负载保持不变，输出电压相对变化量与输入电压相对变化量之比，即

$$S = \frac{\Delta U_o/U_o}{\Delta U_i/U_i}\bigg|_{R_L} = 常数$$

由于工程上常将电网电压波动 $\pm 10\%$ 作为极限条件，因此也有将此时输出电压的相对变化 $\Delta U_o/U_o$ 作为衡量指标，称为电压调整率。

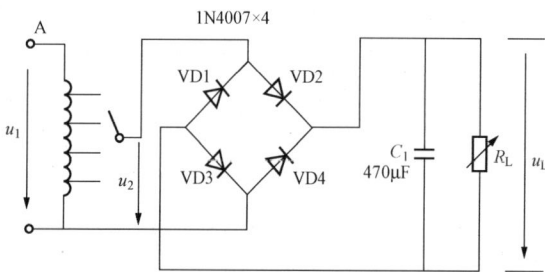

图 2-46　整流滤波电路实验电路

（5）纹波电压。指在额定负载条件下，输出电压中所含交流分量的有效值或峰值。

三、实验内容

1. 整流滤波电路测试

按图 2-46 连接实验电路。取可调工频电源电压为 16V，作为整流电路电压 u_2。

（1）取 $R_L=240\Omega$，不加滤波电容，测量直流输出电压 U_L 及纹波电压 $\tilde{U}_L$，并用示波器观察 u_2 和 u_L 波形，记录于表 2-44 中。

（2）取 $R_L=240\Omega$，$C=470\mu F$，重复实验内容（1）的要求，记录于表 2-27 中。

（3）取 $R_L=120\Omega$，$C=470\mu F$，重复内容（1）的要求，记录于表 2-27 中。

表 2-27　　　　　当 $U_2=16V$ 时整流滤波电路的输出测量值

电 路 形 式	U_L/V	$\tilde{U}_L/V$	u_L 波形
$R_L=240\Omega$			
$R_L=240\Omega$ $C=470\mu F$			
$R_L=120\Omega$ $C=470\mu F$			

需要注意的是：①每次改接电路时，必须切断工频电源；②在观察输出电压 u_L 波形的过程中，"Y轴灵敏度"旋钮位置调好后，不要再变动，否则将无法比较各波形的脉动情况。

2. 串联型稳压电源性能测试

切断工频电源，在图 2-46 基础上按图 2-45 连接实验电路。

（1）初测。稳压器输出端负载开路，断开保护电路，接通 16V 工频电源，测量整流电路输入电压 U_2，滤波电路输出电压 U_i（稳压器输入电压）及输出电压 U_o。调节电位器 R_P，观察 U_o 的大小和变化情况，如果 U_o 能跟随 R_P 线性变化，说明稳压电路各反馈环路工作基本正常；否则，说明稳压电路有故障，因为稳压器是一个深度负反馈的闭环系统，只要环路中任何一个环节出现故障（某晶体管截止或饱和），稳压器就会失去自动调节作用。此时可分别检查基准电压 U_Z，输入电压 U_i，输出电压 U_o，以及比较放大器和调整晶体管各电极的电位（主要是 U_{BE} 和 U_{CE}），分析它们的工作状态是否都处在线性区，从而找出不能正常工作的原因。排除故障后就可以进行下一步测试。

（2）测量输出电压可调范围。接入负载 R_L（滑线变阻器），并调节 R_L 使输出电流 $I_o\approx100mA$。再调节电位器 R_P，测量输出电压可调范围 $U_{omin}\sim U_{omax}$。且使 R_P 动点在中间位置附近时 $U_o=12V$。若不满足要求，可适当调整 R_1、R_2。

（3）测量各级静态工作点。调节输出电压 $U_o=12V$，输出电流 $I_o=100mA$，测量各级静态工作点，记录于表 2-28 中。

表 2-28　　当 $U_2=16V$、$U_o=12V$、$I_o=100mA$ 时串联型稳压电源各级静态工作点测量值

	VT1	VT2	VT3
U_B/V			
U_C/V			
U_E/V			

（4）测量稳压系数 S。取 $I_o=100mA$，按表 2-29 中数据改变整流电路输入电压 U_2（模拟电网电压波动），分别测量相应的稳压器输入电压 U_1 及输出直流电压 U_o，记录于表 2-29 中。

表 2 - 29   当 $I_o=100\text{mA}$ 时 S 测量值

测 试 值			计算值
U_2/V	U_1/V	U_o/V	S=
14			$S_{12}=$
16		12	
18			$S_{23}=$

(5) 测量输出电阻 R_o。取 $U_2=16\text{V}$，改变滑线变阻器位置，分别使 I_o 为空载、50mA 和 100mA，测量相应的 U_o 值，记录于表 2 - 30 中。

表 2 - 30   当 $U_2=16\text{V}$ 时 R_o 测量值

测 试 值		计算值
I_o/mA	U_o/V	R_o/Ω
空载		$R_{o12}=$
50	12	
100		$R_{o23}=$

(6) 测量输出纹波电压。取 $U_2=16\text{V}$，$U_o=12\text{V}$，$I_o=100\text{mA}$，测量输出纹波电压 $\tilde{U}_o$，并记录。

(7) 调整过电流保护电路。

1) 断开工频电源，连接保护回路，再接通工频电源，调节 R_P 及 R_L 使 $U_o=12\text{V}$，$I_o=100\text{mA}$，此时保护电路应不起作用。测量 VT3 各极电位。

2) 逐渐减小 R_L，使 I_o 增加到 120mA，观察 U_o 是否下降，并测量保护起作用时 VT3 各极电位。若保护作用过早或滞后，可通过改变 R_6 的值进行调整。

3) 用导线瞬间短接一下输出端，测量 U_o 值，然后去掉导线，检查电路是否能自动恢复正常工作。

四、实验总结

(1) 对表 2 - 27 测量数据进行全面分析，总结单相桥式整流、电容滤波电路的特点。

(2) 根据表 2 - 29 和表 2 - 30 测量数据，计算稳压电路的稳压系数 S 和输出电阻 R_o，并进行分析。

(3) 分析讨论实验中出现的故障及其排除方法。

五、预习

(1) 复习教材中有关分立元器件稳压电源的内容，并根据实验电路参数估算 U_o 的可调范围及 $U_o=12\text{V}$ 时 VT1、VT2 的静态工作点（假设调整晶体管的饱和压降 $U_{CEIS}\approx1\text{V}$）。

(2) 说明图 2 - 28 中 U_2、U_1、U_o 及 $\tilde{U}_o$ 的物理意义，并从实验仪器中选择合适的测量仪表。

（3）在桥式整流电路实验中，能否用双踪示波器同时观察 u_2 和 u_L 波形，为什么？

（4）在桥式整流电路中，如果某个二极管发生开路、短路或反接，将会分别出现什么问题？

（5）为了使稳压电源的输出电压 $U_o=12V$，则其输入电压的最小值 U_{1min} 应等于多少？交流输入电压 U_{2min} 又该如何确定？

（6）当稳压电源输出不正常，或输出电压 U_o 不随取样电位器 R_P 变化时，应如何进行检查找出故障所在？

（7）分析减流型保护电路的工作原理。

（8）如何提高稳压电源的性能指标（减小 S 和 R_o）？

实验十一　直流稳压电源（2）——集成稳压器

一、实验目的

（1）研究集成稳压器的特点及其性能指标的测试方法。

（2）了解集成稳压器扩展性能的方法。

二、实验原理

随着半导体工艺的发展，稳压电路也制成了集成器件。由于集成稳压器具有体积小、外接线路简单、使用方便、工作可靠和通用性等优点，因此在各种电子设备中应用十分普遍，基本上取代了由分立元件构成的稳压电路。集成稳压器的种类很多，应根据设备对直流电源的要求来进行选择。对于大多数电子仪器、设备和电子电路，通常选用串联线性集成稳压器。而在这类器件中，又以三端式稳压器应用最为广泛。

具体地，W7800、W7900 系列三端式集成稳压器输出电压固定，使用中不能进行调整；W7800 系列三端式稳压器输出正极性电压，一般有 5、6、9、12、15、18、24V 7 个挡，输出电流最大可达 1.5A（加散热片）；同类型 78M 系列稳压器的输出电流为 0.5A，78L 系列稳压器的输出电流为 0.1A。若要求负极性输出电压，则可选用 W7900 系列稳压器。

图 2-47 所示为 W7800 系列三端式集成稳压器的外形和接线图。它有 3 个引出端：输入端（不稳定电压输入端），输出端（稳定电压输出端），公共端。

除固定输出三端稳压器外，还有可调式三端稳压器，后者可通过外接元件对输出电压进行调整，以适应不同的需要。

本实验采用 W7812 型三端固定正稳压器，其主要参数有：输出直流电压 $U_o=+12V$；输

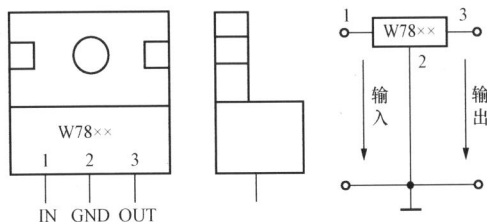

图 2-47　W7800 系列三端式集成稳压器外形及接线图

出电流 L—0.1A；M—0.5A，电压调整率 10mV/V；输出电阻 $R_o=0.15\Omega$；输入电压 U_i 的范围为 15～17V。一般 U_i 要比 U_o 大 3～5V，才能保证集成稳压器工作在线性区。

图 2-48 所示为 W7812 型三端式稳压器构成的单电源电压输出串联型稳压电源实验电路。其中整流部分采用由 4 个二极管组成的桥式整流器成品（又称桥堆），型号为 2W06

（或 KBP306），内部接线和外部管脚引线如图 2-49 所示。滤波电容 C_1、C_2 一般选取几百至几千微法拉。当稳压器距离整流滤波电路较远时，在输入端必须接入电容器 C_3（0.33μF），以抵消线路的电感效应，防止产生自励振荡。输出端电容 C_4（0.1μF）用以滤除输出端的高频信号，改善电路的暂态响应。

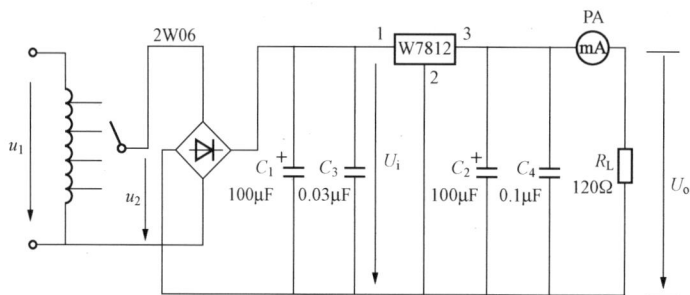

图 2-48　由 W7812 构成的串联型稳压电源实验电路

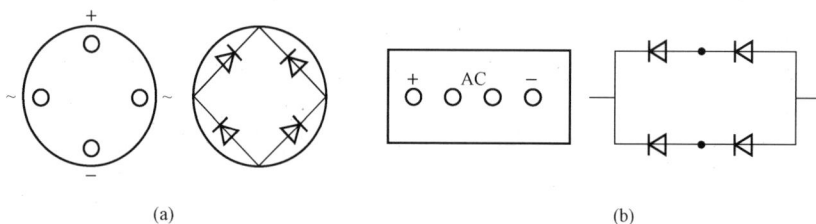

图 2-49　桥堆管脚图
（a）圆桥 2W06 型；（b）排桥 KBP306 型

　　图 2-50 所示为正、负双电压输出电路，如需要 $U_{o1}=+15V$，$U_{o2}=-15V$，则可选用 W7815 型和 W7915 型三端稳压器，此时 U_i 应为单电压输出时的 2 倍。当集成稳压器本身的输出电压或输出电流不能满足要求时，可通过外接电路来进行性能扩展。

　　图 2-51 所示为一种简单的输出电压扩展电路。如 W7812 型稳压器的 3-2 端间输出电压为 12V，只要适当选择 R 的值，使稳压管 VZ 工作在稳压区，则输出电压 $U_o=12+U_z$，可以高于稳压器本身的输出电压。

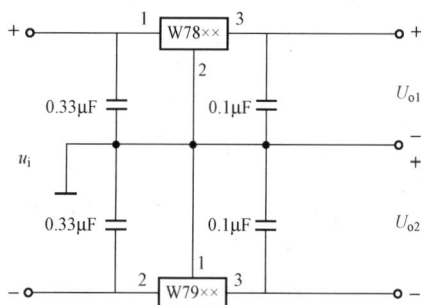

图 2-50　正、负双电压输出电路

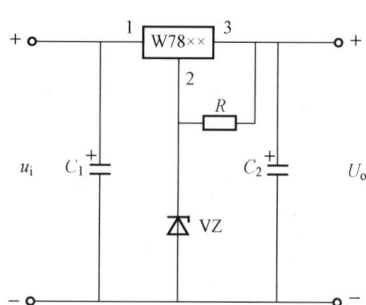

图 2-51　输出电压扩展电路

图 2 - 52 所示为通过外接晶体管 VT 及电阻 R_1 来进行电流扩展的电路。电阻 R_1 的阻值由外接晶体管的发射极导通电压 U_{BE}、三端稳压器的输入电流 I_i（近似等于三端稳压器的输出电流 I_{o1}）和 VT 的基极电流 I_B 来决定，即

$$R_1 = \frac{U_{BE}}{I_R} = \frac{U_{BE}}{I_i - I_B} = \frac{U_{BE}}{I_{o1} - \dfrac{I_C}{\beta}}$$

$$I_C = I_o - I_{o1}$$

式中 I_C——晶体管 VT 的集电极电流；

β——VT 的电流放大系数，对于锗管 U_{BE} 按 0.3V 估算，对于硅管 U_{BE} 按 0.7V 估算。

输出电压计算式为

$$U_o \approx 1.25\left(1 + \frac{R_2}{R_1}\right)$$

最大输入电压为

$$U_{1m} = 40V$$

输出电压范围为

$$U_o = 1.2 \sim 37V$$

图 2 - 52 输出电流扩展电路

图 2 - 53 所示为 W7900 系列三端集成稳压器（输出负电压）外形及接线图。图 2 - 54 所示为 W317 型可调输出正三端集成稳压器外形及接线图。

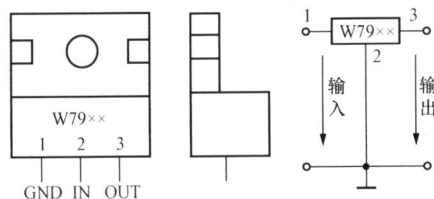

图 2 - 53 W7900 系列三端集成稳压器外形及接线图

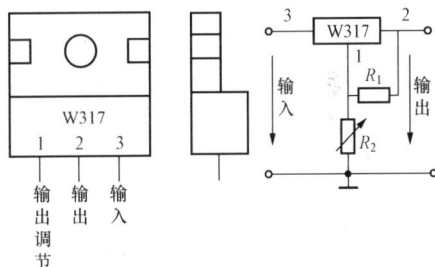

图 2 - 54 W317 型三端集成稳压器外形及接线图

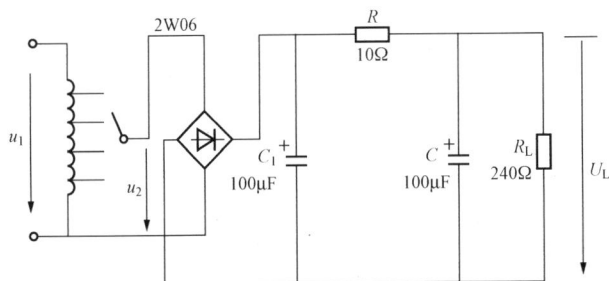

图 2 - 55 整流滤波实验电路

三、实验内容

1. 整流滤波电路测试

按图 2 - 55 连接实验电路，取可调工频电源电压 14V 作为整流电路输入电压 u_2。接通工频电源，测量输出端直流电压 U_L 及纹波电压 $\widetilde{U}_L$，用示波器观察 u_2、u_L 的波形，将数据及波形记录于自拟表格中。

2. 集成稳压器性能测试

（1）断开工频电源，在图 2-55 基础上按图 2-48 改接实验电路，取负载电阻 $R_L = 120\Omega$。

接通工频电源 14V，测量 U_2，滤波电路输出电压 U_1（稳压器输入电压），集成稳压器输出电压 U_o。上述测量值应与理论值大致符合，否则说明电路出现了故障。应设法查找故障并加以排除。

电路经初测进入正常工作状态后，才能进行各项性能指标的测试。

（2）各项性能指标测试。

1）输出电压 U_o 和最大输出电流 I_{omax} 的测量。在输出端接负载电阻 $R_L = 120\Omega$，由于 W7812 型三端稳压器输出电压 $U_o = 12V$，因此流过 R_L 的电流 $I_{omax} = \dfrac{12V}{120\Omega} = 100mA$。此时 U_o 应基本保持不变，若变化较大则说明集成块性能不良。

2）稳压系数 S 的测量。

3）输出电阻 R_o 的测量。

4）输出纹波电压的测量。

上述 2）～4）的测试方法同实验八，将测量结果记录于自拟表格中。

（3）集成稳压器性能扩展（选做）。根据实验器材，选取图 2-50、图 2-51 或图 2-54 中各元器件，并自拟测试方法与表格，记录实验结果。

四、实验总结

（1）整理实验数据，计算 S 和 R_o，并与相关参数手册上的典型值进行比较。

（2）分析讨论实验中发生的现象和问题。

五、预习思考题

（1）复习教材中有关集成稳压器的内容。

（2）列出实验内容中所要求的各种表格。

（3）在测量稳压系数 S 和内阻 R_o 时，应如何选择测试仪表？

实验十二　综合实验（Ⅰ）
——集成函数信号发生器芯片的应用与调试

一、实验目的

（1）了解单片集成函数信号发生器芯片的电路及调试方法。

（2）进一步掌握波形、参数的测试方法。

二、实验原理

XR-2206 芯片是单片集成函数信号发生器芯片。用它可以产生正弦波、三角波和方波。XR-2206 芯片的内部线路如图 2-56 所示，由压控振荡器 VCO、电流开关、缓冲放大器 A 和三角波/正弦波形成电路四部分组成。三种输出信号的频率由压控振荡器的振荡频率决定，而压控振荡器的振荡频率 f 则由接于 5、6 引脚之间的电容 C 与接在 7 引脚的电阻 R 决定，即 $f = 1/RC$，其范围为 0.1Hz～1MHz（正弦波），一般由 C 确定频率段，再调节 R 来选择该频率段内的频率值。

XR-2206 芯片各引脚的功能如下：

（1）1 引脚：幅值调整信号输入端，通常接地或负电源。

（2）2 引脚：正弦波和三角波输出端。常态时输出正弦波，若将 13 引脚悬空，则输出三角波。

（3）3 引脚：输出波形的幅值调节。

（4）4 引脚：正电源 V_+（+12V）。

（5）5、6 引脚：连接振荡电容 C。

（6）7～9 引脚：7、8 引脚均可连接振荡电阻 R，由 9 引脚的电平高低经电流开关来决定哪个引脚起作用。本实验只用 7 引脚，8、9 两引脚不用应悬空。

（7）10 引脚：内部参比电压。

（8）11 引脚：方波输出，必须外接上拉电阻。

（9）12 引脚：接地或负电源 V_-（-12V）。

（10）13、14 引脚：调节正弦波的波形失真。需输出三角波时，13 引脚应悬空。

（11）15、16 引脚：直流电平调节。

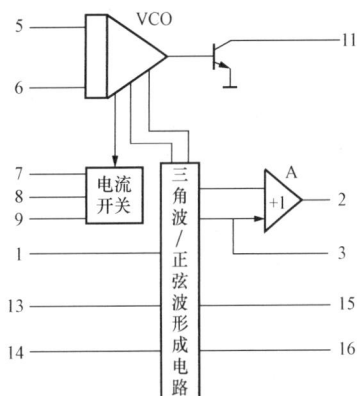

图 2-56 XR-2206 芯片内部线路

XR-2206 芯片实验电路如图 2-57 所示。

三、实验设备与器件

（1）±12V 直流电源。

（2）双踪示波器。

（3）频率计。

（4）直流电压表。

（5）XR-2206 芯片。

（6）电位器、电阻器、电容器等。

四、实验内容

（1）按图 2-57 连接实验电路，C 取 0.1μF，短接 A、B 两点，R_{p1}～R_{p4} 均调至中间值附近。

（2）接通电源后，用示波器观察 OUT2 处的波形。

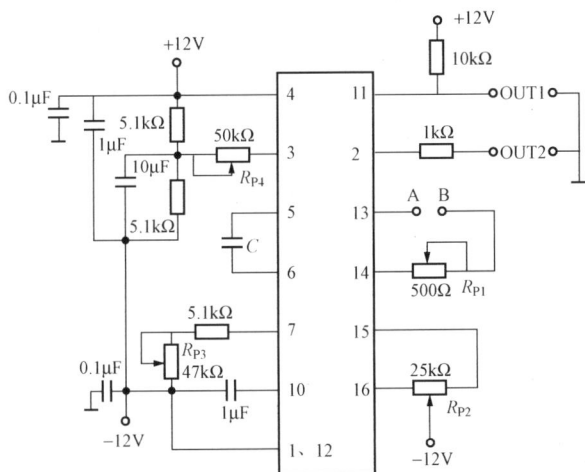

图 2-57 XR-2206 芯片实验电路

（3）依次调节 R_{p1}～R_{p4}（每次只调节一个），观察并记录输出波形随该电位器的调节而变化的规律，然后将该电位器调至输出波形最佳处（R_{p3} 和 R_{p4} 可调至中间值附近）。

（4）断开 A、B 间的连线，观察 OUT2 处的波形，参照实验内容（3）观察 R_{p1}～R_{p4} 的作用。

（5）用示波器观察 OUT1 处的波形（应为方波）。分别调节 R_{p3} 和 R_{p4}，其频率和幅值应随之变化。

（6）C 取其他值（如 0.047μF 或 0.47μF 等）时，重复实验内容（1）～（5）。

五、实验总结

（1）根据实验过程中观察和记录的现象，总结 XR-2206 芯片集成函数信号发生器电路的调试方法。

（2）如果要求输出波形的频率范围为 10Hz～100kHz 分段连续可调，按图 2 - 57 电路，C 应如何取值？

实验十三　综合实验（Ⅱ）
——温度监测及控制电路实验

一、实验目的

（1）学习由双臂电桥和差动输入集成运放组成的桥式放大电路。

（2）掌握滞回比较器的性能和调试方法。

（3）学会系统测量和调试。

二、实验原理

温度监测及控制实验电路如图 2 - 58 所示。电路由负温度系数电阻特性的热敏电阻（NTC 元件）R_t 为一臂组成测温电桥，其输出经测量放大器放大后由滞回比较器输出"加热"与"停止"信号，经晶体管放大后控制加热器"加热"与"停止"。改变滞回比较器的比较电压 U_R 即可改变控温的范围，而控温的准确度则由滞回比较器的滞回宽度决定。

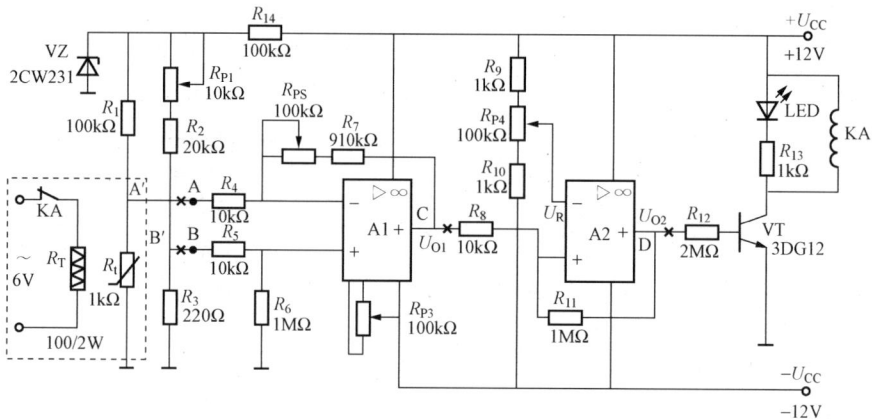

图 2 - 58　温度监测及控制实验电路

（1）测温电桥。由 R_1、R_2、R_3、R_{P1} 及 R_t 组成测温电桥。其中，R_t 为温度传感器，其阻值与温度成线性变化关系且具有负温度系数，且温度系数与流过它的工作电流有关。为了稳定 R_t 的工作电流，达到稳定其温度系数的目的，设置了稳压管 VZ。测温电桥的平衡取决于 R_{P1}。

（2）差动放大电路。由 A1 及外围电路组成差动放大电路，将测温电桥输出电压 ΔU 按比例放大。其输出电压为

$$U_{o1} = -\left(\frac{R_7 + R_{P2}}{R_4}\right)U_A + \left(\frac{R_4 + R_7 + R_{P2}}{R_4}\right)\left(\frac{R_6}{R_5 + R_6}\right)U_B$$

当 $R_4 = R_5$，$R_7 + R_{P2} = R_6$ 时，有

$$U_{o1} = \frac{R_7 + R_{P2}}{R_4}(U_B - U_A)$$

其中，R_{P3} 用于差动放大器调零。

可见差动放大电路的输出电压 U_{o1} 仅取决于两个输入电压之差和外部电阻的比值。

（3）滞回比较器。滞回比较器 A2 的输入即为差动放大器的输出电压 U_{o1}。其单元电路如图 2-59 所示。设滞回比较器输出高电平为 U_{oH}，输出低电平为 U_{oL}，参考电压 U_R 加在反相输入端。

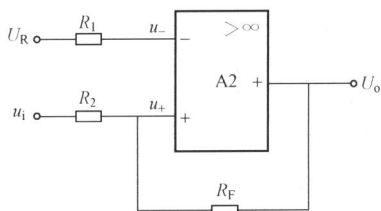

图 2-59　同相滞回比较器单元电路

当输出为高电平 U_{oH} 时，运放同相输入端电位为

$$u_{+H} = \frac{R_F}{R_2 + R_F}u_i + \frac{R_2}{R_2 + R_F}U_{oH}$$

当 u_i 减小至 $u_{+H} = U_R$ 时，即

$$u_i = u_{TL} = \frac{R_2 + R_F}{R_F}U_R - \frac{R_2}{R_F}U_{oH}$$

此后，u_i 稍有减小，输出就从高电平跳变为低电平。

当输出为低电平 U_{oL} 时，运放同相输入端电位为

$$u_{+L} = \frac{R_F}{R_2 + R_F}u_i + \frac{R_2}{R_2 + R_F}U_{oL}$$

当 u_i 增大至 $u_{+L} = U_R$ 时，即

$$u_i = U_{TH} = \frac{R_2 + R_F}{R_F}U_R - \frac{R_2}{R_F}U_{oL}$$

此后，u_i 稍有增加，输出又从低电平跳变为高电平。

因此，U_{TL} 和 U_{TH} 为输出电平跳变时对应的输入电平，通常称 U_{TL} 为下门限电平，U_{TH} 为上门限电平，两者的差值

$$\Delta U_T = U_{TR} - U_{TL} = \frac{R_2}{R_F}(U_{oH} - U_{oL})$$

称为门限宽度。U_{TL}、U_{TH} 的大小可通过调节 R_2/R_F 的比值来调节。

图 2-60 所示为滞回比较器的电压传输特性曲线。

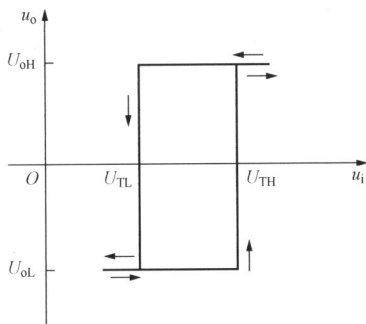

图 2-60　滞回比较器电压传输特性曲线

由上述分析可见，差动放大器输出电压 u_{o1} 经分压后，在 A2 组成的滞回比较器，与反相输入端的参考电压 U_R 相比较。当同相输入端的电压信号大于反相输入端的电压时，A2 输出正饱和电压，晶体管 VT 饱和导通。发光二极管 LED 发光，负载的工作状态为"加热"。反之，当同相输入信号小于反相输入端电压时，A2 输出负饱和电压，晶体管 VT 截止，LED 熄灭，负载的工作状态为"停止"。调节 R_{P4} 可改变参考电平，同时调节了上、下门限电平，从而达到设定温度的目的。

三、实验设备

(1) ±12V 直流电源。

(2) 函数信号发生器。

(3) 双踪示波器。

(4) 热敏电阻（NTC）。

(5) 运算放大器 μA741×2，3DG12 型晶体管，2CW231 型稳压管，发光二极管。

四、实验内容

按图 2-59 连接实验电路，各级之间暂不连通，形成各级单元电路，以便各单元分别进行调试。

1. 差动放大器

差动放大电路如图 2-61 所示。该电路可实现差动比例运算。

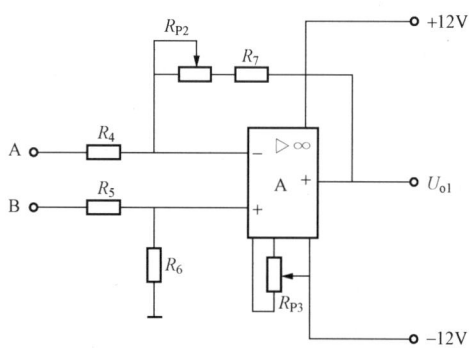

图 2-61　差动放大电路

(1) 运放调零。将 A、B 两端对地短路，调节 R_{P3} 使 $U_o=0$。

(2) 撤去 A、B 端对地短路线。从 A、B 端分别加入两个不同的直流电平。当电路中 $R_7+R_{P2}=R_6$，$R_4=R_5$ 时，其输出电压为

$$u_o = \frac{R_7+R_{P2}}{R_4}(U_B-U_A)$$

测试时，要注意加入的输入电压不能太大，以免放大器输出进入饱和区。

(3) 将 B 端对地短路，将频率为 100Hz、有效值为 10mV 的正弦波加入 A 端。用示波器观察输出波形。在输出波形不失真的情况下，用交流毫伏表测量 u_i 和 u_o。计算差动放大电路的电压放大倍数 A。

2. 桥式测温放大电路

将差动放大电路的 A、B 端与测温电桥的 A′、B′端相连，构成一个桥式测温放大电路。

(1) 室温下调节电桥平衡。在实验室室温条件下，调节 R_{P1}，使差动放大器输出 $U_{o1}=0$。需要注意的是上述实验中调节好的 R_{P3} 不能变动。

(2) 温度系数 K。由于测温需要升温槽，为方便实验，可虚设室温 T 及输出电压 u_{o1}，温度系数 K 为常数，测量数据记录于表 2-31 中。

表 2-31　　　　　　　　　　　　　　温度与输出电压的测量值

温度 T/℃	室温				
输出电压 U_{o1}/V	0				

由表 2-31 可计算 $K=\Delta U/\Delta T$。

(3) 桥式测温放大器的温度—电压关系曲线。根据以上测温放大器的温度系数 K，可绘制测温放大器的温度—电压关系曲线。实验时要标注相关的温度和电压值，如图 2-62 所示。由图可知测量放大器在其他温度时实际应输出的电压值，以及在当前室温时，U_{o1} 的实际对应值 U_S。

(4) 重调 R_{P1}，使测温放大器在当前室温下输出 U_S。即调节 R_{P1}，使 $U_{o1}=U_S$。

3. 滞回比较器

滞回比较器电路如图 2-63 所示。

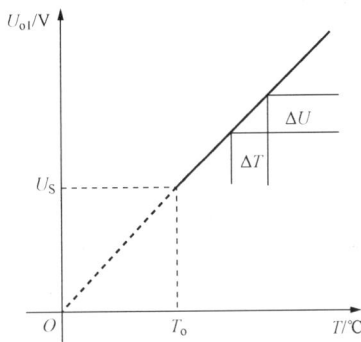

图 2-62 温度—电压关系曲线

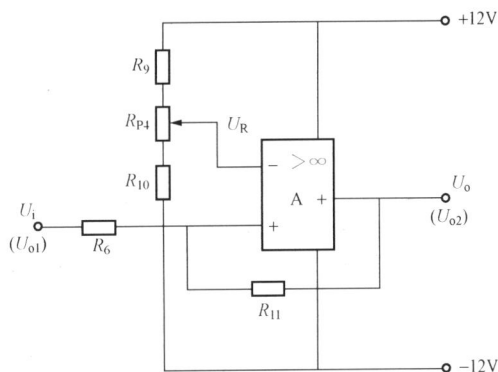

图 2-63 滞回比较器电路

(1) 直流法测量比较器的上、下门限电平。首先确定参考电平 U_R。调节 R_{P4}，使 $U_R =$ 2V。然后将可变的直流电压 U_i 加入比较器的输入端。比较器的输出电压 U_o 送入示波器 Y 轴输入端（将示波器的"输入耦合方式开关"置于"DC"，X 轴"扫描触发方式开关"置于"自动"）。改变直流输入电压 U_i 的大小，从示波器屏幕上观察当 u_o 跳变时所对应的 U_i 值，即为上、下门限电平。

(2) 交流法测量电压传输特性曲线。将频率为 100Hz、幅值为 3V 的正弦信号加入比较器输入端，同时送入示波器的 X 轴输入端，作为 X 轴扫描信号。比较器的输出信号送入示波器的 Y 轴输入端。微调正弦信号的大小，可从示波器显示屏上观察到完整的电压传输特性曲线。

4. 温度检测控制电路整机工作状况

(1) 按图 2-58 接线。需要注意的是，可调元件 R_{P1}、R_{P2}、R_{P3} 不能随意变动。若有变动，必须重新进行上述实验内容。

(2) 根据所需检测报警或控制的温度 T，由测温放大器温度—电压关系曲线确定对应的 u_{o1} 值。

(3) 调节 R_{P4} 使参考电压 $U'_R = U_R = U_{o1}$

(4) 用加热器升温，观察温升情况，直至报警电路动作报警（实验电路中当 LED 发光时作为报警），记录动作时对应的温度值 T_1 和 U_{o11} 的值。

(5) 用自然降温法使热敏电阻降温，记录电路解除时所对应的温度值 T_2 和 U_{o12} 的值。

(6) 改变控制温度 T，重做实验内容 (2) ~ (5)。将测试结果记录于表 2-32 中。

根据 T_1 和 T_2，可得到检测灵敏度 $T_0 = (T_2 - T_1)$。

需要注意的是，实验中加热装置可用一个 100Ω/2W 的电阻 R_T 模拟，R_T 取值靠近 R_t 即可。

五、实验总结

(1) 整理实验数据，绘制有关曲线、数据记录表格以及实验线路。

(2) 在方格纸上绘制测温放大电路的温度系数曲线及比较器电压传输特性曲线。

(3) 总结实验中的故障排除情况及体会。

表 2 - 32　　　　　　　　　温度检测控制电路整机工作状况记录表

	设定温度 $T/℃$										
设定电压	从曲线上查得 U_{o1}										
	U_R										
动作温度	$T_1/℃$										
	$T_2/℃$										
动作电压	U_{o11}/V										
	U_{o12}/V										

六、思考题

（1）阅读教材中有关集成运算放大器应用的内容。了解集成运算放大器构成的差动放大器等电路的性能和特点。

（2）根据实验任务，拟出实验步骤及实验内容，以及数据记录表格。

（3）依照实验线路板上集成运放插座的位置，从左到右安排前后各级电路。画出元器件排列及布线图。元器件排列既要紧凑，又不能交叠，以便缩短连线，防止引入干扰。同时又要便于实验测试。

（4）思考并回答下列问题：

1）如果放大器不进行调零，将会引起什么结果？

2）如何设定温度检测控制点？

实验十四　综合实验（Ⅲ）
——用运算放大器组成万用电表的设计与调试

一、实验目的

（1）设计由运算放大器组成的万用电表。

（2）实验电路组装与调试。

二、设计要求

（1）直流电压表：满量程 $+6V$。

（2）直流电流表：满量程 $10mA$。

（3）交流电压表：满量程 $6V$，$50Hz \sim 1kHz$。

（4）交流电流表：满量程 $10mA$。

（5）欧姆表：满量程分别为 1、10、$100k\Omega$。

三、万用电表工作原理及参考电路

测量中，万用电表的接入不应影响被测电路的原工作状态，这就要求电压表的输入电阻无穷大，电流表的内阻为零。但实际上，万用电表表头的可动线圈总有一定的电阻，如 $100\mu A$ 的万用电表表头，其内阻约为 $1k\Omega$，测量时将影响被测量，引起误差。此外，交流电表中的整流二极管的压降和非线性特性也会产生误差。如果在万用电表中使用运算放大器，就能大大降低上述误差，提高测量准确度。如在欧姆表中采用运算放大器，不仅能得到线性刻度，还能实现自动调零。

1. 直流电压表

图 2-64 所示为同相端输入、高准确度直流电压表电路原理图。

为了减小表头参数对测量准确度的影响，将表头置于运算放大器的反馈回路中，这时，流经表头的电流与表头的参数无关，只要改变 R_1，即可进行量程的切换。

表头电流 I 与被测电压 U_i 的关系为

$$I = \frac{U_i}{R_1}$$

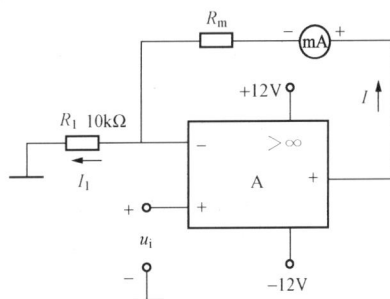

图 2-64　直流电压表电路

需要指出的是：图 2-64 电路适用于测量电路与运算放大器共地的情况。此外，当被测电压较高时，在运算放大器的输入端应设置衰减器。

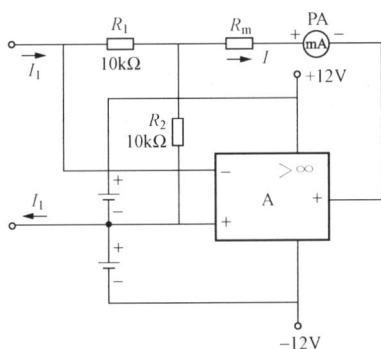

图 2-65　直流电流表

2. 直流电流表

图 2-65 所示为浮地直流电流表的电路原理图。在电流测量中，浮地电流的测量普遍存在，如：若被测电流无接地点，就属于浮地电流。为此，应将运算放大器的电源也对地浮动，由此构成的电流表同常规电流表，可以串联在任何电流通路中测量电流。

直流电路表表头电流 I 与被测电流 I_1 间的关系为

$$-I_1 R_1 = (I_1 - I) R_2$$

$$I = \left(1 + \frac{R_1}{R_2}\right) I_1$$

可见，改变电阻比 (R_1/R_2)，可调节流过电流表的电流，提高灵敏度。如果被测电流较大时，应在电流表表头并联分流电阻。

3. 交流电压表

由运算放大器、二极管整流桥和直流毫安表组成的交流电压表如图 2-66 所示。被测交流电压 u_i 加至运算放大器的同相端，因此输入阻抗很高，又因为负反馈能减小反馈回路中的非线性影响，故将二极管桥路和表头置于运算放大器的反馈回路中，以减小二极管本身的非线性影响。

交流电压表表头电流 I 与被测电压 u_i 的关系为

$$I = \frac{U_i}{R_1}$$

可见，电流 I 全部流过桥路，其值仅与 U_i/R_1 有关，与桥路和表头参数（如二极管的死区等非线性参

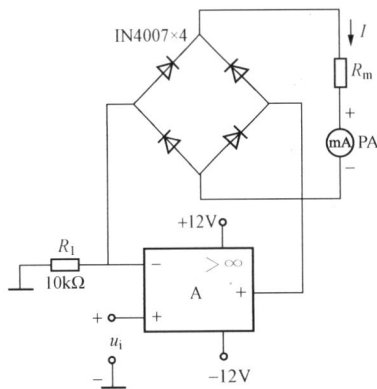

图 2-66　交流电压表电路

数）无关。表头中电流与被测电压 u_i 的全波整流平均值成正比，若 u_i 为正弦波，则表头可按有效值来分度。被测电压的上限频率取决于运算放大器的频带和上升速率。

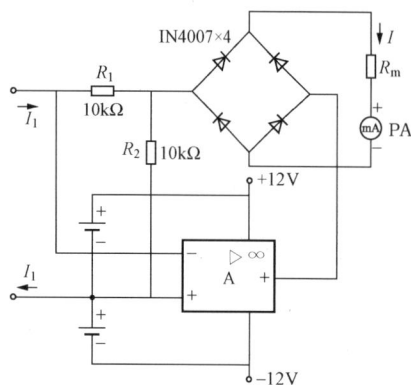

4. 交流电流表

图 2-67 为浮地交流电流表，表头读数由被测交流电流 i 的全波整流平均值 I_{1AV} 决定，即

$$I = \left(1 + \frac{R_1}{R_2}\right) I_{1AV}$$

如果被测电流 i 为正弦电流，即 $i_1 = \sqrt{2} I_1 \sin\omega t$，则上式可写为

$$I = 0.9 \left(1 + \frac{R_1}{R_2}\right) I_1$$

图 2-67 交流电流表电路

则表头可按有效值来分度。

5. 欧姆表

图 2-68 所示为多量程的欧姆表。图 2-68 电路中，运算放大器改由单电源供电，被测电阻 R_X 跨接在运算放大器的反馈回路中，同相端加基准电压 U_{REF}。由

$$U_P = U_N = U_{REF}$$

$$I_1 = I_X$$

$$\frac{U_{REF}}{R_1} = \frac{U_o - U_{REF}}{R_X}$$

可得

$$R_X = \frac{R_1}{U_{REF}}(U_o - U_{REF})$$

流经表头的电流为

$$I = \frac{U_o - U_{REF}}{R_2 + R_m}$$

消去 $(U_o - U_{REF})$，可得

图 2-68 欧姆表电路

$$I = \frac{U_{REF} R_X}{R_1(R_m + R_2)}$$

可见，电流 I 与被测电阻成正比，而且表头具有线性刻度，改变 R_1，可改变欧姆表的量程。上述欧姆表能自动调零，当 $R_X = 0$ 时，电路变成电压跟随器，$U_o = U_{REF}$，故表头电流为零，从而实现了自动调零。

二极管 VD 起保护电流表的作用，如果没有 VD，当 R_X 超量程时，特别是当 $R_X \to \infty$，运算放大器的输出电压将接近电源电压，使表头过载。VD 可使输出钳位，防止表头过载。调整 R_2，可实现满量程调节。

四、电路设计

（1）万用电表的电路多种多样，建议用参考电路设计一只较完整的万用电表。

（2）万用电表作电压表、电流表或欧姆表测量时，以及进行量程切换时可通过开关进行切换，但实验时可通过引接线进行切换。

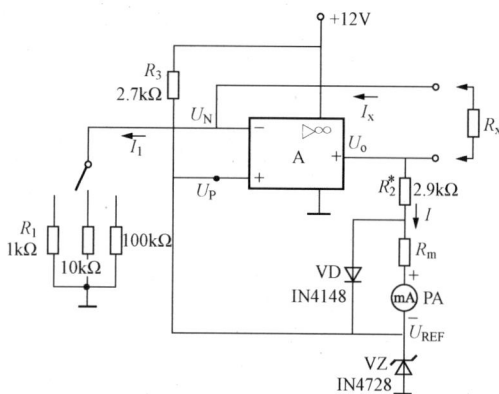

五、实验元器件选择

(1) 表头：灵敏度为 1mA，内阻为 100Ω。

(2) 运算放大器：μA741。

(3) 电阻器：均采用 $\frac{1}{4}$ W 的金属膜电阻器。

(4) 二极管：IN4007×4，IN4148。

(5) 稳压管：IN4728。

六、注意事项

(1) 在连接电源时，正、负电源连接点上各接大容量的滤波电容和 0.01～0.1μF 的小电容，以消除电源产生的干扰。

(2) 万用电表的性能测试要用标准电压、电流表校正，欧姆表用标准电阻校正。考虑实验要求不高，建议用数字式 $4\frac{1}{2}$ 位万用电表作为标准表。

七、实验报告

(1) 画出完整的万用电表的设计电路原理图。

(2) 将万用电表与标准表作测试比较，计算万用电表各功能档的相对误差，分析误差原因。

(3) 提出电路改进建议。

(4) 总结收获与体会。

实验十五　设计实验（Ⅰ）——简易数控直流电源设计

一、设计任务

设计一个具有一定输出电压范围和功能的数控直流电源。

二、设计要求

(1) 输出电压：范围 0～+9.9V，步进 0.1V，纹波不大于 10mV。

(2) 输出电流：500mA。

(3) 输出电压值由数码管显示。

(4) 由"+"、"-"两键分别控制输出电压步进增减。

(5) 为实现上述部件正常工作，自制一稳压直流电源，输出电压±15V，+5V。

三、设计提示

可采用可逆计数器、D-A 转换器及稳压电路来实现。如采用 74LS192、74LS248、DAC0832 及 7815、7915、7805 等进行数显、稳压电路设计。输出电压的大小通过"+"、"-"两键操作，控制可逆计数器分别作加、减计数，可逆计数器的二进制数字输出分两路运行：一路用于驱动数显电路，显示电源输出电压值；另一路进入 D-A 转换电路，D-A 转换器将数字量按比例转换成模拟电压，然后经射极跟随器控制、调整输出级输出所需的稳定电压。设计框图如图 2-69 所示。

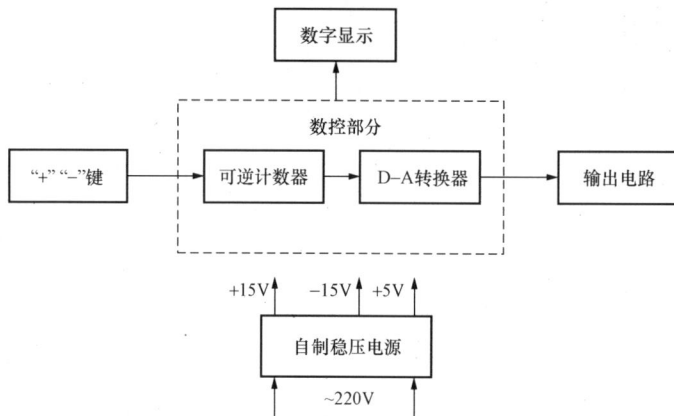

图 2-69　简易数控直流电源设计框图

实验十六　设计实验（Ⅱ）——测量放大器设计

一、设计任务
设计并制作一个测量放大器及其所用的直流稳压电源。

二、设计要求
1. 测量放大器

（1）差模电压放大倍数：$A_{VD}=1\sim500$，可手动调节。

（2）最大输出电压为 $\pm10V$，非线性误差小于 0.5%。

（3）在输入共模电压 $+7.5\sim-7.5V$ 范围内，共模抑制比 $K_{CMR}>105$。

（4）当 $A_{VD}=500$ 时，输出端噪声电压的峰—峰值小于 $1V$。

（5）通频带 $0\sim10Hz$。

（6）直流电压放大器的差模输入电阻不小于 $2M\Omega$（可不测试，由电路设计予以保证）。

2. 电源

设计并制作上述测量放大器所用的直流稳压电源。由单相 220V 交流电压供电。交流电压变化范围为 $+10\%\sim-15\%$。

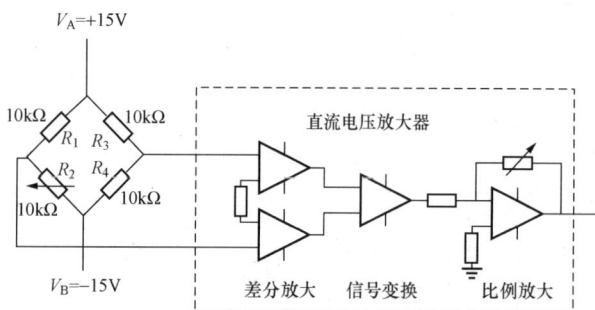

图 2-70　测量放大器原理框图

三、设计提示
测量放大器设计原理框图如图 2-70 所示。输入信号 V_i 取自桥式测量电路的输出。当 $R_1=R_2=R_3=R_4$ 时，$V_i=0$。R_2 改变时，产生 $V_i\ne0$ 的电压信号。运算放大器选用 OP07 型，电路前级放大采用差分输入方式，双端输出，能有效提高共模抑制比，接着再通过一个运算放大器进行信号变换，将双端输入信号转变为单端输出，最后再接一级比例放大，通过调节反馈电阻的阻值可改变整个电路的放大倍数。

第三章　数　字　逻　辑　实　验

实验一　TTL 集成逻辑门的逻辑功能与参数测试

一、实验目的

(1) 掌握 TTL 集成与非门的逻辑功能和主要参数的测试方法。

(2) 掌握 TTL 件的使用规则。

二、实验原理

本实验采用四输入双与非门 74LS20，即在一块集成块内含有两个互相独立的与非门，每个与非门有 4 个输入端。其逻辑框图、逻辑符号及引脚排列如图 3-1 所示。

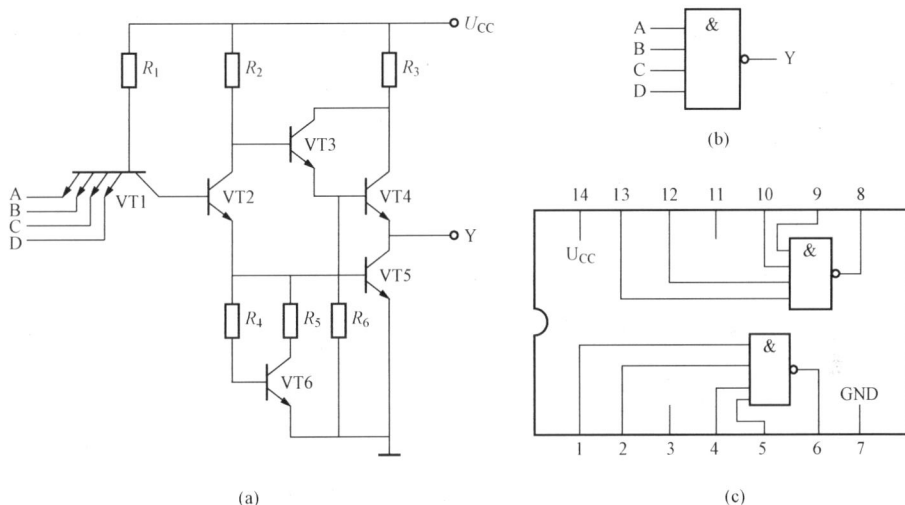

图 3-1　74LS20 逻辑框图、逻辑符号及引脚排列

(a) 逻辑框图；(b) 逻辑符号；(c) 引脚排列

1. 与非门的逻辑功能

与非门的逻辑功能为：当输入端中有一个或一个以上是低电平时，输出端为高电平；只有当输入端全部为高电平时，输出端才是低电平。即有 "0" 得 "1"，全 "1" 得 "0"。其逻辑表达式为

$$Y = \overline{AB\cdots}$$

2. TTL 集成与非门的主要参数

(1) 低电平输出电源电流 I_{CCL} 和高电平输出电源电流 I_{CCH}。与非门处于不同的工作状态时，电源提供的电流不同。I_{CCL} 是指所有输入端悬空，输出端空载时，电源提供给器件的电流；I_{CCH} 是指输出端空载，每个门各有一个以上的输入端接地，其余输入端悬空时，电源提供给器件的电流。通常 $I_{CCL} > I_{CCH}$，它们的大小标志着器件静态功耗的大小。器件的最大功

耗为 $P_{CCL} = U_{CC}I_{CCL}$，参数手册中提供的电源电流和功耗值是指整个器件总的电源电流和总的功耗。I_{CCL} 和 I_{CCH} 测试电路如图 3 - 2（a）、（b）所示。

需要注意的是 TTL 与非门电路对电源电压要求较严，电源电压 U_{CC} 只允许在 +5（1+10%）V 的范围内工作。超过 5.5V 将损坏器件，低于 4.5V 器件的逻辑功能将不正常。

（2）低电平输入电流 I_{iL} 和高电平输入电流 I_{iH}。I_{iL} 是指被测输入端接地，其余输入端悬空，输出端空载时，由被测输入端流出的电流。在多级门电路中，I_{iL} 相当于前级门输出低电平时，后级向前级门灌入的电流，因此它关系到前级门的灌电流负载能力，即直接影响前级门电路带负载的个数，因此希望 I_{iL} 尽可能小些。I_{iH} 是指被测输入端接高电平，其余输入端接地，输出端空载时，流入被测输入端的电流值。在多级门电路中，它相当于前级门输出高电平时，前级门的拉电流负载，其大小关系到前级门的拉电流负载能力，希望 I_{iH} 尽可能小些。由于 I_{iH} 较小，难以测量，一般免于测试。

I_{iL} 与 I_{iH} 的测试电路如图 3 - 2（c）、（d）所示。

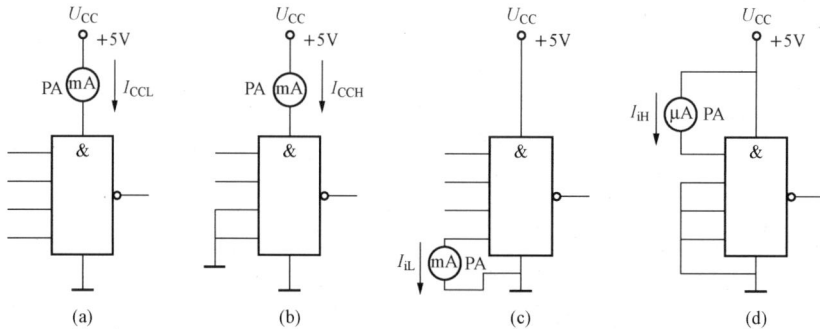

图 3 - 2　TTL 与非门静态参数测试电路图

（a）I_{CCL} 测试电路；（b）I_{CCH} 测试电路；（c）I_{iL} 测试电路；（d）I_{iH} 测试电路

（3）扇出系数 N_o。扇出系数 N_o 是指门电路能驱动同类门的个数，是衡量门电路负载能力的一个参数。TTL 与非门有两种不同性质的负载，即灌电流负载和拉电流负载，因此有两种扇出系数，即低电平扇出系数 N_{oL} 和高电平扇出系数 N_{oH}。通常 $I_{iH} < I_{iL}$，则 $N_{oH} > N_{oL}$，故常以 N_{oL} 作为门的扇出系数。

N_{oL} 的测试电路如图 3 - 3 所示，门的输入端全部悬空，输出端接灌电流负载 R_L，调节 R_L 使 I_{oL} 增大，U_{oL} 随之升高，当 U_{oL} 达到 U_{oLm}（低电平规范值，手册中规定为 0.4V）时的 I_{oL} 即为允许灌入的最大负载电流，则

$$N_{oL} = \frac{I_{oL}}{I_{iL}}$$

通常，$N_{oL} \geqslant 8$。

（4）电压传输特性。门的输出电压 u_o 随输入电压 u_i 变化的曲线 $u_o = f(u_i)$ 称为门的电压传输特性，通过它可得到门电路的一些重要参数，如输出高电平 U_{oH}、输出低电平 U_{oL}、关门电平 U_{off}、开门电平 U_{on}、阈值电平 U_T 及抗干扰容限 U_L、U_H 等值。测试电路如图 3 - 4 所示，采用逐点测试法，即调节 R_P，逐点测得 U_i 及 U_o，然后绘制电压传输特性曲线。

（5）平均传输延迟时间 t_{pd}。t_{pd} 是衡量门电路开关速度的参数，它是指输出波形边沿的 0.5V_m 至输入波形对应边沿 0.5V_m 点的时间间隔，如图 3 - 5 所示。

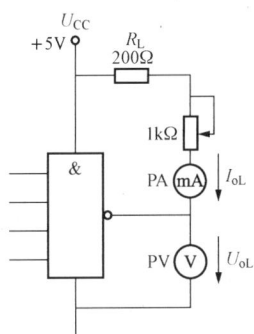

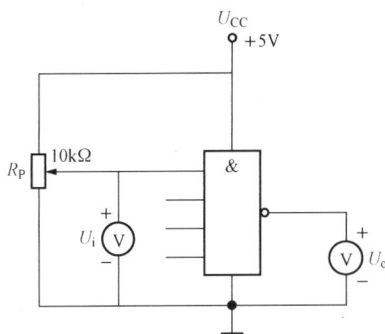

图 3 - 3 扇出系数测试电路   图 3 - 4 电压传输特性测试电路

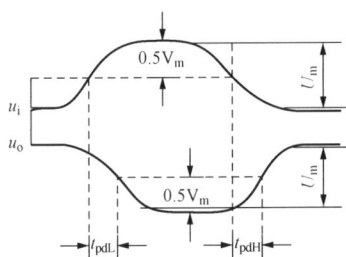

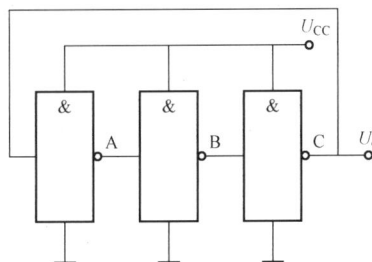

(a)   (b)

图 3 - 5 平均传输延迟时间测试电路

(a) 传输延迟特性曲线；(b) t_{pd}测试电路

图 3 - 5 （a）中，t_{pdL}为导通延迟时间，t_{pdH}为截止延迟时间，平均传输延迟时间为

$$t_{pd} = \frac{1}{2}(t_{pdL} + t_{pdH})$$

t_{pd}测试电路如图 3 - 5 （b）所示。由于 TTL 与非门电路的延迟时间较小，直接测量时对信号发生器和示波器的性能要求较高，故实验采用测量由奇数个与非门组成的环形振荡器的振荡周期 T 来间接求得 t_{pd}。其工作原理为：假设电路在接通电源后某一瞬间，电路中的 A 点为逻辑"1"，经过三级门的延迟后，使 A 点由原来的逻辑"1"变为逻辑"0"；再经过三级门的延迟后，A 点电平又重新回到逻辑"1"。电路中其他各点电平也随之变化，说明使 A 点发生一个周期的振荡，必须经过 6 级门的延迟时间。因此，平均传输延迟时间为

$$t_{pd} = \frac{T}{6}$$

TTL 电路的 t_{pd}一般为 10～40ns。

TTL 集成与非门 74LS20 主要电参数规范见表 3 - 1。

三、实验内容

1. 验证 TTL 集成与非门 74LS20 的逻辑功能

按图 3 - 6 接线，门的 4 个输入端接逻辑开关输出插口，以提供"0"与"1"电平信号，开关向上，输出逻辑"1"，向下则输出逻辑"0"。门的输出端接由 LED 发光二极管组成的逻辑电平显示器（又称 0-1 指示器）的显示插口，LED 亮为逻辑"1"，不亮为逻辑"0"。按

表 3-2 主要电参数取值逐个测试集成块中两个与非门的逻辑功能。74LS20 有 4 个输入端，有 16 个最小项，在实际测试时，只要通过对输入 1111、0111、1011、1101、1110 这 5 项进行检测即可判断其逻辑功能是否正常。

表 3-1   TTL 集成与非门 74LS20 主要电参数规范

参数名称和符号			规范值	测 试 条 件
直流参数	通导电源电流	I_{CCL}	<14mA	$U_{CC}=5V$，输入端悬空，输出端空载
	截止电源电流	I_{CCH}	<7mA	$U_{CC}=5V$，输入端接地，输出端空载
	低电平输入电流	I_{iL}	≤1.4mA	$U_{CC}=5V$，被测输入端接地，其他输入端悬空，输出端空载
直流参数	高电平输入电流	I_{iH}	<50μA	$U_{CC}=5V$，被测输入端 $U_i=2.4V$，其他输入端接地，输出端空载
			<1mA	$U_{CC}=5V$，被测输入端 $U_i=5V$，其他输入端接地，输出端空载
	输出高电平	U_{oH}	≥3.4V	$U_{CC}=5V$，被测输入端 $U_i=0.8V$，其他输入端悬空，$I_{oH}=400μA$
	输出低电平	U_{oL}	<0.3V	$U_{CC}=5V$，输入端 $U_i=2.0V$，$I_{oL}=12.8mA$
	扇出系数	N_o	4~8V	同 U_{oH} 和 U_{oL}
交流参数	平均传输延迟时间	t_{pd}	≤20ns	$U_{CC}=5V$，被测输入端输入信号；$U_i=3.0V$，$f=2MHz$

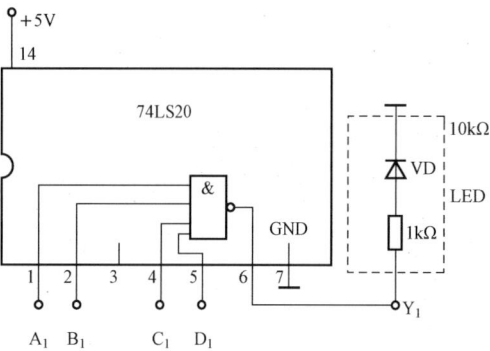

图 3-6　TTL 集成与非门 74LS20 逻辑功能测试电路

表 3-2　74LS20 的逻辑功能测量值

输		入		输出
A_n	B_n	C_n	D_n	Y_1
1	1	1	1	
0	1	1	1	
1	0	1	1	
1	1	0	1	
1	1	1	0	

2. 74LS20 主要参数的测试

(1) 分别按图 3-2、图 3-3、图 3-5（b）接线并进行测试，测试结果记录于表 3-3 中。

表 3-3   74LS20 主要参数测量值

I_{CCL}/mA	I_{CCH}/mA	I_{iL}/mA	I_{oL}/mA	$N_o=\dfrac{I_{oL}}{I_{iL}}$	$t_{pd}=T/6/ns$

(2) 按图 3-4 接线，调节电位器 R_P，使 u_i 从 0V 向高电平变化，逐点测量 U_i 和 U_o，测量数据记录于表 3-4 中。

表 3-4 R_P 变化时 U_o 的测量值

U_i/V	0	0.2	0.4	0.6	0.8	1.0	1.5	2.0	2.5	3.0	3.5	4.0	...
U_o/V													

四、实验报告

（1）记录、整理实验结果，并对结果进行分析。

（2）画出实测的电压传输特性曲线，从中读出各有关参数值。

五、集成电路芯片简介

数字电路实验中所用到的集成芯片都是双列直插式，其引脚排列规则见图 3-1。识别方法是：正对集成电路型号（如 74LS20）或看标记（左边的缺口或小圆点标记），从左下角开始按逆时针方向以 1，2，3，…，依次排列到最后一引脚（在左上角）。在标准 TTL 集成电路中，电源端 U_{CC} 一般排在左上端，接地端 GND 一般排在右下端。如 74LS20 为引脚 14 芯片，引脚 14 为 U_{CC}，引脚 7 为 GND。若集成芯片引脚上的功能标号为 NC，则表示该引脚为空脚，与内部电路不连接。

六、TTL 集成电路使用规则

（1）接插集成块时，要认清定位标记，不得插反。

（2）电源电压使用范围为 4.5～5.5V，实验中要求使用 U_{CC}＝+5V。电源极性绝对不允许接错。

（3）闲置输入端处理方法。

1）悬空。相当于正逻辑"1"，对于一般小规模集成电路的数据输入端，实验时允许悬空处理。但易受外界干扰，导致电路的逻辑功能不正常。因此，对于接有长线的输入端，中规模以上的集成电路和使用集成电路较多的复杂电路，所有控制输入端必须按逻辑要求接入电路，不允许悬空。

2）直接接电源电压 U_{CC}（也可以串入一只 1～10kΩ 的固定电阻）或接至某一固定电压（+2.4V≤U≤4.5V）的电源上，或与输入端为接地的多余与非门的输出端相连接。

3）若前级驱动能力允许，可以与使用的输入端并联。

（4）输入端通过电阻接地，电阻值的大小将直接影响电路所处的状态。当 R≤680Ω 时，输入端相当于逻辑"0"；当 R≥4.7kΩ 时，输入端相当于逻辑"1"。对于不同系列的器件，要求的阻值不同。

（5）输出端不允许并联使用［集电极开路门（OC）和三态输出门（3S）电路除外］。否则不仅会使电路逻辑功能混乱，而且会导致器件损坏。

（6）输出端不允许直接接地或直接接 5V 电源，否则将损坏器件，有时为了使后级电路获得较高的输出电平，允许输出端通过电阻 R 接至 U_{CC}，一般取 R＝3～5.1kΩ。

实验二　组合逻辑电路的设计

一、实验目的

掌握组合逻辑电路的设计与测试方法。

二、实验原理

（1）使用中、小规模集成电路来设计组合电路是最常见的逻辑电路。设计组合电路的一般步骤如图 3-7 所示。

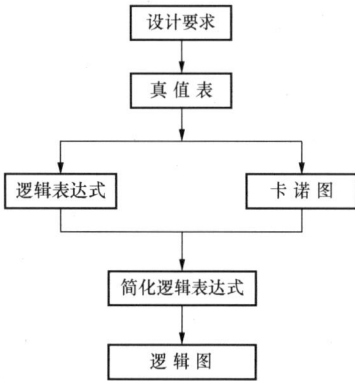

根据设计任务的要求建立输入、输出变量，并列出真值表。然后用逻辑代数或卡诺图化简法求解简化的逻辑表达式。并按实际选用逻辑门的类型修改逻辑表达式。根据简化后的逻辑表达式，画出逻辑图，用标准器件构成逻辑电路。最后，通过实验来验证设计的正确性。

（2）组合逻辑电路设计举例。用与非门设计一个表决电路。当 4 个输入端中有 3 个或 4 个"1"时，输出端才为"1"。

设计步骤：根据题意列出真值表见表 3-5，再填入卡诺图表 3-6 中。

图 3-7　组合逻辑电路设计流程图

表 3-5　　　　　　　　　　　　表 决 电 路 真 值 表

D	0	0	0	0	0	0	0	0	1	1	1	1	1	1	1	1
A	0	0	0	0	1	1	1	1	0	0	0	0	1	1	1	1
B	0	0	1	1	0	0	1	1	0	0	1	1	0	0	1	1
C	0	1	0	1	0	1	0	1	0	1	0	1	0	1	0	1
Z	0	0	0	0	0	0	0	1	0	0	0	1	0	1	1	1

表 3-6　　　　　　　　　　　　表 决 电 路 卡 诺 图 表

BC＼DA	00	01	11	10
00				
01			1	
11		1	1	1
10			1	

由卡诺图得出逻辑表达式，并演化成与非的形式，即

$$Z = ABC + BCD + ACD + ABD = \overline{\overline{ABC} \cdot \overline{BCD} \cdot \overline{ACD} \cdot \overline{ABC}}$$

根据逻辑表达式画出用与非门构成的逻辑电路如图 3-2 所示。

用实验验证逻辑功能：在实验装置适当位置选定 3 个 14P 插座，按照集成块定位标记插好集成块 CC4012（74LS20）。

按图 3-8 接线，输入端 A、B、C、D 接至逻辑开关输出插口，输出端 Z 接逻辑电平显示输入插口，按真值表（自拟）要求，逐次改变输入变量，测量相应的输出值，验证逻辑功

能，与表 3-5 中数据进行比较，验证所设计的逻辑电路是否符合要求。

三、实验内容

（1）设计用与非门及异或门、与门组成的半加器电路。要求按本文所述的设计步骤进行，直到测试电路逻辑功能符合设计要求为止。

（2）设计一个 1 位全加器，要求用异或门、与门、或门实现。

（3）设计 1 位全加器，要求用与或非门实现。

（4）设计一个对两个 2 位无符号的二进制数进行比较的电路。根据第一个数是否大于、等于、小于第二个数，使相应的 3 个输出端中的 1 个输出为"1"，要求用与门、与非门及或门实现。

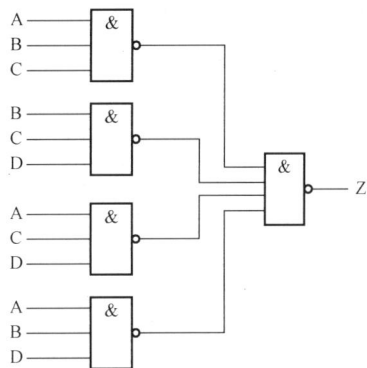

图 3-8 表决电路逻辑图

以上设计所需集成块包括：CC4011×2（74LS00），CC4012×3（74LS20），CC4030（74LS86），CC4081（74LS08），74LS54×2（CC4085）×CC4001（74LS02）。

四、实验报告要求

（1）根据实验任务要求设计组合电路，并根据所给的标准器件画出逻辑图。

（2）如何用最简单的方法验证与或非门的逻辑功能是否完好？

（3）与或非门中，当某一组与端不用时，应如何处理？

五、实验报告

（1）列写实验任务的设计过程，画出设计的电路图。

（2）对所设计的电路进行实验测试，记录测试结果。

（3）总结电路设计体会。

四路 2-3-3-2 输入与或非门 74LS54 的引脚排列和逻辑图如图 3-9 所示。

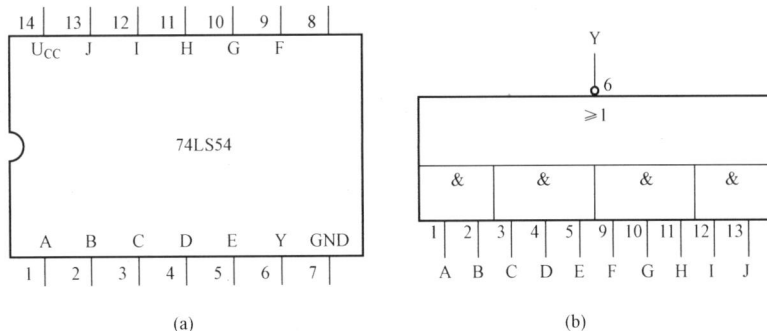

图 3-9 74LS54 引脚排列及逻辑图

(a) 引脚排列图；(b) 逻辑图

其逻辑表达式为

$$Y=\overline{A \cdot B+C \cdot D \cdot E+F \cdot G \cdot H+I \cdot J}$$

实验三　译码器及其应用

一、实验目的

(1) 掌握中规模集成译码器的逻辑功能及其使用方法。

(2) 熟悉数码管的使用。

二、实验原理

译码器是一个多输入、多输出的组合逻辑电路。其作用是将给定的代码进行"翻译"，变成相应的状态，使输出通道中相应的一路有信号输出。译码器在数字系统中应用广泛，不仅用于代码的转换、终端的数字显示，还用于数据分配、存储器寻址和组合控制信号等。根据功能要求不同可选用不同种类的译码器。

译码器可分为通用译码器和显示译码器两大类。前者又分为变量译码器和代码变换译码器。

1. 变量译码器

又称二进制译码器用以表示输入变量的状态，如 2 线—4 线、3 线—8 线和 4 线—16 线译码器。若有 n 个输入变量，则有 2^n 个不同的组合状态，即有 2^n 个输出端供其使用。而每一个输出所代表的函数对应于 n 个输入变量的最小项。

以 3 线—8 线译码器 74LS138 为例进行分析，图 3-10 所示为其逻辑图及引脚排列。其中，A_2、A_1、A_0 为地址输入端，$\overline{Y}_0 \sim \overline{Y}_7$ 为译码输出端，S_1、$\overline{S}_2$、$\overline{S}_3$ 为使能端。表 3-7 为 74LS138 功能表。

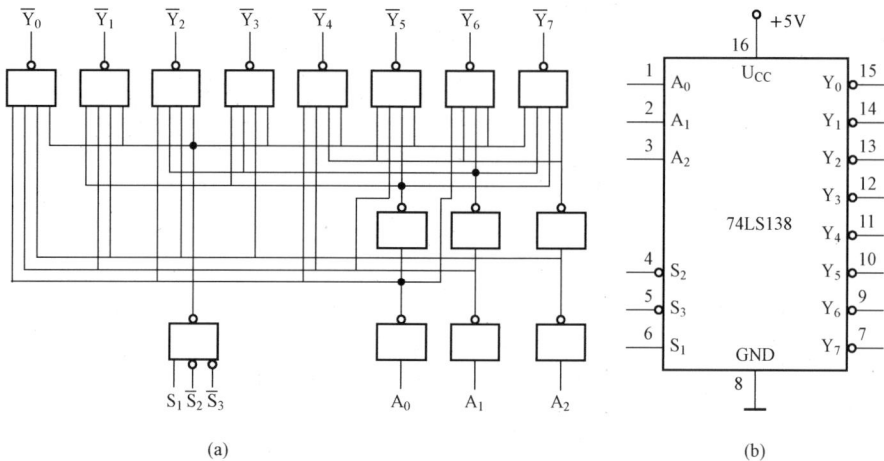

图 3-10　3 线—8 线译码器 74LS138 逻辑图及引脚排列

(a) 逻辑图；(b) 引脚排列

当 $S_1=1$，$\overline{S}_2+\overline{S}_3=0$ 时，器件使能，地址码指定的输出端有信号输出（为 0），其他输出端均无信号输出（全为 1）；当 $S_1=0$，$\overline{S}_2+\overline{S}_3=X$ 时，或 $S_1=X$，$\overline{S}_2+\overline{S}_3=1$ 时，译码器被禁止，所有输出同时为 1。

表 3-7   **74LS138 逻 辑 功 能 表**

输　　　入					输　　　出							
S_1	$\overline{S_2}+\overline{S_3}$	A_2	A_1	A_0	$\overline{Y_0}$	$\overline{Y_1}$	$\overline{Y_2}$	$\overline{Y_3}$	$\overline{Y_4}$	$\overline{Y_5}$	$\overline{Y_6}$	$\overline{Y_7}$
1	0	0	0	0	0	1	1	1	1	1	1	1
1	0	0	0	1	1	0	1	1	1	1	1	1
1	0	0	1	0	1	1	0	1	1	1	1	1
1	0	0	1	1	1	1	1	0	1	1	1	1
1	0	1	0	0	1	1	1	1	0	1	1	1
1	0	1	0	1	1	1	1	1	1	0	1	1
1	0	1	1	0	1	1	1	1	1	1	0	1
1	0	1	1	1	1	1	1	1	1	1	1	0
0	×	×	×	×	1	1	1	1	1	1	1	1
×	1	×	×	×	1	1	1	1	1	1	1	1

二进制译码器实际上也是负脉冲输出的脉冲分配器。若利用使能端中的一个输入端输入数据信息，器件就成为一个数据分配器（又称多路分配器），如图 3-11 所示。若在 S_1 输入端输入数据信息，$\overline{S_2}=\overline{S_3}=0$，地址码对应的输出为 S_1 数据信息的反码；若从 $\overline{S_2}$ 端输入数据信息，令 $S_1=1$、$\overline{S_3}=0$，地址码对应的输出即为 $\overline{S_2}$ 端数据信息的原码。若数据信息为时钟脉冲，则数据分配器为时钟脉冲分配器。

根据输入地址的不同组合译出唯一地址，二进制译码器可用作地址译码器。接成多路分配器时，可将一个信号源的数据信息传输到不同的地点。

二进制译码器能方便地实现逻辑函数，如图 3-12 实现的逻辑函数是 $Z=\overline{A}\,\overline{B}\,\overline{C}+\overline{A}B\overline{C}+A\,\overline{B}\,\overline{C}+ABC$。

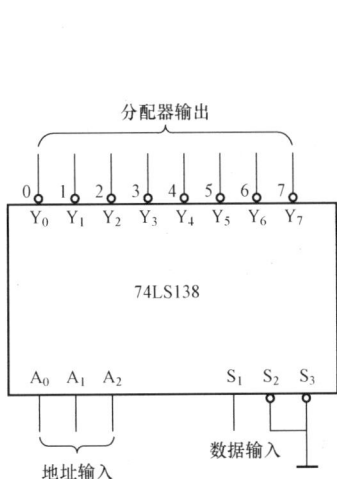

图 3-11　作数据分配器

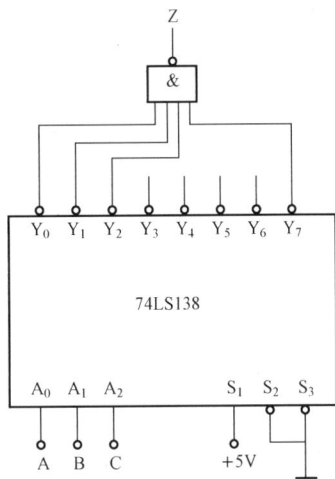

图 3-12　实现逻辑函数

　　利用译码器使能端能方便地将两个 3/8 译码器组合成一个 4/16 译码器，如图 3 - 13 所示。

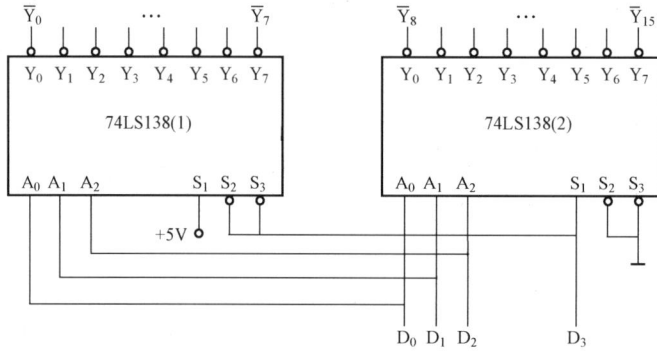

图 3 - 13　用两片 74LS138 组合成 4/16 译码器

2. 数码显示译码器

（1）七段发光二极管（LED）数码管。LED 数码管是目前最常用的数字显示器，图 3 - 14 所示为共阴连接和共阳连接的 LED 数码管电路，以及两种不同出线形式的引脚功能图。

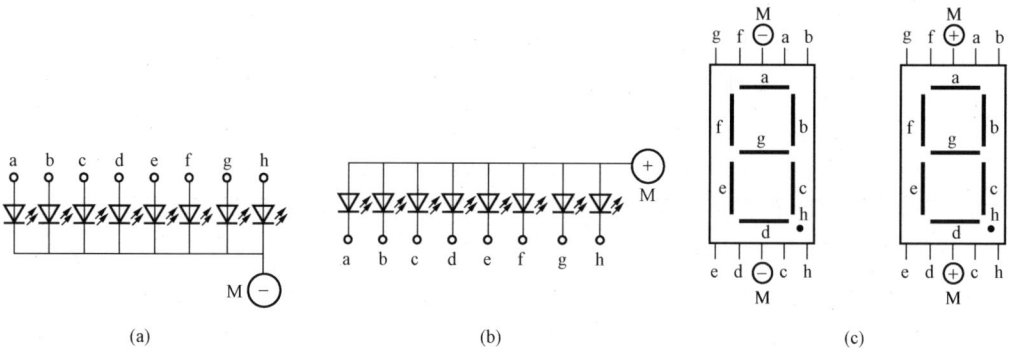

图 3 - 14　LED 数码管

（a）共阴连接（"1"电平驱动）；（b）共阳连接（"0"电平驱动）；（c）符号及引脚功能

　　一个 LED 数码管可用来显示 1 位 0～9 十进制数和 1 个小数点。小型数码管（0.5 寸和 0.36 寸）每段发光二极管的正向压降，随显示光（通常为红、绿、黄、橙色）的颜色不同略有差别，通常为 2～2.5V，每个发光二极管的点亮电流为 5～10mA。LED 数码管要显示 BCD 码所表示的十进制数时需要 1 个专门的译码器，该译码器不但要完成译码功能，还要有相当的驱动能力。

　　（2）BCD 码七段译码驱动器。BCD 码七段译码器型号有 74LS47（共阳）、74LS48（共阴）、CC4511（共阴）等。本实验采用 CC4511 BCD 码锁存/七段译码驱动器驱动共阴极 LED 数码管，引脚排列如图 3 - 15 所示。

　　图 3 - 15 中，A、B、C、D 为 BCD 码输入端；a、b、c、d、e、f、g 为译码输出端，输出"1"有效，用来驱动共阴极 LED 数码管；$\overline{LT}$ 为测试输入端，$\overline{LT}=0$ 时，译码输出全为

"1"；$\overline{BI}$为消隐输入端，$\overline{BI}=0$ 时，译码输出全为 "0"；LE 为锁定端，LE＝1 时译码器处于锁定（保持）状态，译码输出保持在 LE＝0 时的数值，LE＝0 为正常译码。

表 3-8 为 CC4511 功能表。CC4511 内接有上拉电阻，故只需在输出端与数码管笔段之间串联限流电阻即可工作。译码器还有拒伪码功能，当输入码超过 1001 时，输出全为 "0"，数码管熄灭。

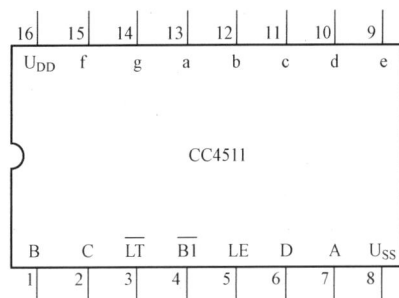

图 3-15 CC4511 引脚排列

表 3-8　　　　　　　　　　　　CC4511 功能表

LE	$\overline{BI}$	$\overline{LT}$	D	C	B	A	a	b	c	d	e	f	g	显示字形
×	×	0	×	×	×	×	1	1	1	1	1	1	1	8
×	0	1	×	×	×	×	0	0	0	0	0	0	0	消隐
0	1	1	0	0	0	0	1	1	1	1	1	1	0	0
0	1	1	0	0	0	1	0	1	1	0	0	0	0	1
0	1	1	0	0	1	0	1	1	0	1	1	0	1	2
0	1	1	0	0	1	1	1	1	1	1	0	0	1	3
0	1	1	0	1	0	0	0	1	1	0	0	1	1	4
0	1	1	0	1	0	1	1	0	1	1	0	1	1	5
0	1	1	0	1	1	0	0	0	1	1	1	1	1	6
0	1	1	0	1	1	1	1	1	1	0	0	0	0	7
0	1	1	1	0	0	0	1	1	1	1	1	1	1	8
0	1	1	1	0	0	1	1	1	1	0	0	1	1	9
0	1	1	1	0	1	0	0	0	0	0	0	0	0	消隐
0	1	1	1	0	1	1	0	0	0	0	0	0	0	消隐
0	1	1	1	1	0	0	0	0	0	0	0	0	0	消隐
0	1	1	1	1	0	1	0	0	0	0	0	0	0	消隐
0	1	1	1	1	1	0	0	0	0	0	0	0	0	消隐
0	1	1	1	1	1	1	0	0	0	0	0	0	0	消隐
1	1	1	×	×	×	×	锁 存							锁存

本实验中，数字电路实验装置已完成了译码器 CC4511 和数码管 BS202 之间的连接。实验时，只要接通＋5V 电源，同时将十进制数的 BCD 码接至译码器的相应输入端 A、B、C、D，即可显示 0～9 的数字。4 位数码管可接收 4 组 BCD 码输入。CC4511 与 LED 数码管的连接如图 3-16 所示。

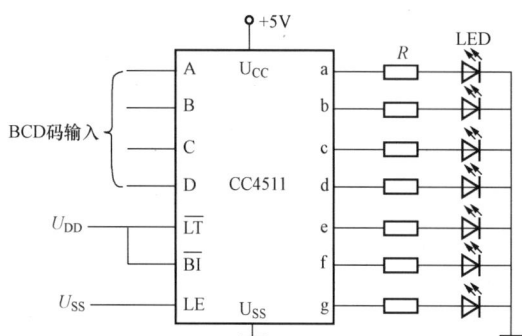

图 3-16　CC4511 驱动一位 LED 数码管

三、实验设备与器件

（1）＋5V 直流电源。

（2）双踪示波器。

（3）连续脉冲源。

（4）逻辑电平开关。

（5）逻辑电平显示器。

（6）拨码开关组。

（7）译码显示器。

（8）二进制译码器 74LS138×2；BCD 码译码器 CC4511。

四、实验内容

1. 数据拨码开关的使用

将实验装置上的 4 组拨码开关的输出 A_i、B_i、C_i、D_i 分别接至 4 组显示译码/驱动器 CC4511 的对应输入端，LE、$\overline{BI}$、$\overline{LT}$ 接至 3 个逻辑开关的输出插口，接＋5V 显示器电源，然后按功能表 3-8 的输入要求撬动 4 个数码的增减键（"＋"与"－"键），并操作与 LE、$\overline{BI}$、$\overline{LT}$ 对应的 3 个逻辑开关，观测拨码盘上的 4 位数与 LED 数码管显示的对应数字是否一致，以及译码显示是否正常。

2. 74LS138 译码器逻辑功能测试

将译码器使能端 S_1、$\overline{S}_2$、$\overline{S}_3$ 及地址端 A_2、A_1、A_0 分别接至逻辑电平开关输出端，8 个输出端 $\overline{Y}_7$～$\overline{Y}_0$ 依次连接在逻辑电平显示器的 8 个输入端，拨动逻辑电平开关，按表 3-7 逐项测试 74LS138 的逻辑功能。

3. 用 74LS138 构成时序脉冲分配器

按图 3-11 和实验原理说明，时钟脉冲 CP 频率约为 10kHz，要求分配器输出端 $\overline{Y}_0$～$\overline{Y}_7$ 的信号与 CP 输入信号同相。

画出分配器的实验电路，用示波器观察和记录在地址端 A_2、A_1、A_0 分别取 000～111 共 8 种不同状态时 $\overline{Y}_0$～$\overline{Y}_7$ 端的输出波形，注意输出波形与 CP 输入波形之间的相位关系。

用两片 74LS138 组合成一个 4 线—16 线译码器，并进行实验。

五、实验预习要求

（1）复习有关译码器和分配器的原理。

（2）根据实验任务，画出所需的实验线路及记录表格。

六、实验报告

（1）画出实验线路，将观察到的波形画在坐标纸上，并标上对应的地址码。

（2）对实验结果进行分析、讨论。

实验四 数据选择器及其应用

一、实验目的

(1) 掌握中规模集成数据选择器的逻辑功能及其使用方法。

(2) 学习用数据选择器构成组合逻辑电路的方法。

二、实验原理

数据选择器又称多路开关。数据选择器在地址码（或选择控制）电位的控制下，从几个数据输入中选择一个数据并将其送至一个公共的输出端。数据选择器的功能类似于一个多掷开关，如图 3-17 所示，图中有 4 路数据 $D_0 \sim D_3$，通过选择控制信号 A_1、A_0（地址码）从 4 路数据中选中某一路数据送至输出端 Q。

数据选择器为目前逻辑设计中应用十分广泛的逻辑部件，它有 2 选 1、4 选 1、8 选 1、16 选 1 等类别。

数据选择器的电路结构一般由与或门阵列组成，也可由传输门开关和门电路混合组成。

1. 74LS151 型 8 选 1 数据选择器

74LS151 型为互补输出的 8 选 1 数据选择器，引脚排列如图 3-18 所示，功能见表 3-9。

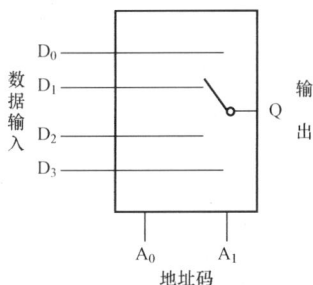

图 3-17 4 选 1 数据选择器示意图

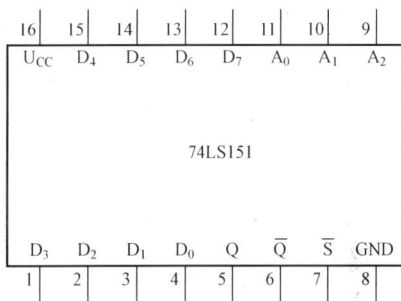

图 3-18 74LS151 型数据选择器引脚排列

选择控制端（地址端）为 $A_2 \sim A_0$，按二进制译码，从 8 个输入数据 $D_0 \sim D_7$ 中，选择一个需要的数据送至输出端 Q，$\overline{S}$ 为使能端，低电平有效。

(1) 使能端 $\overline{S}=1$ 时，不论 $A_2 \sim A_0$ 状态如何，均无输出（$Q=0$，$\overline{Q}=1$），多路开关被禁止。

(2) 使能端 $\overline{S}=0$ 时，多路开关正常工作，根据地址码 A_2、A_1、A_0 的状态选择 $D_0 \sim D_7$ 中某一个通道的数据输送至输出端 Q。如：$A_2 A_1 A_0 = 000$，则选择 D_0 数据到输出端，即 $Q=D_0$；$A_2 A_1 A_0 = 001$，则选择 D_1 数据到输出端，即 $Q=D_1$，其余类推。

表 3-9 74LS151 功 能 表

输 入				输 出	
$\overline{S}$	A_2	A_1	A_0	Q	$\overline{Q}$
1	×	×	×	0	1
0	0	0	0	D_0	$\overline{D_0}$
0	0	0	1	D_1	$\overline{D_1}$
0	0	1	0	D_2	$\overline{D_2}$
0	0	1	1	D_3	$\overline{D_3}$
0	1	0	0	D_4	$\overline{D_4}$
0	1	0	1	D_5	$\overline{D_5}$
0	1	1	0	D_6	$\overline{D_6}$
0	1	1	1	D_7	$\overline{D_7}$

2.74LS153 型双 4 选 1 数据选择器

所谓双 4 选 1 数据选择器就是在一块集成芯片上有两个 4 选 1 数据选择器。74LS153 型双 4 选 1 数据选择器引脚排列如图 3-19 所示，功能见表 3-10。

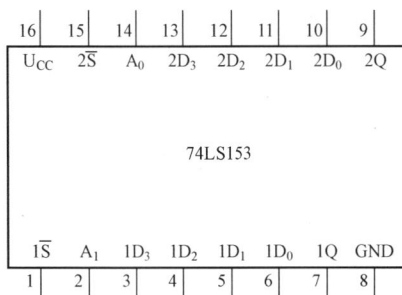

16	15	14	13	12	11	10	9
U_{CC}	$2\overline{S}$	A_0	$2D_3$	$2D_2$	$2D_1$	$2D_0$	$2Q$

74LS153

$1\overline{S}$	A_1	$1D_3$	$1D_2$	$1D_1$	$1D_0$	$1Q$	GND
1	2	3	4	5	6	7	8

图 3-19　74LS153 型数据选择器引脚功能

表 3-10　74LS153 功能表

输　　　入			输出
$\overline{S}$	A_1	A_0	Q
1	×	×	0
0	0	0	D_0
0	0	1	D_1
0	1	0	D_2
0	1	1	D_3

$1\overline{S}$、$2\overline{S}$ 为两个独立的使能端，A_1、A_0 为公用的地址输入端，$1D_0 \sim 1D_3$ 和 $2D_0 \sim 2D_3$ 分别为两个 4 选 1 数据选择器的数据输入端，Q_1、Q_2 为两个输出端。

（1）当使能端 $1\overline{S}$（$2\overline{S}$）=1 时，多路开关被禁止，无输出，Q=0。

（2）当使能端 $1\overline{S}$（$2\overline{S}$）=0 时，多路开关正常工作，根据地址码 A_1、A_0 的状态，将相应的数据 $D_0 \sim D_3$ 送至输出端 Q。例如：$A_1 A_0$ =00，则选择 D_0 数据到输出端，即 Q=D_0；$A_1 A_0$ =01，则选择 D_1 数据到输出端，即 Q=D_1，其余类推。

数据选择器的用途很多，如多通道传输，数码比较，并行码变串行码，以及实现逻辑函数等。

3. 数据选择器的应用——实现逻辑函数

[例 3-1]　用 74LS151 型 8 选 1 数据选择器实现函数 $F=\overline{A}B+\overline{A}C+\overline{BC}$。

解　采用 74LS151 型 8 选 1 数据选择器可实现任意三输入变量的组合逻辑函数。作出函数 F 的功能表，见表 3-11，将函数 F 功能表与 8 选 1 数据选择器的功能表相比较。可知：

（1）将输入变量 C、B、A 作为 8 选 1 数据选择器的地址码 A_2、A_1、A_0。

（2）使 8 选 1 数据选择器的各数据输入 $D_0 \sim D_7$ 分别与函数 F 的输出值一一对应，即 $A_2 A_1 A_0$=CBA，$D_0=D_7=0$，$D_1=D_2=D_3=D_4=D_5=D_6=1$。则 8 选 1 数据选择器的输出 Q 便实现了函数 $F=\overline{A}B+\overline{A}C+\overline{BC}$。

接线图如图 3-20 所示。

显然，采用具有 n 个地址端的数据选择实现 n 变量的逻辑函数时，应将函数的输入变量加到数据选择器的地址端（A），选择器的数据输入端（D）按次序以函数 F 输出值来赋值。

[例 3-2]　用 74LS151 型 8 选 1 数据选择器实现函数 $F=A\overline{B}+\overline{A}B$。

解　（1）列出函数 F 的功能表见表 3-12。

（2）将 A、B 加到地址端 A_1、A_0，A_2 接地，由表 3-12 可见，将 D_1、D_2 接"1"，D_0、D_3 接地，其余数据输入端 $D_4 \sim D_7$ 都接地，则 8 选 1 数据选择器的输出 Q 实现了函数 $F=A\overline{B}+B\overline{A}$。接线图如图 3-21 所示。

表 3 - 11　　函数 F 功能表

输　　入			输出
C	B	A	F
0	0	0	0
0	0	1	1
0	1	0	1
0	1	1	1
1	0	0	1
1	0	1	1
1	1	0	1
1	1	1	0

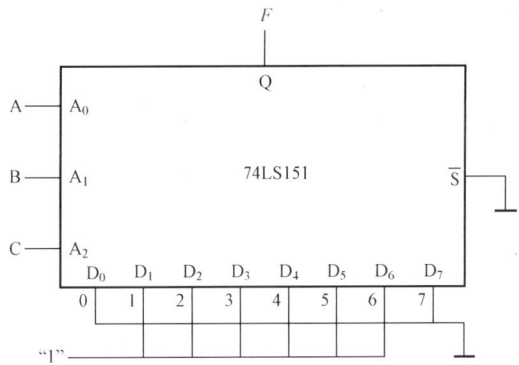

图 3 - 20　用 8 选 1 数据选择器实现
$F=A\overline{B}+\overline{A}C+B\overline{C}$的接线图

表 3 - 12　函数 F 功能表

B	A	F
0	0	0
0	1	1
1	0	1
1	1	0

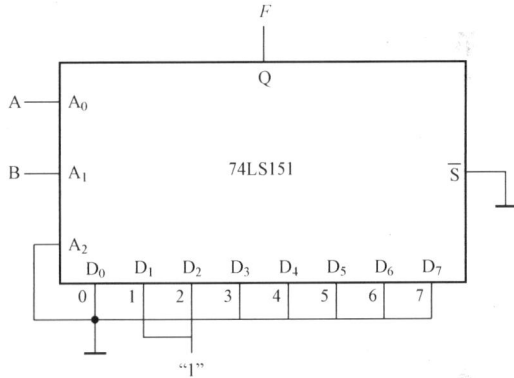

图 3 - 21　用 8 选 1 数据选择器实现
$F=A\overline{B}+\overline{A}B$的接线图

　　显然，当函数输入变量数小于数据选择器的地址端（A）时，应将不用的地址端及不用的数据输入端（D）都接地。

　　[例 3 - 3]　用 74LS153 型 4 选 1 数据选择器实现函数 $F=\overline{A}BC+A\overline{B}C+AB\overline{C}+ABC$。

　　解　函数 F 的功能表见表 3 - 13。函数 F 有 3 个输入变量 A、B、C，而数据选择器有两个地址端 A_1、A_0，少于函数输入变量个数，在设计时可任选 A 接 A_1，B 接 A_0。将函数功能表改画成表 3 - 14 的形式，可见当输入变量 A、B、C 中 A、B 接选择器的地址端 A_1、A_0时，有

$$D_0=0,\ D_1=D_2=C,\ D_3=1$$

则 4 选 1 数据选择器的输出实现了函数 $F=\overline{A}BC+A\overline{B}C+AB\overline{C}+ABC$。接线图如图 3 - 22 所示。

　　当函数输入变量大于数据选择器地址端（A）时，随着选用函数输入变量作地址的方案不同，其设计结果不同，需对比几种方案以获得最佳方案。

表 3 - 13   函数 F 功能表

输	入		输出
A	B	C	F
0	0	0	0
0	0	1	0
0	1	0	0
0	1	1	1
1	0	0	0
1	0	1	1
1	1	0	1
1	1	1	1

表 3 - 14   图 3 - 22 数据选择器电路对应的功能表

输	入		输出	中选数据端
A	B	C	F	—
0	0	0	0	$D_0 = 0$
		1	0	
0	1	0	0	$D_1 = C$
		1	1	
1	0	0	0	$D_2 = C$
		1	1	
1	1	0	1	$D_3 = 1$
		1	1	

三、实验内容

1. 测试 74LS151 型数据选择器的逻辑功能

按图 3 - 23 接线，地址端 A_2、A_1、A_0，数据端 $D_0 \sim D_7$，使能端 $\overline{S}$ 接逻辑开关，输出端 Q 接逻辑电平显示器，按 74LS151 功能表逐项进行测试，记录测试结果。

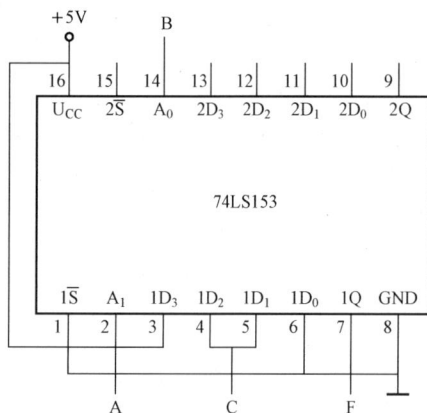

图 3 - 22 用 4 选 1 数据选择器实现 $F = \overline{A}BC + A\overline{B}C + AB\overline{C} + ABC$ 的接线图

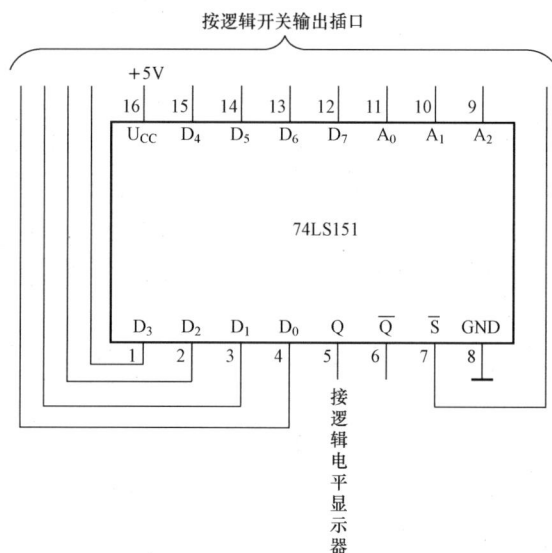

图 3 - 23 74LS151 型数据选择器逻辑功能测试

2. 测试 74LS153 型数据选择器的逻辑功能

测试方法及步骤同上，记录测试结果。

3. 用 74LS151 型 8 选 1 数据选择器设计三输入多数表决电路

(1) 写出设计过程。

(2) 画出接线图。

(3) 验证逻辑功能。

4. 用 8 选 1 数据选择器实现逻辑函数

（1）写出设计过程。

（2）画出接线图。

（3）验证逻辑功能。

5. 用 74LS153 型双 4 选 1 数据选择器实现全加器

（1）写出设计过程。

（2）画出接线图。

（3）验证逻辑功能。

四、实验报告要求

（1）复习数据选择器的工作原理。

（2）用数据选择器对实验内容中各函数式进行预设计。

五、实验报告

用数据选择器对实验内容进行设计，写出设计过程，画出接线图，进行逻辑功能测试。总结实验的收获和体会。

实验五 触发器及其应用

一、实验目的

（1）掌握基本 RS、JK、D 和 J 触发器的逻辑功能。

（2）掌握集成触发器的逻辑功能及其使用方法。

（3）熟悉触发器之间相互转换的方法。

二、实验原理

触发器具有两个稳定状态，用以表示逻辑状态"1"和"0"，在一定的外界信号作用下，可从一个稳定状态翻转到另一个稳定状态，它是一个具有记忆功能的二进制信息存储器件，是构成各种时序电路的最基本的逻辑单元。

1. 基本 RS 触发器

图 3-24 所示为由两个与非门交叉耦合构成的基本 RS 触发器，它是无时钟控制低电平直接触发的触发器。基本 RS 触发器具有置"0"、置"1"和"保持"三种功能。通常称 $\overline{S}$ 为置"1"端，因为 $\overline{S}=0$（$\overline{R}=1$）时触发器被置"1"；$\overline{R}$ 为置"0"端，因为 $\overline{R}=0$（$\overline{S}=1$）时触发器被置"0"，当 $\overline{S}=\overline{R}=1$ 时状态为"保持"，$\overline{S}=\overline{R}=0$ 时，触发器状态不定，应避免此种情况发生。表 3-15 为基本 RS 触发器的功能表。

基本 RS 触发器。也可以用两个或非门组成，此时为高电平触发有效。

2. JK 触发器

在输入信号为双端的情况下，JK 触发器是功能完善、使用灵活和通用性较强的一种触发器。JK 触发器常被用作缓冲存储器、移位寄存器和计数器。本实验采用 74LS112 型双 JK 触发器，是下降沿触发的边沿触发器。引脚功能及逻辑符号如图 3-25 所示。

JK 触发器的状态方程为

$$Q^{n+1} = J\,\overline{Q^n} + \overline{K}Q^n$$

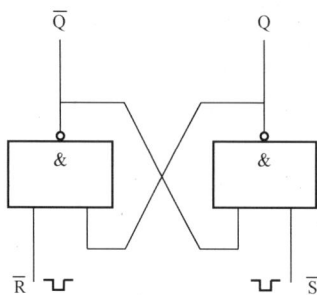

图 3-24 基本 RS 触发器

表 3-15 基本 RS 触发器功能表

输 入		输 出	
$\overline{S}$	$\overline{R}$	Q^{n+1}	$\overline{Q}^{n+1}$
0	1	1	0
1	0	0	1
1	1	Q^n	Q^n
0	0	Φ	Φ

注 $Q^n(Q^n)$—现态；$Q^{n+1}(Q^{n+1})$—次态；Φ—不定态。

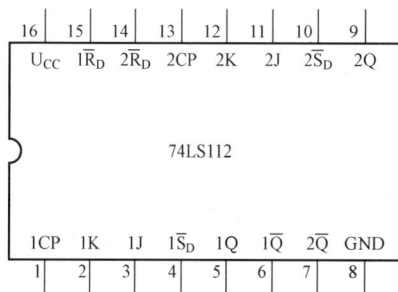

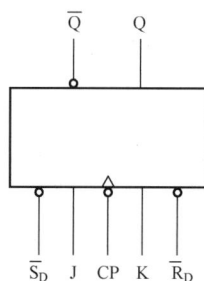

图 3-25 74LS112 型双 JK 触发器引脚排列及逻辑符号

其中，J、K 是数据输入端，是触发器状态更新的依据，若 J、K 有两个或两个以上输入端时，组成"与"的关系。Q 与 $\overline{Q}$ 为两个互补输出端。通常将 Q＝0、$\overline{Q}$＝1 的状态定为触发器"0"状态；而将 Q＝1，$\overline{Q}$＝0 定为"1"状态。下降沿触发 JK 触发器的功能见表 3-16。

表 3-16 下降沿触发 JK 触发器功能表

输 入					输 出	
$\overline{S}_D$	$\overline{R}_D$	CP	J	K	Q^{n+1}	$\overline{Q}^{n+1}$
0	1	$\times$	$\times$	$\times$	1	0
1	0	$\times$	$\times$	$\times$	0	1
0	0	$\times$	$\times$	$\times$	Φ	Φ
1	1	$\downarrow$	0	0	Q^n	$\overline{Q}^n$
1	1	$\downarrow$	1	0	1	0
1	1	$\downarrow$	0	1	0	1
1	1	$\downarrow$	1	1	$\overline{Q}^n$	Q^n
1	1	$\uparrow$	$\times$	$\times$	Q^n	$\overline{Q}^n$

注 $\downarrow$—高到低电平跳变；$\uparrow$—低到高电平跳变。

3. D 触发器

在输入信号为单端的情况下，D 触发器使用起来最为方便，其状态方程为 $Q^{n+1}=D^n$，其输出状态的更新发生在 CP 脉冲的上升沿，故又称为上升沿触发的边沿触发器。D 触发器的状态只取决于时钟到来前 D 端的状态。D 触发器的应用很广泛，可用作数字信号的寄存、移位寄存、分频和波形发生等。并且 D 触发器有多种型号可供选择，如双 D 74LS74 型、四 D 74LS175 型、六 D 74LS174 型等。

图 3-26 所示为双 D74LS74 型 D 触发器的引脚排列及逻辑符号，功能见表 3-17。

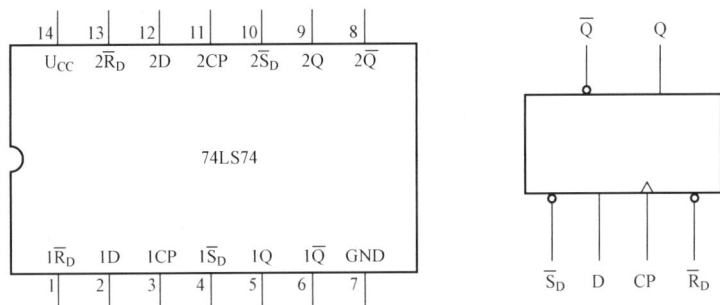

图 3-26　74LS74 型 D 触发器引脚排列及逻辑符号

4. 触发器之间的相互转换

在集成触发器产品中，每一种触发器都有其固定的逻辑功能。但可以利用转换的方法获得具有其他功能的触发器。如将 JK 触发器的 J、K 两端连在一起，看作 T 端，就得到所需的 T 触发器。如图 3-27（a）所示，其状态方程为

$$Q^{n+1} = T\,\overline{Q}^n + \overline{T}Q^n$$

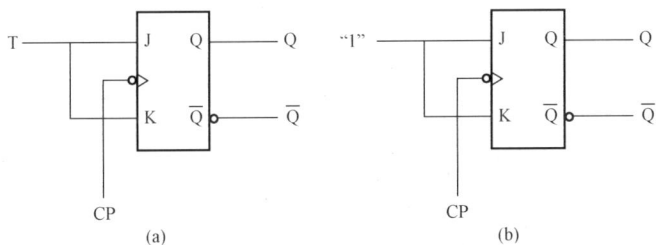

图 3-27　JK 触发器转换为 T、T′触发器

（a）T 触发器；（b）T′触发器

T 触发器的功能见表 3-18。由功能表可见，当 T=0 时，时钟脉冲作用后，其状态保持不变；当 T=1 时，时钟脉冲作用后，触发器状态翻转。所以，若将 T 触发器的 T 端置"1"，如图 3-27（b）所示，即得 T′触发器，在 T′触发器的 CP 端每输入一个 CP 脉冲信号，触发器的状态就翻转一次，故称之为反转触发器，广泛用于计数电路中。

表 3-17		74LS74 功 能 表			
输　　入				输　出	
$\overline{S}_D$	$\overline{R}_D$	CP	D	Q^{n+1}	$\overline{Q}^{n+1}$
0	1	×	×	1	0
1	0	×	×	0	1
0	0	×	×	Φ	Φ
1	1	↑	1	1	0
1	1	↑	0	0	1
1	1	↓	×	Q^n	$\overline{Q}^n$

表 3-18		T 触发器功能表		
输　　入				输　出
$\overline{S}_D$	$\overline{R}_D$	CP	T	Q^{n+1}
0	1	×	×	1
1	0	×	×	0
1	1	↓	0	Q^n
1	1	↓	1	$\overline{Q}^n$

同样，若将 D 触发器的 $\overline{Q}$ 端与 D 端相连，便转换成 T' 触发器，如图 3-28 所示；JK 触发器也可转换为 D 触发器，如图 3-29 所示。

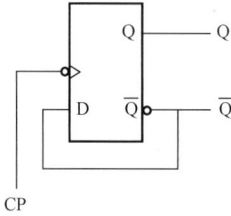

图 3-28 D 触发器转成 T' 触发器

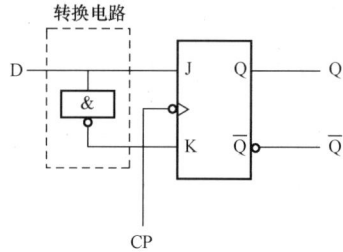

图 3-29 JK 触发器转成 D 触发器

5. CMOS 触发器

（1）CMOS 边沿型 D 触发器。CC4013 是由 CMOS 传输门构成的边沿型 D 触发器。它是上升沿触发的双 D 触发器，其功能表见表 3-19。图 3-30 所示为其引脚排列。

表 3-19   CC4013 功 能 表

输 入				输 出
S	R	CP	D	Q^{n+1}
1	0	×	×	1
0	1	×	×	0
1	1	×	×	Φ
0	0	↑	1	0
0	0	↑	0	0
0	0	↓	×	Q^n

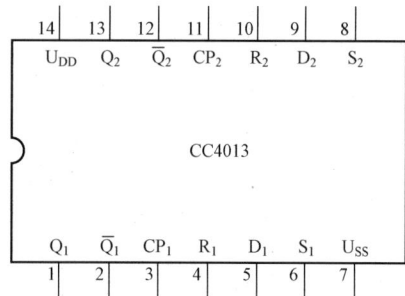

图 3-30 CMOS 边沿型 D 触发器

（2）CMOS 边沿型 JK 触发器。CC4027 是由 CMOS 传输门构成的边沿型 JK 触发器，它是上升沿触发的双 JK 触发器，其功能表见表 3-20。图 3-31 所示为其引脚排列。

表 3-20   CC4027 功 能 表

输 入					输 出
S	R	CP	J	K	Q^{n+1}
1	0	×	×	×	1
0	1	×	×	×	0
1	1	×	×	×	Φ
0	0	↑	0	0	Q^n
0	0	↑	1	0	1
0	0	↑	0	1	0
0	0	↑	1	1	$\overline{Q^n}$
0	0	↓	×	×	Q^n

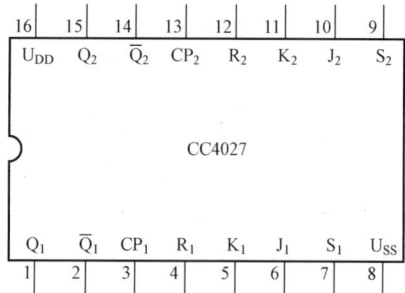

图 3-31 CMOS 边沿型 JK 触发器

CMOS 触发器的直接置位端 S、复位输入端 R 高电平有效，当 S＝1（或 R＝1）时，触发器将不受其他输入端所处状态的影响，使触发器直接置 1（或置 0）。但直接置位端 S、复位输入端 R 必须遵守 RS＝0 的约束条件。CMOS 触发器在按逻辑功能工作时，S 和 R 必须均置 0。

三、实验内容

1. 测试基本 RS 触发器的逻辑功能

按图 3-24 接线，用两个与非门组成基本 RS 触发器，输入端 $\overline{R}$、$\overline{S}$ 接逻辑开关输出插口，输出端 Q、$\overline{Q}$ 接逻辑电平显示输入插口，按表 3-21 要求测试，记录测试结果。

2. 测试 74LS112 型双 JK 触发器的逻辑功能

（1）测试 $\overline{R}_D$、$\overline{S}_D$ 的复位、置位功能。任取一只 JK 触发器，$\overline{R}_D$、$\overline{S}_D$、J、K 端接逻辑开关输出插口，CP 端接单次脉冲源，Q、$\overline{Q}$ 端接至逻辑电平显示输入插口。要求改变 $\overline{R}_D$、$\overline{S}_D$（J、K、CP 处于任意状态），并在 $\overline{R}_D=0$（$\overline{S}_D=1$）或 $\overline{S}_D=0$（$\overline{R}_D=1$）作用期间任意改变 J、K 及 CP 的状态，观察 Q、$\overline{Q}$ 的状态。自拟表格并记录测试结果。

（2）测试 JK 触发器的逻辑功能。按表 3-22 的要求改变 J、K、CP 端的状态，观察 Q、$\overline{Q}$ 的状态变化，观察触发器状态更新是否发生在 CP 脉冲的下降沿（即 CP 由 1→0），记录测试结果。

表 3-21　　基本 RS 触发器测量值

$\overline{R}$	$\overline{S}$	Q	$\overline{Q}$
1	1→0		
	0→1		
1→0	1		
0→1			
0	0		

表 3-22　　74LS112 型双 JK 触发器测量值

JK	CP	Q^{n+1}	
		$Q^n=0$	$Q^n=1$
0 0	0→1		
	1→0		
0 1	0→1		
	1→0		
1 0	0→1		
	1→0		
1 1	0→1		
	1→0		

（3）将 JK 触发器的 J、K 端连在一起，构成 T 触发器。在 CP 端输入 1Hz 连续脉冲，观察 Q 端状态的变化。在 CP 端输入 1kHz 连续脉冲，用双踪示波器观察 CP、Q、$\overline{Q}$ 端波形，注意相位关系，绘制波形图。

3. 测试 74LS74 型双 D 触发器的逻辑功能

（1）测试 $\overline{R}_D$、$\overline{S}_D$ 的复位、置位功能。测试方法同实验内容 2.（1），自拟表格记录测试结果。

（2）测试 D 触发器的逻辑功能。按表 3-23 要求进行测试，并观察触发器状态更新是否发生在 CP 脉冲的上升沿（即由 0→1），记录测试结果。

（3）将 D 触发器的 $\overline{Q}$ 端与 D 端相连接，构成 T′触发器。测试方法同实验内容 2.（3），记录测试结果。

4. 双相时钟脉冲电路（选作）

用 JK 触发器及与非门构成的双相时钟脉冲电路如图 3-32 所示，该电路用来将时钟脉冲 CP 转换成两相时钟脉冲 CP_A 及 CP_B，CP_A、CP_B 频率相同，相位不同。

表 3-23　　74LS74 型双 D 触发器测量值

D	CP	Q^{n+1}	
		$Q^n=0$	$Q^n=1$
0	$0\rightarrow1$		
	$1\rightarrow0$		
1	$0\rightarrow1$		
	$1\rightarrow0$		

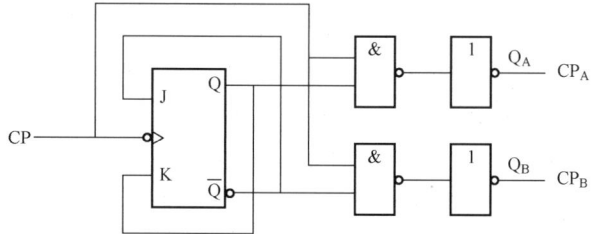

图 3-32　双相时钟脉冲电路

分析双相时钟脉冲电路工作原理，按图 3-28 接线，用双踪示波器同时观察 CP、CP_A，CP、CP_B 及 CP_A、CP_B 的波形，绘制上述波形图。

5. 乒乓球练习电路（选作）

电路功能：模拟两名运动员乒乓球练习时的场景，要求乒乓球能往返运转。

提示：采用 74LS74 型双 D 触发器设计实验线路，两个 CP 端触发脉冲分别由两名运动员操作，两触发器的输出状态用逻辑电平显示器显示。

四、实验预习要求

（1）复习教材有关触发器的内容。

（2）列出各触发器功能测试表格。

（3）按实验内容 4、5 的要求设计线路，拟订实验方案。

五、实验报告

（1）列表整理各类触发器的逻辑功能。

（2）总结观察到的波形，说明触发器的触发方式。

（3）体会触发器的应用。

六、思考题

利用普通的机械开关组成的数据开关所产生的信号是否可作为触发器的时钟脉冲信号？为什么？是否可以用做触发器的其他输入端的信号？为什么？

实验六　计数器及其应用

一、实验目的

（1）学习用集成触发器构成计数器的方法。

（2）掌握中规模集成计数器的使用方法及功能测试方法。

（3）了解运用集成计数器构成 1/N 分频器的方法。

二、实验原理

计数器是一种用以实现计数功能的时序部件，它不仅可以用来计脉冲数，还常用作数字系统的定时、分频和执行数字运算以及其他特定的逻辑功能。

　　计数器种类很多。按照构成计数器的各触发器是否使用一个时钟脉冲源分类，有同步计数器和异步计数器；根据计数制的不同分类，有二进制计数器、十进制计数器和任意进制计数器；根据计数的增减趋势分类，有加法计数器、减法计数器和可逆计数器；还有可预置数和可编程序功能计数器等。目前，无论是 TTL 还是 CMOS 集成电路，都有品种较齐全的中规模集成计数器。使用者只需要借助器件手册提供的功能表和工作波形图以及引脚排列，就能正确地运用这些器件。

　　1. 用 D 触发器构成异步二进制加/减计数器

　　图 3-33 所示为用 4 只 D 触发器构成的 4 位二进制异步加法计数器，其连接特点是将每只 D 触发器接成 T′ 触发器，再将低位触发器的 $\overline{Q}$ 端和高 1 位的 CP 端相连接。

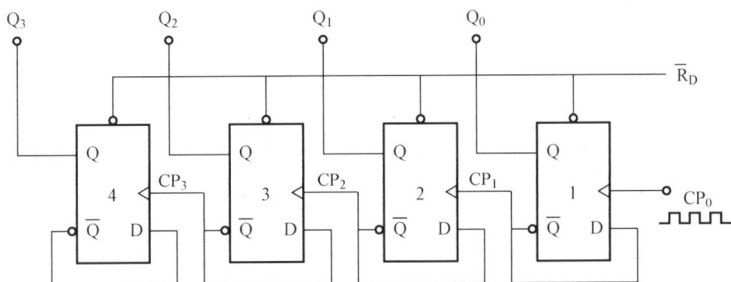

图 3-33　4 位二进制异步加法计数器

　　若将图 3-33 稍加改动，即将低位触发器的 Q 端与高 1 位的 CP 端相连接，即构成了一个 4 位二进制减法计数器。

　　2. 中规模十进制计数器

　　CC40192 是同步十进制可逆计数器，具有双时钟输入，以及清除和置数等功能，其引脚排列及逻辑符号如图 3-34 所示。

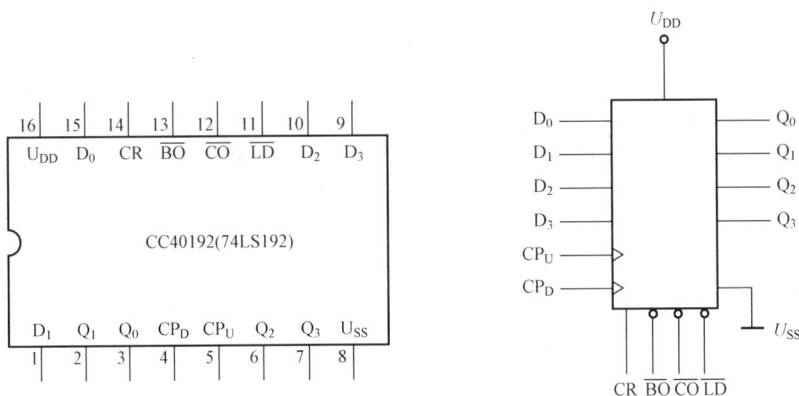

图 3-34　CC40192 引脚排列及逻辑符号

$\overline{LD}$—置数端；CP_U—加计数端；CP_D—减计数端；$\overline{CO}$—非同步进位输出端；

$\overline{BO}$—非同步借位输出端；D_0、D_1、D_2、D_3—计数器输入端；

Q_0、Q_1、Q_2、Q_3—数据输出端；CR—清除端

　　CC40192（同 74LS192，二者可互换使用）的功能见表 3-24，说明如下：

表 3-24 CC40192 功 能 表

输 入								输 出			
CR	$\overline{LD}$	CP_U	CP_D	D_3	D_2	D_1	D_0	Q_3	Q_2	Q_1	Q_0
1	×	×	×	×	×	×	×	0	0	0	0
0	0	×	×	d	c	b	a	d	c	b	a
0	1	↑	1	×	×	×	×	加计数			
0	1	1	↑	×	×	×	×	减计数			

当清除端 CR 为高电平 "1" 时，计数器直接清零；CR 置低电平则执行其他功能。

当 CR 为低电平、置数端$\overline{LD}$也为低电平时，数据直接从输入端 D_0、D_1、D_2、D_3 输入计数器。

当 CR 为低电平、$\overline{LD}$为高电平时，执行计数功能。执行加计数时，减计数端 CP_D 接高电平，计数脉冲由加计数端 CP_U 输入；在计数脉冲上升沿进行 8421 码十进制加法计数。执行减计数时，CP_U 接高电平，计数脉冲由 CP_D 输入，表 3-25 为 8421 码十进制加、减计数器的状态转换表。

表 3-25 8421 码十进制加、减法计数器的状态转换表

加法计数 →

输入脉冲数		0	1	2	3	4	5	6	7	8	9
输 出	Q_3	0	0	0	0	0	0	0	0	1	1
	Q_2	0	0	0	0	1	1	1	1	0	0
	Q_1	0	0	1	1	0	0	1	1	0	0
	Q_0	0	1	0	1	0	1	0	1	0	1

← 减法计数

3. 计数器的级联使用

一个十进制计数器只能表示 0~9 10 个数，为了扩大计数器范围，常将多个十进制计数器级联使用。

同步计数器往往设有进位（或借位）输出端，故可选用其进位（或借位）输出信号驱动下一级计数器。

图 3-35 所示为由 CC40192 利用进位输出$\overline{CO}$控制高 1 位的 CP_U 端所构成的加数级联图。

4. 实现任意进制计数

（1）用复位法获得任意进制计数器。假定已有 N 进制计数器，而需要得到一个 M 进制计数器时，只要 $M<N$，则用复位法使计数器计数到 M 时置 "0"，即可获得 M 进制计数器。图 3-36 所示为一个由 CC40192 十进制计数器连接成的六进制计数器。

（2）利用预置功能获得 M 进制计数器。图 3-37 所示为由 3 个 CC40192 组成的四二一进制计数器。外加的由与非门构成的锁存器可以克服器件计数速度的离散性，保证在反馈置 "0" 信号作用下计数器可靠置 "0"。

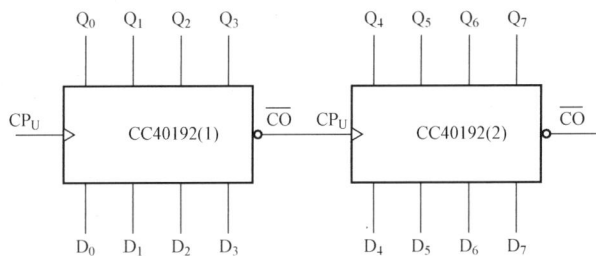

图 3-35 CC40192 级联电路

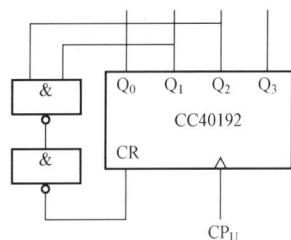

图 3-36 十进制计数器连接成的
六进制计数器

图 3-38 所示为一个特殊的十二进制计数器电路方案。在数字钟里，对时位的数序列是 1、2、…、11、12、1、…是十二进制的，且无 0 数，如图所示，当计数到 13 时，通过与非门产生一个复位信号，使 CC40192（2）（时的十位）直接置 0000，而 CC40192（1）（即时的个位）直接置 0001，从而实现了 1～12 计数。

三、实验内容

（1）用 CC4013 型或 74LS74D 型触发器构成 4 位二进制异步加法计数器。

1）按图 3-33 接线，$\overline{R_D}$ 接至逻辑开关输出插口，将低位 CP_0 端接单次脉冲源，输出端 Q_3、Q_2、Q_1、Q_0 接逻辑电平显示输入插口，各 $\overline{S_D}$ 接高电平"1"。

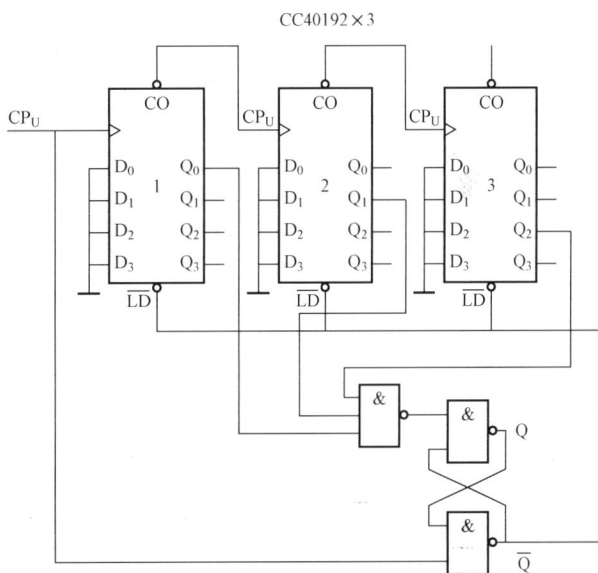

图 3-37 四二一进制计数器

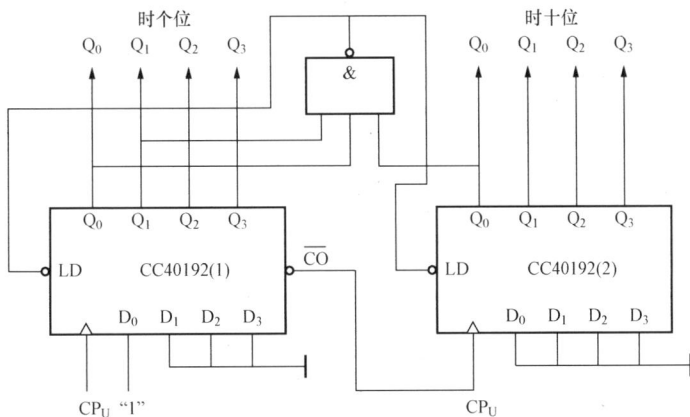

图 3-38 特殊的十二进制计数器

2）清零后，逐个送入单次脉冲，观察并列表记录 $Q_3 \sim Q_0$ 的状态。

3）将单次脉冲改为 1Hz 的连续脉冲，观察 $Q_3 \sim Q_0$ 的状态。

4）将 1Hz 的连续脉冲改为 1kHz 的连续脉冲，用双踪示波器观察 CP、Q_3、Q_2、Q_1、Q_0 端波形，绘制波形图。

5）将图 3-33 电路中的低位触发器的 Q 端与高一位的 CP 端相连接，构成减法计数器，按上述实验内容 2）、3）、4）进行实验，观察并列表记录 $Q_3 \sim Q_0$ 的状态。

（2）测试 CC40192 型或 74LS192 型同步十进制可逆计数器的逻辑功能。计数脉冲由单次脉冲源提供，清除端 CR、置数端 $\overline{LD}$、数据输入端 D_3、D_2、D_1、D_0 分别接逻辑开关，输出端 Q_3、Q_2、Q_1、Q_0 接实验设备的一个译码显示输入相应插口 A、B、C、D，$\overline{CO}$ 和 $\overline{BO}$ 接逻辑电平显示插口。按表 3-23 逐项测试并判断该集成块的功能是否正常。

1）清除。令 CR=1，其他输入任意，此时 $Q_3Q_2Q_1Q_0$=0000，译码数字显示为 0。清除功能完成后，置 CR=0。

2）置数。CR=0，CP_U、CP_D 任意，数据输入端输入任意一组二进制数，令 $\overline{LD}$=0，观察计数译码显示输出，预置功能是否完成，此后置 $\overline{LD}$=1。

3）加计数。CR=0，$\overline{LD}=CP_D$=1，CP_U 接单次脉冲源。清零后送入 10 个单次脉冲，观察译码数字显示是否按 8421 码十进制状态转换表进行；输出状态变化是否发生在 CP_U 的上升沿。

4）减计数。CR=0，LD=CP_U=1，CP_D 接单次脉冲源。参照 3）进行实验。

（3）如图 3-35 所示，用两片 CC40192 组成两位十进制加法计数器。输入 1Hz 连续计数脉冲，实现由 00～99 累加计数，记录测试结果。

（4）将两位十进制加法计数器改为两位十进制减法计数器。实现由 99～00 递减计数，记录测试结果。

（5）按图 3-36 电路进行实验，记录测试结果。

（6）按图 3-37 或图 3-38 进行实验，记录测试结果。

（7）设计一个数字钟移位六十进制计数器并进行实验。

四、实验预习要求

（1）复习教材有关计数器的内容。

（2）绘制实验内容的各实验线路图。

（3）拟出各实验内容所需的测试记录表格。

（4）查器件手册，列出并熟悉实验所用各集成块的引脚排列图。

五、实验报告

（1）画出实验线路图，记录、整理实验现象及实验所得的有关波形。对实验结果进行分析。

（2）总结使用集成计数器的体会。

实验七　移位寄存器及其应用

一、实验目的

（1）掌握中规模 4 位双向移位寄存器的逻辑功能及其使用方法。

（2）熟悉移位寄存器的应用——实现数据的串行、并行转换和构成环形计数器。

二、实验原理

（1）移位寄存器是具有移位功能的寄存器，是指寄存器中所存储的代码能够在移位脉冲的作用下依次左移或右移。既能左移又能右移的移位寄存器称为双向移位寄存器，只需改变左、右移的控制信号便可实现双向移位要求。根据存取信息的方式不同，移位寄存器可分为串入串出、串入并出、并入串出、并入并出四种形式。

本实验选用的 4 位双向通用移位寄存器，型号为 CC40194 或 74LS194，两者功能相同，可互换使用，其逻辑符号及引脚排列如图 3 - 39 所示。

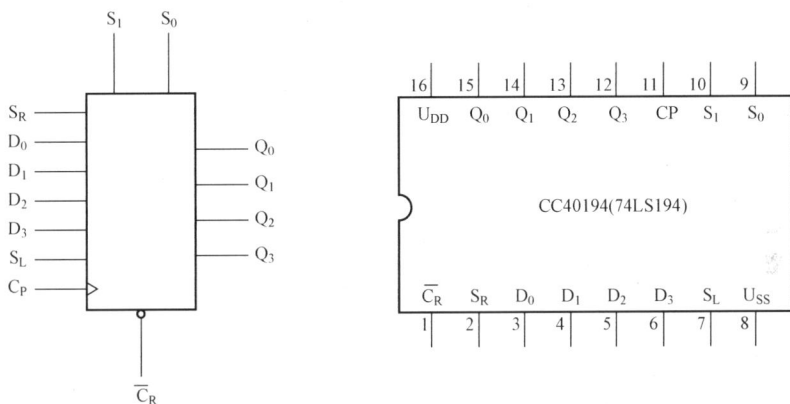

图 3 - 39　CC40194 型移位寄存器的逻辑符号及引脚功能

D_0、D_1、D_2、D_3—并行输入端；Q_0、Q_1、Q_2、Q_3—并行输出端；

S_R—右移串行输入端；S_L—左移串行输入端；S_1、S_0—操作模式控制端；

$\overline{C_R}$—直接无条件清零端；CP—时钟脉冲输入端

CC40194 有五种不同的操作模式，即并行送数寄存、右移（方向由 $Q_0 \rightarrow Q_3$）、左移（方向由 $Q_3 \rightarrow Q_0$）、保持及清零。功能表见表 3 - 26。

表 3 - 26　　　　　　　　　　CC40194 功　能　表

功能	输入										输出			
	CP	$\overline{C_R}$	S_1	S_0	S_R	S_L	D_0	D_1	D_2	D_3	Q_0	Q_1	Q_2	Q_3
清除	×	0	×	×	×	×	×	×	×	×	0	0	0	0
送数	↑	1	1	1	×	×	a	b	c	d	a	b	c	d
右移	↑	1	0	1	D_{SR}	×	×	×	×	×	D_{SR}	Q_0	Q_1	Q_2
左移	↑	1	1	0	×	D_{SL}	×	×	×	×	Q_1	Q_2	Q_3	D_{SL}
保持	↑	1	0	0	×	×	×	×	×	×	Q_0^n	Q_1^n	Q_2^n	Q_3^n
保持	↓	1	×	×	×	×	×	×	×	×	Q_0^n	Q_1^n	Q_2^n	Q_3^n

（2）移位寄存器应用广泛，可构成移位寄存器型计数器、顺序脉冲发生器、串行累加器；可用作数据转换，即将串行数据转换为并行数据，或将并行数据转换为串行数据等。本实验研究移位寄存器用作环形计数器和数据的串、并行转换。

1) 环形计数器。将移位寄存器的输出反馈至其串行输入端，就可以进行循环移位，如图 3-40 所示，将输出端 Q_3 和右移串行输入端 S_R 相连接，设初始状态 $Q_0Q_1Q_2Q_3=1000$，则在时钟脉冲作用下，$Q_0Q_1Q_2Q_3$ 将依次变为 0100→0010→0001→1000→……，状态转换见表 3-27。可见，环形计数器是一个具有 4 个有效状态的计数器。如图 3-40 所示，环形计数器电路可以由各个输出端输出在时间上有先后顺序的脉冲，因此也可以作为顺序脉冲发生器。

表 3-27　　　　　　　　环形计数器状态转换表

CP	Q_0	Q_1	Q_2	Q_3
0	1	0	0	0
1	0	1	0	0
2	0	0	1	0
3	0	0	0	1

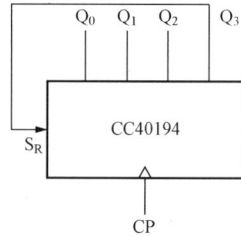

图 3-40　环形计数器

如果将输出 Q_0 与左移串行输入端 S_L 相连接，即可达到左移循环移位的功能。

2) 实现数据的串、并行转换。

a. 串行/并行转换器。串行/并行转换是指串行输入的数据经转换电路后变换成并行输出。图 3-41 所示为由两片 CC40194（74LS194）4 位双向移位寄存器组成的 7 位串行/并行数据转换电路。

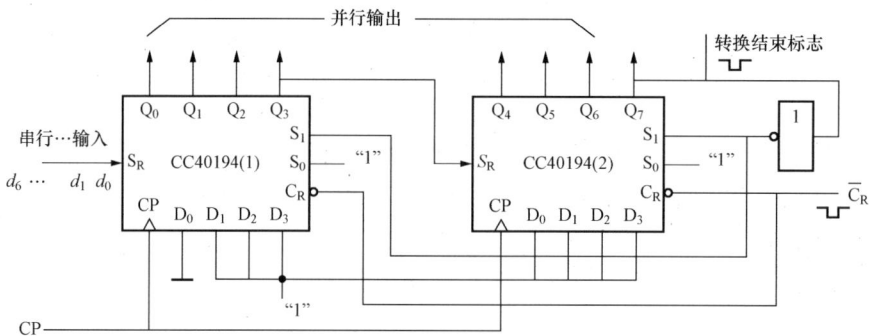

图 3-41　7 位串行/并行转换器

电路中 S_0 端接高电平"1"，S_1 受 Q_7 控制，两片寄存器连接成串行输入右移工作模式。Q_7 是转换结束标志。当 $Q_7=1$ 时，S_1 为 0，使之成为 $S_1S_0=01$ 的串入右移工作方式；当 $Q_7=0$ 时，$S_1=1$，有 $S_1S_0=10$，则串行送数结束，标志着串行输入的数据已转换成并行输出。

7 位串行/并行转换器的具体工作过程如下：转换前，$\overline{C}_R$ 端加低电平，使 CC40194 (1)、CC40194 (2) 两片寄存器的内容清零，此时 $S_1S_0=11$，寄存器执行并行输入工作方式。当第一个 CP 脉冲到来后，寄存器的输出状态 $Q_0 \sim Q_7$ 为 01111111，与此同时 S_1S_0 变为 01，转换电路变为执行串入右移工作方式，串行输入数据由一片 S_R 端加入。随着 CP 脉冲的依次加入，输出状态的变化见表 3-28。

表 3-28 　　　　　　　　　　　　　　　**7 位串行/并行状态转换表**

CP	Q_0	Q_1	Q_2	Q_3	Q_4	Q_5	Q_6	Q_7	说明
0	0	0	0	0	0	0	0	0	清零
1	0	1	1	1	1	1	1	1	送数
2	d_0	0	1	1	1	1	1	1	
3	d_1	d_0	0	1	1	1	1	1	
4	d_2	d_1	d_0	0	1	1	1	1	
5	d_3	d_2	d_1	d_0	0	1	1	1	右移操作 7 次
6	d_4	d_3	d_2	d_1	d_0	0	1	1	
7	d_5	d_4	d_3	d_2	d_1	d_0	0	1	
8	d_6	d_5	d_4	d_3	d_2	d_1	d_0	0	
9	0	1	1	1	1	1	1	1	送数

　　由表 3-28 可见，右移操作 7 次后，Q_7 变为 0，S_1S_0 又变为 11，说明串行输入结束。这时，串行输入的数据已经转换成了并行输出。

　　当再来一个 CP 脉冲时，电路又重新执行一次并行输入，为第二组串行数据转换做好了准备。

　　b. 并行/串行转换器。并行/串行转换是指并行输入的数据经转换电路后，变换成串行输出。

　　图 3-42 所示为由两片 CC40194（74LS194）组成的 7 位并行/串行转换电路，与图 3-41 相比，多了两只与非门 G1 和 G2，电路工作方式同样为右移。

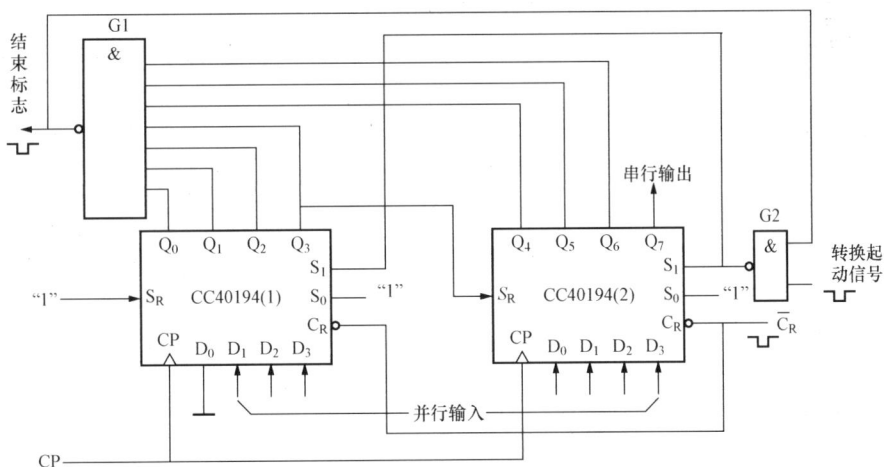

图 3-42　7 位并行/串行转换器

　　7 位并行/串行转换器的具体工作过程如下：寄存器清零后，加一个转换起动信号（负脉冲或低电平）。此时，由于方式控制 S_1S_0 为 11，转换电路执行并行输入操作。当第一个 CP 脉冲到来后，$Q_0Q_1Q_2Q_3Q_4Q_5Q_6Q_7$ 的状态为 $D_0D_1D_2D_3D_4D_5D_6D_7$，并行输入数据存入寄存器。从而使得 G1 输出为"1"，G2 输出为"0"，结果，$S_1 S_2$ 变为 01，转换电路随着 CP 脉冲的加入，开始执行右移串行输出，随着 CP 脉冲的依次加入，输出状态依次右移，待右移操作 7 次后，$Q_0 \sim Q_6$ 的状态都为高电平"1"，与非门 G1 输出为低电平，G2 输出为高电平，$S_1 S_2$ 又变为 11，表示并/串行转换结束，且为第二次并行输入创造了条件，转换过程见表 3-29。

表 3-29　　　　　　　　　　　　7 位并行/串行状态转换表

CP	Q_0	Q_1	Q_2	Q_3	Q_4	Q_5	Q_6	Q_7	串　行　输　出
0	0	0	0	0	0	0	0	0	
1	0	D_1	D_2	D_3	D_4	D_5	D_6	D_7	
2	1	0	D_1	D_2	D_3	D_4	D_5	D_6	D_7
3	1	1	0	D_1	D_2	D_3	D_4	D_5	D_6 D_7
4	1	1	1	0	D_1	D_2	D_3	D_4	D_5 D_6 D_7
5	1	1	1	1	0	D_1	D_2	D_3	D_4 D_5 D_6 D_7
6	1	1	1	1	1	0	D_1	D_2	D_3 D_4 D_5 D_6 D_7
7	1	1	1	1	1	1	0	D_1	D_2 D_3 D_4 D_5 D_6 D_7
8	1	1	1	1	1	1	1	0	D_1 D_2 D_3 D_4 D_5 D_6 D_7
9	0	D_1	D_2	D_3	D_4	D_5	D_6	D_7	

中规模集成移位寄存器，其位数往往以 4 位居多，当需要的位数多于 4 位时，可通过将几片移位寄存器级联的方式，使其位数得以扩展。

三、实验内容

1. 测试 CC40194（或 74LS194）型移位寄存器的逻辑功能

按图 3-43 接线，$\overline{C_R}$、S_1、S_0、S_L、S_R、D_0、D_1、D_2、D_3 分别接至逻辑开关的输出插口；Q_0、Q_1、Q_2、Q_3 接至逻辑电平显示输入插口。CP 端接单次脉冲源。按表 3-30 所列出的输入状态，逐项进行测试。

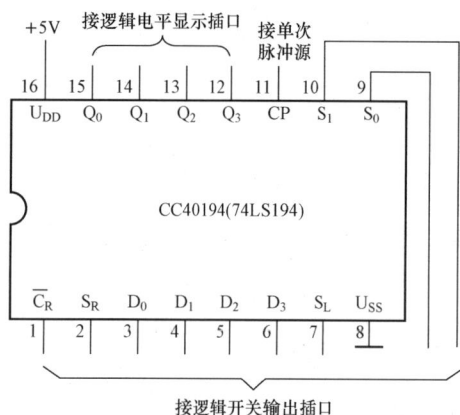

图 3-43　CC40194 型移位寄存器逻辑功能测试

（1）清除。令 $\overline{C_R}=0$，其他输入任意，此时寄存器输出 Q_0、Q_1、Q_2、Q_3 应均为"0"。清除后，置 $\overline{C_R}=1$。

（2）送数。令 $\overline{C_R}=S_1=S_0=1$，送入任意 4 位二进制数据，如 $D_0 D_1 D_2 D_3=abcd$，加 CP 脉冲，观察 CP=0、CP 由 0→1、CP 由 1→0 三种情况下寄存器输出状态的变化，观察寄存器输出状态变化是否发生在 CP 脉冲的上升沿。

（3）右移。清零后，令 $\overline{C_R}=1$，$S_1=0$，$S_0=1$，由右移输入端 S_R 送入二进制数据（如 0100），由 CP 端连续加 4 个脉冲，观察输出情况，记录测试结果。

（4）左移。先清零或预置，再令$\overline{C_R}=1$，$S_1=1$，$S_0=0$，由左移输入端 S_L 送入二进制数据（如 1111），连续加 4 个 CP 脉冲，观察输出端情况，记录测试结果。

（5）保持。寄存器预置任意 4 位二进制数据 abcd，令$\overline{C_R}=1$，$S_1=S_0=0$，加 CP 脉冲，观察寄存器输出状态，记录测试结果。

表 3-30　　　　　　　　　　　　　　　　**CC40194 逻辑功能测量值**

清除	模式		时钟	串行		输入	输出	功能总结
$\overline{C_R}$	S_1	S_0	CP	S_L	S_R	$D_0 D_1 D_2 D_3$	$Q_0 Q_1 Q_2 Q_3$	
0	×	×	×	×	×	××××		
1	1	1	↑	×	×	abcd		
1	0	1	↑	×	0	××××		
1	0	1	↑	×	1	××××		
1	0	1	↑	×	0	××××		
1	1	0	↑	1	×	××××		
1	1	0	↑	1	×	××××		
1	1	0	↑	1	×	××××		
1	1	0	↑	1	×	××××		
1	0	0	↑	×	×	××××		

2. 环形计数器

自拟实验线路，用并行送数法预置寄存器为某二进制数据（如 0100），然后进行右移循环，观察环形计数器输出端状态的变化，记录于表 3-31 中。

表 3-31　　　　　　　　　　　　　　　　**环形计数器电路测量值**

CP	Q_0	Q_1	Q_2	Q_3
0	0	1	0	0
1				
2				
3				
4				

3. 实现数据的串、并行转换

（1）串行输入、并行输出。按图 3-41 接线，进行右移串入、并出实验，串入数据自定。改接线路用左移方式实现并行输出。自拟表格，记录测试结果。

（2）并行输入、串行输出。按图 3-42 接线，进行右移并入、串出实验，并入数据自定。再改接线路用左移方式实现串行输出。自拟表格，记录测试结果。

四、实验预习要求

（1）复习教材有关寄存器及串行、并行转换器的内容。

（2）查阅器件手册中 CC40194、CC4011 及 CC4068 的逻辑线路。熟悉其逻辑功能及引脚排列。

（3）在对 CC40194 进行送数后，若要使输出端变成另外的数据，是否一定要使寄存器清零？

（4）使寄存器清零，除采用 $\overline{C_R}$ 输入低电平外，可否采用右移或左移的方法？可否使用并行送数法？若可行，应如何进行操作？

（5）若进行循环左移，图 3-42 所示接线应如何改接？

（6）画出由两片 CC40194 构成的 7 位左移串/并行转换器线路。

（7）画出由两片 CC40194 构成的 7 位左移并/串行转换器线路。

五、实验报告

（1）分析表 3-29 的实验结果，总结 CC40194 型移位寄存器的逻辑功能并写入表格功能总结一栏中，表格自拟。

（2）根据实验内容 2 的结果，绘制 4 位环形计数器的状态转换图及波形图。

（3）分析串/并、并/串行转换器所得结果的正确性。

实验八　555型集成时基电路及其应用

一、实验目的

（1）熟悉 555 型集成时基电路的结构、工作原理及特点。

（2）掌握 555 型集成时基电路的基本应用。

二、实验原理

集成时基电路又称为集成定时器或 555 电路，是一种数字、模拟混合型的中规模集成电路，应用十分广泛。集成时基电路是一种产生时间延迟和多种脉冲信号的电路，由于内部电压标准使用了 3 个 5kΩ 电阻，故取名 555 电路。其电路类型有双极型和 CMOS 型两大类，二者的结构与工作原理类似。几乎所有的双极型产品型号最后 3 位数都是 555 或 556，所有的 CMOS 产品型号最后 4 位数都是 7555 或 7556，二者的逻辑功能和引脚排列完全相同，易于互换。其中，555 和 7555 代表单定时器；556 和 7556 代表双定时器。双极型集成时基电路的电源电压 U_{CC}=5～15V，输出的最大电流可达 200mA，CMOS 型集成时基电路的电源电压为 3～18V。

1. 555 电路的工作原理

555 电路的内部电路框图如图 3-44 所示。它由两个电压比较器、一个基本 RS 触发器、一个放电开关晶体管 VT 组成。比较器的参考电压由 3 只 5kΩ 的电阻所构成的分压器提供，且高电平比较器 A1 的同相输入端和低电平比较器 A2 的反相输入端的参考电平分别为 $\frac{2}{3}U_{CC}$ 和 $\frac{1}{3}U_{CC}$，输出端控制 RS 触发器状态和放电晶体管开关状态。当输入信号自引脚 6（高电平触发）输入并高于参考电平 $\frac{2}{3}U_{CC}$ 时，触发器复位，555 电路的输出端引脚 3 输出低电平，同时放电开关晶体管导通；当输入信号自引脚 2 输入并低于 $\frac{1}{3}U_{CC}$ 时，触发器置位，555 电路的引脚 3 输出高电平，同时放电开关晶体管截止。

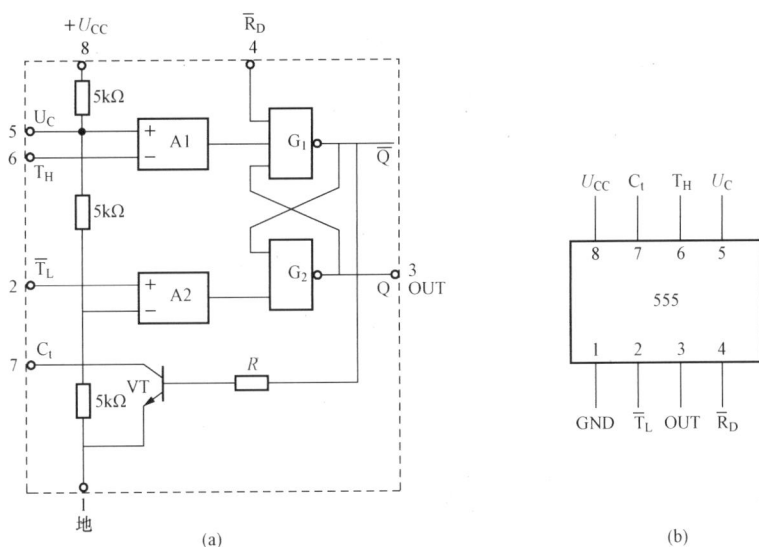

图 3-44　555 定时器内部框图及引脚排列

(a) 内部框图；(b) 引脚排列

$\overline{R}_D$ 为复位端（引脚 4），当 $\overline{R}_D = 0$ 时，555 电路输出低电平，其余时刻 $\overline{R}_D$ 端开路或接 U_{CC}。

U_C 为控制电压端（引脚 5），通常输出 $\frac{2}{3} U_{CC}$ 作为比较器 A1 的参考电平。当引脚 5 外接一个输入电压，即改变比较器的参考电平，可实现对输出电平的另一种控制；当引脚 5 不外接输入电压时，通常一个 $0.01\mu F$ 的电容接地，以消除外来干扰，确保参考电平的稳定，从而起到滤波的作用。

VT 为放电晶体管。VT 导通时，将给接于引脚 7 的电容提供低阻放电通路。

555 电路主要与电阻、电容构成充、放电电路。两个比较器可以检测电容上的电压，以确定输出电平的高低和开关晶体管的通断，从而构成几微秒到数十分钟的延时电路，方便地应用于单稳态触发器、多谐振荡器、施密特触发器等脉冲产生或波形变换电路。

2. 555 定时器的典型应用

（1）构成单稳态触发器。图 3-45 (a) 所示为由 555 定时器和外接定时元件 R、C 构成的单稳态触发器。触发电路由 C_1、R_1、VD 构成，其中 VD 为钳位二极管。稳态时，555 电路输入端处于电源电平，内部放电开关晶体管 VT 导通，输出端 F 输出低电平，当有一个外部负脉冲触发信号经 C_1 加到 2 端，并使 2 端电位瞬时低于 $\frac{1}{3} U_{CC}$ 时，低电平比较器动作，单稳态电路开始一个暂态过程，电容 C 开始充电，U_C 按指数规律增长；当 U_C 充电到 $\frac{2}{3} U_{CC}$ 时，高电平比较器动作，比较器 A1 反转，输出 U_o 从高电平返回低电平，放电开关晶体管 VT 重新导通，电容 C 上的电荷很快经放电开关晶体管放电，暂态结束，恢复稳态，为下一个触发脉冲的来到做好准备。单稳态触发器波形如图 3-45 (b) 所示。

暂稳态的持续时间 t_W（即延时时间）取决于外接元件 R、C 的大小，且

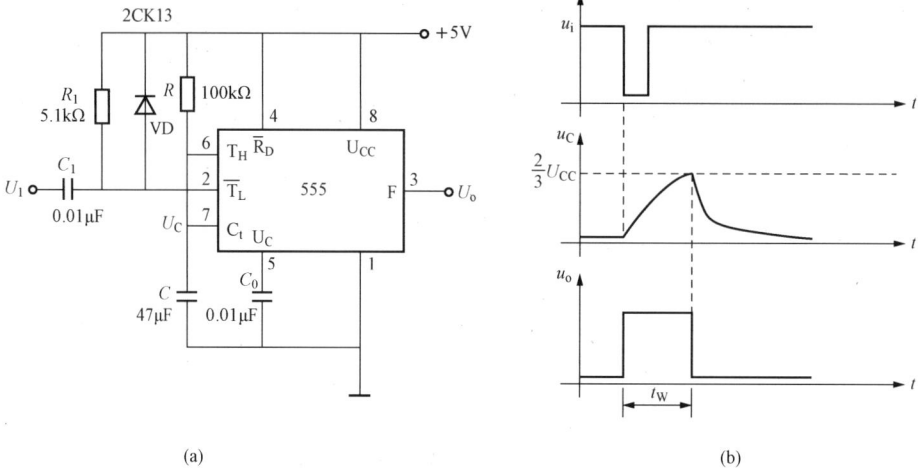

图 3-45 单稳态触发器

(a) 电路图；(b) 波形图

$$t_W = 1.1RC$$

可见，通过改变 R、C 的大小，可使延时时间在几微秒到几十分钟之间变化。将这种单稳态电路作为计时器，可直接驱动小型继电器，并且可以使用复位端（引脚 4）接地方法中止暂态，重新计时。另外还需用一个续流二极管与继电器线圈并联，以防止继电器线圈反电动势损坏内部的功率晶体管。

（2）构成多谐振荡器。如图 3-46（a）所示，由 555 定时器和外接元件 R_1、R_2、C 构成多谐振荡器，引脚 2 与引脚 6 直接相连。电路没有稳态，仅存在两个暂稳态，电路不需要外加触发信号，利用电源通过 R_1、R_2 向 C 充电，以及 C 通过 R_2 向放电端 C_t 放电，使电路产生振荡。电容 C 在 $\frac{1}{3}U_{CC} \sim \frac{2}{3}U_{CC}$ 充、放电，其波形如图 3-46（b）所示。输出信号的时间参数为

$$T = t_{W1} + t_{W2}$$
$$t_{W1} = 0.7(R_1 + R_2)C$$
$$t_{W2} = 0.7R_2C$$

555 电路要求 R_1 与 R_2 均应大于等于 1kΩ，且 R_1+R_2 应小于等于 3.3MΩ。

外部元件的稳定性决定了多谐振荡器的稳定性，555 定时器配以少量的元件即可获得较高准确度的振荡频率和具有较强的功率输出能力。因此这种形式的多谐振荡器应用很广泛。

（3）组成占空比可调的多谐振荡器。如图 3-47 所示，与图 3-46 所示多谐振荡器电路相比增加了一个电位器和两个导引二极管 VD1、VD2。VD1、VD2 用来决定电容充、放电电流流经电阻的途径（充电时 VD1 导通，VD2 截止；放电时 VD2 导通，VD1 截止）。占空比为

$$P = \frac{t_{W1}}{t_{W1} + t_{W2}} \approx \frac{0.7R_AC}{0.7C(R_A + R_B)} = \frac{R_A}{R_A + R_B}$$

可见，若取 $R_A = R_B$，电路即可输出占空比为 50% 的方波信号。

（4）组成占空比连续可调且振荡频率可调的多谐振荡器。如图 3-48 所示。对 C_1 充电

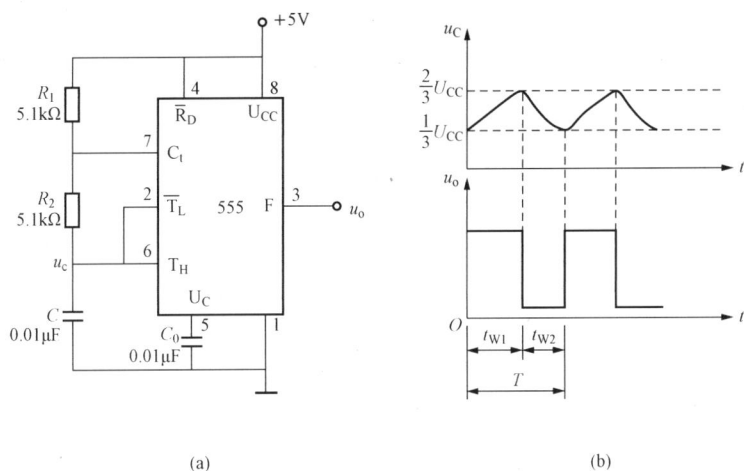

图 3-46　多谐振荡器
(a) 电路图；(b) 波形图

时，充电电流通过 R_1、VD1、R_{P2} 和 R_{P1}，C_1 放电时，放电电流流过 R_{P1}、R_{P2}、VD2、R_2。当 $R_1=R_2$，R_{P2} 调至中心点，因充、放电时间基本相等，其占空比约为 50%，此时调节 R_{P1}，仅改变频率，占空比不变；若 R_{P2} 调至偏离中心点，再调节 R_{P1}，不仅振荡频率改变，而且对占空比也会有影响。R_{P1} 不变，调节 R_{P2}，仅改变占空比，对频率无影响。因此，当接通电源后，应首先调节 R_{P1} 使频率至规定值，再调节 R_{P2}，以获得需要的占空比，若频率调节的范围比较大，还可以通过波段开关改变 C_1 的值。

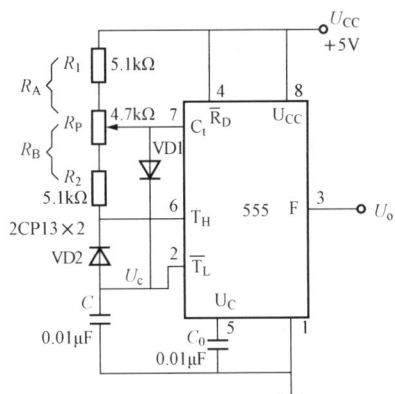

图 3-47　占空比可调的多谐振荡器

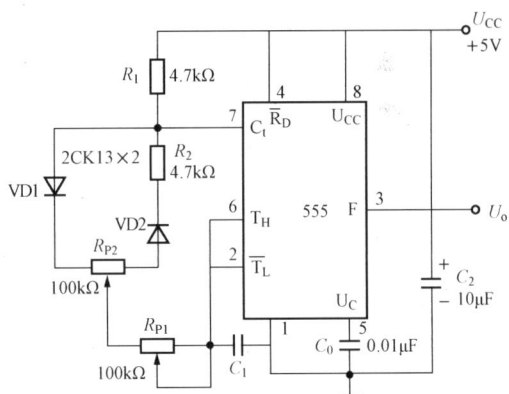

图 3-48　占空比与频率均可调的多谐振荡器

(5) 组成施密特触发器。如图 3-49 所示，只要将引脚 2、6 连在一起作为信号输入端，即可得到施密特触发器。图 3-50 所示为 u_s、u_i 和 u_o 的波形图。

设被整形变换的电压为正弦波 u_s，其正半波通过二极管 VD 同时加到 555 定时器的引脚 2、6，得到 u_i 为半波整流波形。当 u_i 上升到 $\frac{2}{3}U_{CC}$ 时，u_o 从高电平反转为低电平；当 u_i 下降到 $\frac{1}{3}U_{CC}$ 时，u_o 又从低电平反转为高电平。电路的电压传输特性曲线如图 3-51 所示。

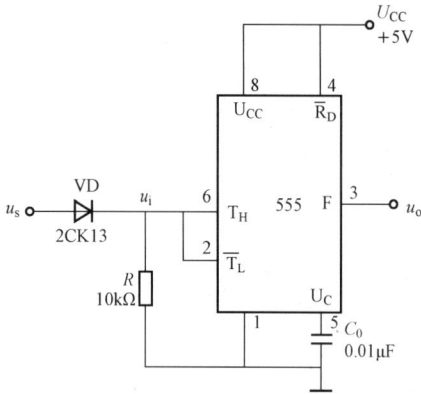

图 3-49 施密特触发器

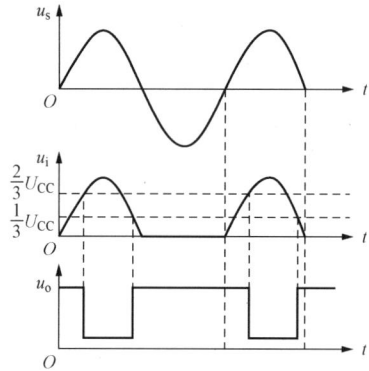

图 3-50 施密特触发器波形图

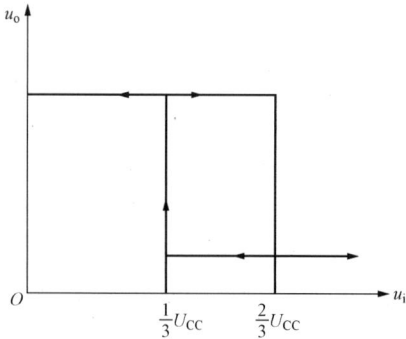

图 3-51 施密特触发器电压传输
特性曲线

回差电压为

$$\Delta U = \frac{2}{3}U_{CC} - \frac{1}{3}U_{CC} = \frac{1}{3}U_{CC}$$

三、实验内容

1. 单稳态触发器

（1）按图 3-45 连线，取 $R=100\text{k}\Omega$，$C=47\mu\text{F}$，输入信号 u_i 由单次脉冲源提供，用双踪示波器观察 u_i、u_c、u_o 的波形，测定波形幅值与暂稳时间。

（2）取 $R=1\text{k}\Omega$，$C=0.1\mu\text{F}$，输入信号为 1kHz 的连续脉冲，观察波形 u_i、u_c、u_o 的波形，测定波形幅值与暂稳时间。

2. 多谐振荡器

（1）按图 3-46 接线，用双踪示波器观察 u_c 和 u_o 的波形，测定频率。

（2）按图 3-47 接线，组成占空比为 50％的方波信号发生器。观察 u_c，u_o 波形，测定波形参数。

（3）按图 3-48 接线，通过调节 R_{P1} 和 R_{P2} 来观察输出波形。

3. 施密特触发器

按图 3-49 接线，输入信号由音频信号源提供，预先调节 u_s 的频率为 1kHz，接通电源，逐渐加大 u_s 的幅值，观察输出波形，绘制电压传输特性曲线，计算回差电压 ΔU。

4. 模拟声响电路（选做）

按图 3-52 接线，组成两个多谐振荡器，调节定时元件，使 I 输出较低频率，II 输出较高频率，接通电源，试听音响效果。调换外接阻容元件，再试听音响效果。

四、实验预习要求

（1）复习教材有关 555 定时器的内容。

（2）拟定实验中所需的数据、表格等。

（3）如何用示波器测定施密特触发器的电压传输特性曲线？

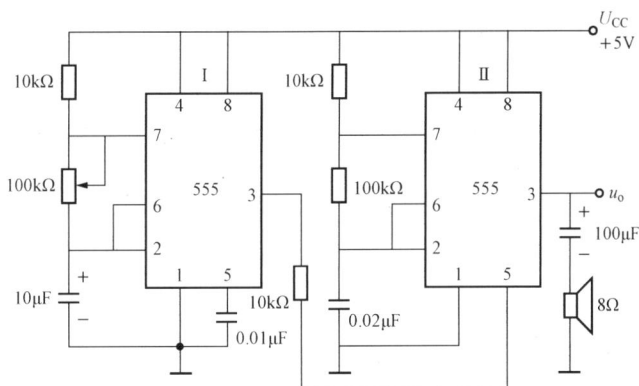

图 3-52　模拟声响电路

（4）拟定各次实验的步骤和方法。

五、实验报告

（1）绘制实验线路图，定量绘制观察到的波形。

（2）分析、总结实验结果。

实验九　使用门电路产生脉冲信号

一、实验目的

（1）掌握使用门电路构成脉冲信号产生电路的基本方法。

（2）掌握影响输出脉冲波形参数的定时元件值的计算方法。

（3）学习石英晶体稳频原理和使用石英晶体构成振荡器的方法。

二、实验原理

与非门作为一个开关倒相器件，可用于构成各种脉冲波形的产生电路。电路的基本工作原理是利用电容充、放电，当输入电压达到与非门的阈值电压 U_T 时，门的输出状态即发生变化。因此，电路输出的脉冲波形参数直接取决于电路中阻容元件的值。

1. 非对称型多谐振荡器

如图 3-53 所示，非门 3 用于输出波形整形。非对称型多谐振荡器的输出波形不对称，当用 TTL 与非门组成时，输出脉冲宽度为

$$t_{w1}=RC, \qquad t_{w2}=1.2RC, \qquad T=2.2RC$$

调节 R 和 C，可改变输出信号的振荡频率。通常用改变 C 实现输出频率的粗调，改变电位器 R 实现输出频率的细调。

2. 对称型多谐振荡器

如图 3-54 所示，由于电路完全对称，电容器的充、放电时间参数相同，故输出为对称的方波。改变 R、C，可以改变输出振荡频率。非门 3 用于输出波形整形。

一般取 $R \leqslant 1\text{k}\Omega$，当 $R=1\text{k}\Omega$，$C=100\text{pF} \sim 100\mu\text{F}$ 时，$f=n\text{Hz} \sim n\text{MHz}$，脉冲宽度 $t_{w1}=t_{w2}=0.7RC$，$T=1.4RC$。

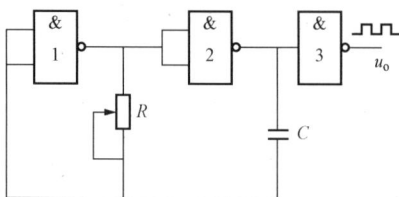

图 3-53 非对称型多谐振荡器

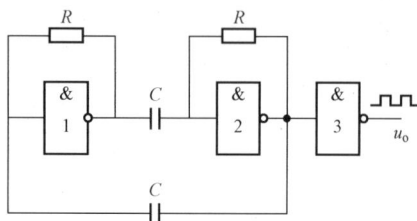

图 3-54 对称型多谐振荡器

3. 带 RC 电路的环形振荡器

如图 3-55 所示。非门 4 用于输出波形整形，R 为限流电阻，一般取 100Ω，电位器 R_P 要求 $\leqslant 1k\Omega$。利用电容 C 的充、放电过程，控制 D 点电压 U_D，从而控制与非门的自动启闭，形成多谐振荡。电容 C 的充电时间 t_{W1}、放电时间 t_{W2} 和总的振荡周期 T 分别为

$$t_{W1} \approx 0.94RC, \quad t_{W2} \approx 1.26RC, \quad T \approx 2.2RC$$

调节 R、C 的大小可改变电路的输出振荡频率。

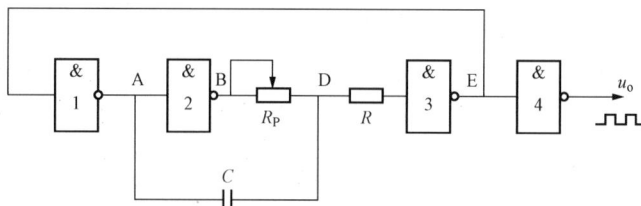

图 3-55 带有 RC 电路的环形振荡器

上述电路的状态转换都发生在与非门输入电平达到门的阈值电平 U_T 的时刻。在 U_T 附近电容的充放电速度已经缓慢，而且 U_T 本身也不够稳定，易受温度、电源电压变化以及干扰等因素的影响。因此，电路输出频率的稳定性较差。

4. 石英晶体稳频的多谐振荡器

当要求多谐振荡器的工作频率稳定性很高时，上述几种多谐振荡器的准确度已不能满足要求。为此常用石英晶体作为信号频率的基准。石英晶体与门电路构成的多谐振荡器常用来为微型计算机等提供时钟信号。

图 3-56 所示为常用的晶体稳频多谐振荡器。图 3-56（a）、（b）所示为 TTL 器件组成的晶体振荡电路，图 3-56（c）、（d）所示为 CMOS 器件组成的晶体振荡电路，一般用于电子表中。

图 3-56（c）中，门 1 用于振荡；门 2 用于缓冲整形；R_f 为反馈电阻，通常取值为几十兆欧姆，一般取 $22M\Omega$；R 起稳定振荡作用，通常取值为十至几百千欧姆；C_1 为频率微调电容；C_2 用于温度特性校正。

三、实验内容

（1）用与非门 74LS00 按图 3-53 构成多谐振荡器，其中 R 为 $10k\Omega$ 电位器，C 为 $0.01\mu F$。

1）用示波器观察输出波形及电容 C 两端的电压波形，列表记录测试结果。

2）调节电位器，观察输出波形的变化，测量上、下限频率。

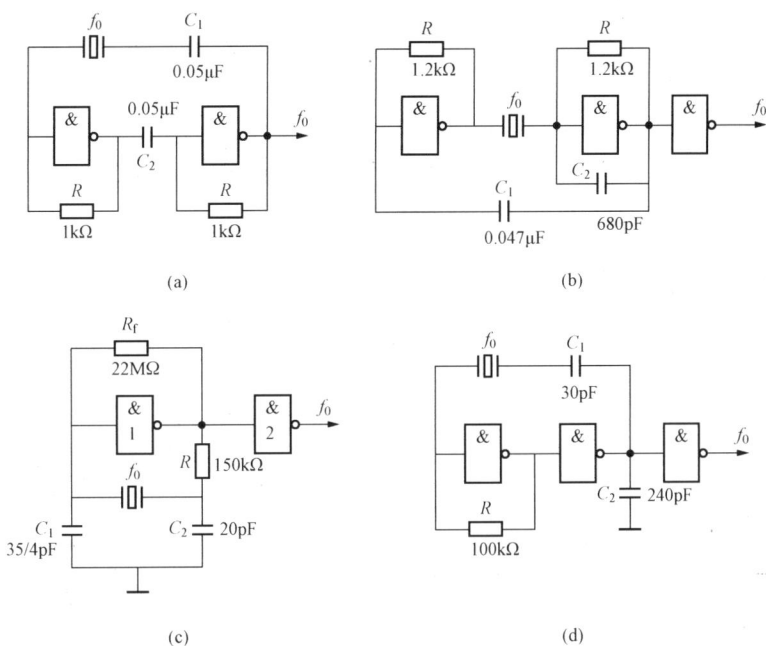

图 3-56　常用的晶体振荡器电路

(a) f_0＝几兆赫兹至几十兆赫兹；(b) f_0＝100kHz（5kHz～30MHz）；

(c) f_0＝32 768Hz；(d) f_0＝32 768Hz

3）用一只 100μF 电容跨接在 74LS00 引脚 14 与 7 的最近处。观察输出波形的变化及电源上纹波信号的变化，记录测量结果。

（2）用与非门 74LS00 按图 3-54 接线，取 R＝1kΩ，C＝0.047μF，用示波器观察输出波形，记录测量结果。

（3）用与非门 74LS00 按图 3-55 接线，其中，定时电阻 R_P 用一个 510Ω 与一个 1kΩ 的电位器串联，取 R＝100Ω，C＝0.1μF。

1）R_P 调到最大时，观察并记录 A、B、D、E 及 u_o 各点电压的波形，测量 u_o 的周期 T 和负脉冲宽度（电容 C 的充电时间），并与理论计算值比较。

2）改变 R_P 的值，观察输出信号 u_o 波形的变化情况。

（4）按图 3-56（c）接线，晶体振荡频率选择电子表晶体振荡频率 32 768Hz，与非门选用 CC4011，用示波器观察输出波形，用频率计测量输出信号频率，记录测量结果。

四、实验预习要求

（1）复习教材自励多谐振荡器的工作原理。

（2）画出实验线路图。

（3）自拟记录实验数据的表格等。

五、实验报告

（1）画出实验电路，整理实验数据并与理论值进行比较。

（2）用方格纸画出实验观察到的工作波形图，对实验结果进行分析。

实验十　D-A、A-D转换器

一、实验目的

(1) 了解 D-A 和 A-D 转换器的基本工作原理和基本结构。

(2) 掌握大规模集成 D-A 和 A-D 转换器的功能及其典型应用。

二、实验原理

在数字电子技术的很多应用场合，往往需要将模拟量转换为数字量，称为模-数转换器（A-D 转换器，简称 ADC）；或将数字量转换成模拟量，称为数-模转换器（D-A 转换器，简称 DAC）。完成这种转换的线路有多种，特别是单片大规模集成 A-D、D-A 转换器的问世，为实现上述数-模、模-数转换提供了极大的方便。使用者借助器件手册提供的器件性能指标及典型应用电路，即可正确使用这些器件。本实验将使用大规模集成电路 DAC0832 实现 D-A 转换，以及 ADC809 实现 A-D 转换。

1. D-A 转换器 DAC0832

DAC0832 是采用 CMOS 工艺制成的单片电流输出型 8 位数—模转换器。图 3-57 所示为 DAC0832 的逻辑框图及引脚排列。

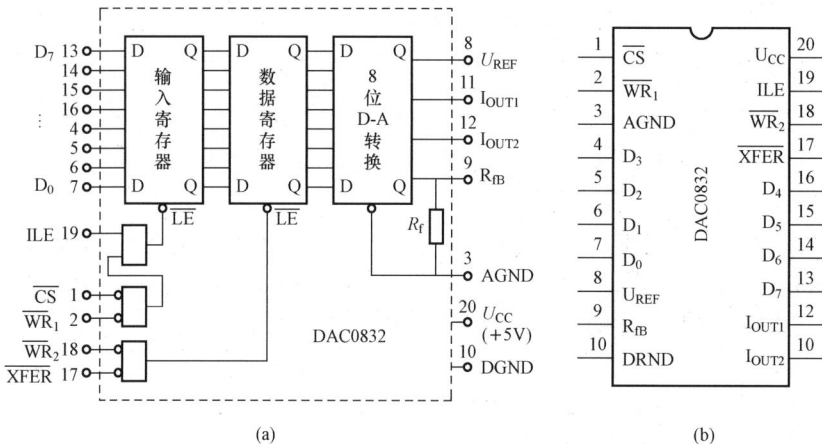

图 3-57　DAC0832 D-A 转换器逻辑框图和引脚排列

(a) 逻辑框图；(b) 引脚排列

DAC0832 的核心部分是采用倒 T 形电阻网络的 8 位 D-A 转换器，如图 3-58 所示，该电路由倒 T 形 R-2R 电阻网络、模拟开关、运算放大器和参考电压 U_{REF} 四部分组成。

运算放大器 A 的输出电压为

$$U_o = \frac{U_{REF}R_f}{2^nR}(D_{n-1} \times 2^{n-1} + D_{n-2} \times 2^{n-2} + \cdots + D_0 \times 2^0)$$

由上式可见，输出电压 U_o 与输入的数字量成正比，这就实现了从数字量到模拟量的转换。

一个 8 位的 D-A 转换器有 8 个输入端，每个输入端是 8 位二进制数的其中 1 位，有一个模拟输出端，输入可有 $2^8 = 256$ 个不同的二进制组态，输出电压为 256 个电压之一，即输

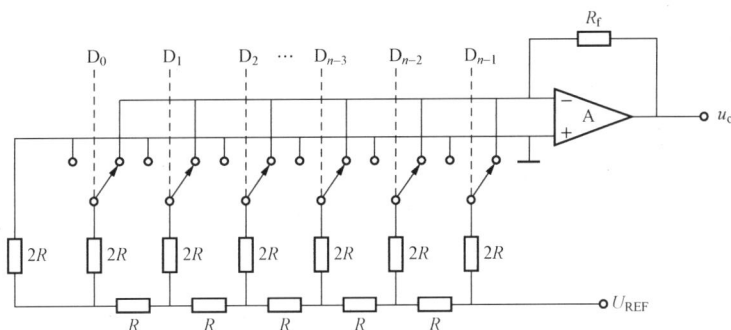

图 3-58 倒 T 形电阻网络的 8 位 D-A 转换器电路

出电压不是整个电压范围内的任意值，而只能是 256 个可能值之一。

DAC0832 的引脚功能说明如下：$D_0 \sim D_7$：数字信号输入端；ILE：输入寄存器允许，高电平有效；$\overline{CS}$：片选信号，低电平有效；$\overline{WR_1}$：写信号 1，低电平有效；$\overline{XFER}$：传送控制信号，低电平有效；$\overline{WR_2}$：写信号 2，低电平有效；I_{OUT1}、I_{OUT2}：DAC 电流输出端；R_{fB}：反馈电阻，是集成在片内的外接运放的反馈电阻；U_{REF}：基准电压（$-10 \sim +10$V）；U_{CC}：电源电压（$+5 \sim +15$V）；AGND：模拟地；NGND：数字地；AGND 与 NGND 连接在一起使用。

DAC0832 输出的是电流，要转换为电压，还必须经过一个外接的运算放大器，实验线路如图 3-59 所示。

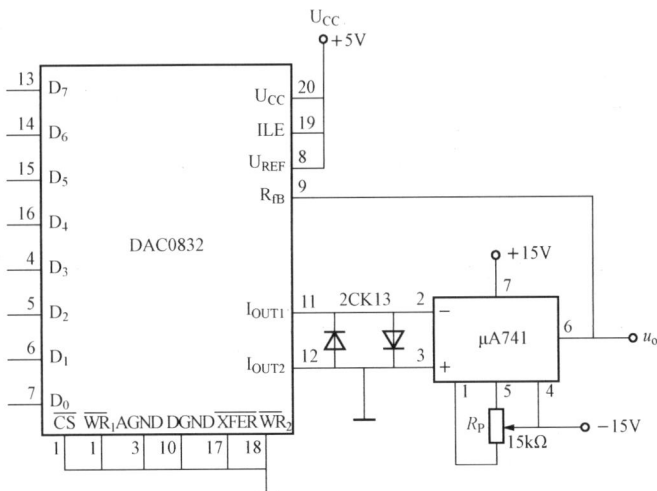

图 3-59 DAC0832 D-A 转换器实验线路

2. A-D 转换器 ADC0809

ADC0809 是采用 CMOS 工艺制成的单片 8 位 8 通道逐次渐近型模-数转换器，其逻辑框图及引脚排列如图 3-60 所示。

ADC0809 的核心部分是 8 位 A-D 转换器，由比较器、逐次逼近寄存器、D-A 转换器及控制和定时五部分组成。

ADC0809 的引脚功能说明如下：$IN_0 \sim IN_7$：8 路模拟信号输入端；A_2、A_1、A_0：地址

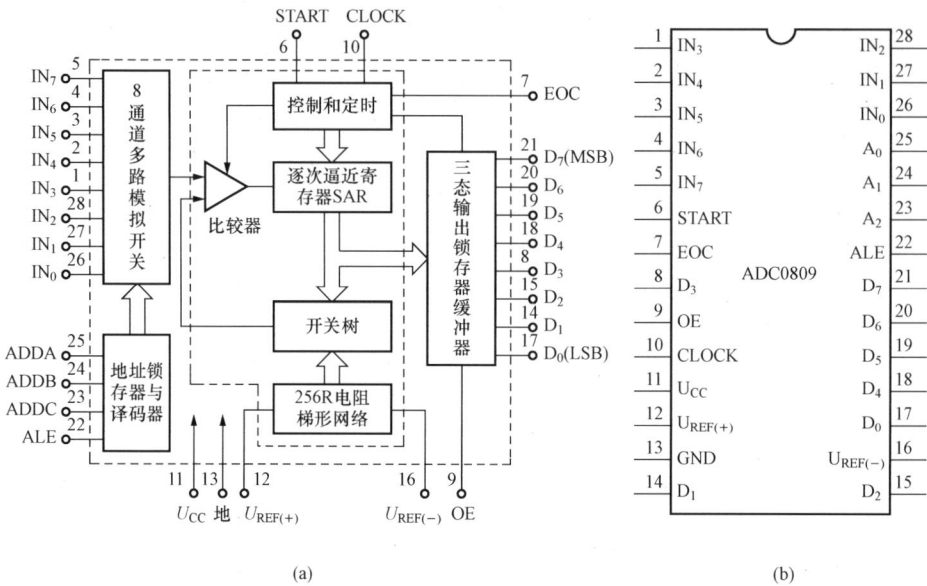

图 3 - 60　ADC0809 A - D 转换器逻辑框图及引脚排列
(a) 逻辑框图；(b) 引脚排列

输入端；ALE：地址锁存允许输入信号，在该引脚施加正脉冲，上升沿有效，此时锁存地址码，选通相应的模拟信号通道，以便进行 A - D 转换；START：启动信号输入端，在该引脚施加正脉冲，上升沿到达时，内部逐次逼近寄存器复位，下降沿到达后，开始 A - D 转换过程；EOC：转换结束输出信号（转换结束标志），高电平有效；OE：输入允许信号，高电平有效；CLOCK（CP）：时钟信号输入端，外接时钟频率一般为 640kHz；U_{CC}：+5V 单电源供电；$U_{REF(+)}$、$U_{REF(-)}$：基准电压的正、负极，一般 $U_{REF(+)}$ 接 +5V 电源，$U_{REF(-)}$ 接地；$D_7 \sim D_0$：数字信号输出端。

（1）模拟信号输入通道选择。8 路模拟开关由 A_2、A_1、A_0 3 地址输入端选通 8 路模拟信号中的任何一路进行 A - D 转换，地址译码与模拟输入通道的选通关系见表 3 - 32。

表 3 - 32　　　　　　　　　　地址译码与模拟输入通道的选通关系

被选模拟通道		IN_0	IN_1	IN_2	IN_3	IN_4	IN_5	IN_6	IN_7
地址	A_2	0	0	0	0	1	1	1	1
	A_1	0	0	1	1	0	0	1	1
	A_0	0	1	0	1	0	1	0	1

（2）D - A 转换过程。在启动端（START）加启动脉冲（正脉冲），D - A 转换即开始。若将启动端（START）与转换结束端（EOC）直接相连，转换将是连续的，采用该转换方式时，开始时应外加启动脉冲。

三、实验内容

1. D - A 转换器 DAC0832

（1）按图 3 - 59 接线，电路接成直通方式，即 $\overline{CS}$、$\overline{WR_1}$、$\overline{WR_2}$、$\overline{XFER}$ 接地；ILE、

U_{CC}、U_{REF}接＋5V电源；运算放大器电源接±15V；$D_0 \sim D_7$接逻辑开关输出插口，输出端u_o接直流数字电压表。

（2）调零。$D_0 \sim D_7$全部置零，调节运算放大器的电位器使$\mu A741$输出为零。

（3）按表3-33所列输入数字信号，用数字电压表测量运算放大器的输出电压u_o，测量结果填入表中，并与理论值进行比较。

表 3-33　　　　　　　　　DAC0832 D-A 转换器输出 u_o 的测量值

输入数字量								输出模拟量 u_o/V
D_7	D_6	D_5	D_4	D_3	D_2	D_1	D_0	$U_{CC}=+5V$
0	0	0	0	0	0	0	0	
0	0	0	0	0	0	0	1	
0	0	0	0	0	0	1	0	
0	0	0	0	0	1	0	0	
0	0	0	0	1	0	0	0	
0	0	0	1	0	0	0	0	
0	0	1	0	0	0	0	0	
0	1	0	0	0	0	0	0	
1	0	0	0	0	0	0	0	
1	1	1	1	1	1	1	1	

2. A-D 转换器 ADC0809

按图 3-61 接线。

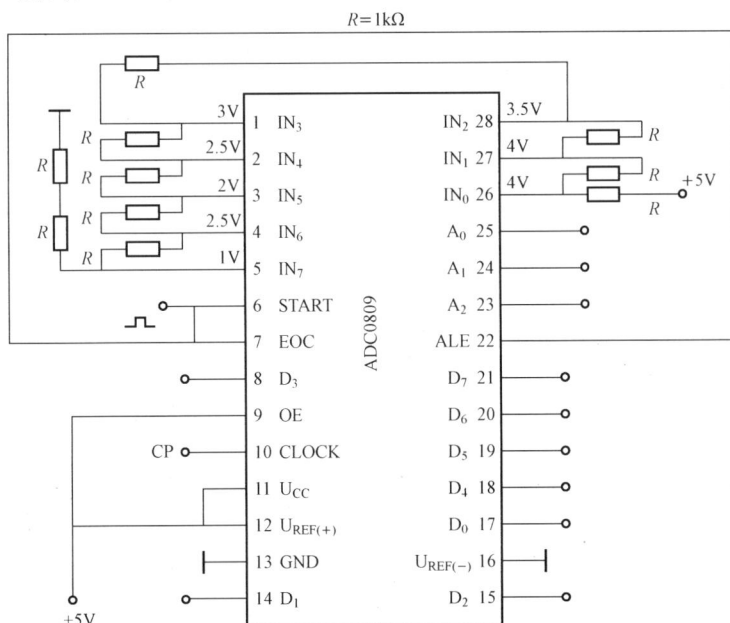

图 3-61　ADC0809 A-D 转换器实验线路

（1）8 路输入模拟信号 1～4.5V，由＋5V 电源经电阻 R 分压组成；变换结果 D_0～D_7 接逻辑电平显示器输入插口，CP 时钟脉冲由计数脉冲源提供，取 $f=100\text{kHz}$；A_0～A_2 地址端接逻辑电平显示器输出插口。

（2）接通电源后，在启动端（START）加一正单次脉冲，下降沿一到即开始 A‑D 转换。

（3）按表 3‑34 要求观察、记录 IN_0～IN_7 8 路模拟信号的转换结果，将转换结果换算成十进制数表示的电压值，与数字电压表实测的各路输入电压值进行比较，分析误差原因。

表 3‑34　　　　ADC0809 A‑D 转换器输出测量值

被选模拟通道	输入模拟量	地　址			输出数字量								
IN	U_i/V	A_2	A_1	A_0	D_7	D_6	D_5	D_4	D_3	D_2	D_1	D_0	十进制
IN_0	4.5	0	0	0									
IN_1	4.0	0	0	0									
IN_2	3.5	0	1	0									
IN_3	3.0	0	1	1									
IN_4	2.5	1	0	0									
IN_5	2.0	1	0	1									
IN_6	1.5	1	1	0									
IN_7	1.0	1	1	1									

四、实验预习要求

（1）复习教材 A‑D、D‑A 转换器的工作原理。
（2）熟悉 ADC0809、DAC0832 各引脚功能及其使用方法。
（3）绘制完整的实验线路，自拟所需的实验记录表格。
（4）拟订各个实验内容的具体实验方案。

五、实验报告

整理实验数据，分析实验结果。

实验十一　智力竞赛抢答装置

一、实验目的

（1）学习数字电路中 D 触发器、分频电路、多谐振荡器、CP 时钟脉冲源等单元电路的综合应用。
（2）熟悉智力竞赛抢答器的工作原理。
（3）了解简单数字系统实验、调试及故障排除方法。

二、实验原理

图 3‑62 所示为 4 人用智力竞赛抢答装置原理图，用以判断抢答优先权。图中，F1 为四

D 触发器 74LS175，具有公共置零端和公共 CP 端，引脚排列见附录；F2 为双 4 输入与非门 74LS20；F3 为由 74LS00 组成的多谐振荡器；F4 为由 74LS74 组成的四分频电路，F3、F4 组成抢答电路中的 CP 时钟脉冲源，抢答开始时，由主持人清除信号，按下复位开关 S，74LS175 的输出 $Q_1 \sim Q_4$ 全为 0，所有发光二极管均熄灭，当主持人宣布"抢答开始"后，首先做出判断的参赛者立即按下开关，对应的发光二极管点亮，同时，通过与非门 F2 送出信号锁住其余 3 个抢答者的电路，不再接受其他信号，直到主持人再次清除信号为止。

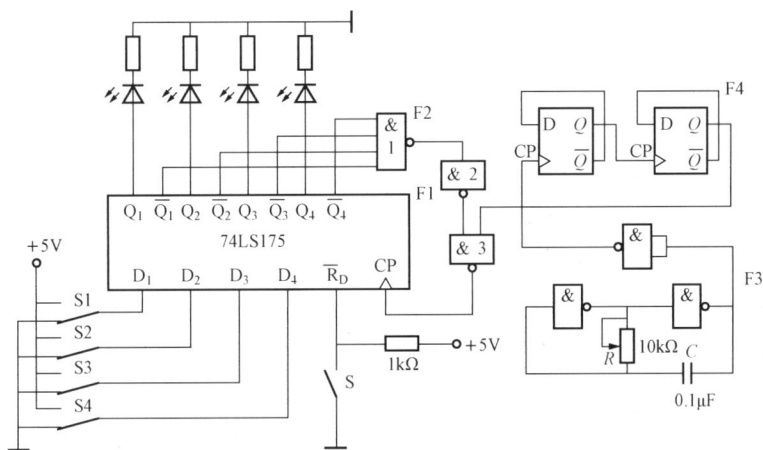

图 3-62　智力竞赛抢答装置原理图

实验所需集成块包括 74LS175、74LS20、74LS74、74LS00。

三、实验内容

（1）测试各触发器及各逻辑门的逻辑功能。

（2）按图 3-62 接线，抢答器 5 个开关接实验装置上的逻辑开关，发光二极管接逻辑电平显示器。

（3）断开抢答器电路中的 CP 脉冲源电路，单独对多谐振荡器 F3 及分频器 F4 进行调试，调整多谐振荡器 10kΩ 电位器，使其输出脉冲频率约为 4kHz，观察 F3、F4 输出波形并测试其频率。

（4）测试抢答器电路功能。接通 +5V 电源，CP 端接实验装置上的连续脉冲源，取重复频率约 1kHz。

1）抢答开始前，开关 S1、S2、S3、S4 均置"0"，准备抢答，将开关 S 置"0"，发光二极管全熄灭，再将 S 置"1"。抢答开始，S1、S2、S3、S4 某一开关置"1"，观察发光二极管的亮、灭情况，然后将其他 3 个开关中任一开关置"1"，观察发光二极管的亮、灭有无改变。

2）重复实验内容 1），改变 S1、S2、S3、S4 任一个开关状态，观察抢答器的工作情况。

3）整体测试。断开实验装置上的连续脉冲源，接入 F3 及 F4，再进行实验。

四、实验预习要求

若在图 3-62 电路中加一个计时功能，要求计时电路显示时间精确到秒，最多限制为 2min，一旦超出限时，则取消抢答权，电路该如何改进？

五、实验报告
（1）分析智力竞赛抢答装置各部分功能及工作原理。
（2）总结数字电路系统的设计、调试方法。
（3）分析实验中出现的故障及解决办法。

实验十二 电子秒表

一、实验目的
（1）学习数字电路中基本 RS 触发器、单稳态触发器、时钟发生器及计数、译码显示器等单元电路的综合应用。
（2）学习电子秒表的调试方法。

二、实验原理
图 3-63 所示为电子秒表的原理图，按功能分成 4 个单元电路进行分析。

1. 基本 RS 触发器

图 3-63 中单元 I 为用集成与非门构成的基本 RS 触发器，属低电平直接触发的触发器，有直接置位、复位功能。其一路输出 $\overline{Q}$ 作为单稳态触发器的输入，另一路输出 Q 作为与非门 5 的输入控制信号。按动按钮 S2（接地），则门 1 输出 $\overline{Q}=1$，门 2 输出 $Q=0$，S2 复位后 Q、$\overline{Q}$ 状态保持不变。再按动按钮 S1，则 Q 由 0 变为 1，门 5 开启，为计数器启动做好准备。$\overline{Q}$ 由 1 变 0，送出负脉冲，启动单稳态触发器。

基本 RS 触发器在电子秒表中的职能是启动和停止秒表的工作。

2. 单稳态触发器

图 3-63 中单元 II 为用集成与非门构成的微分型单稳态触发器，图 3-64 所示为其各点波形图。单稳态触发器的输入触发负脉冲信号 u_i 由基本 RS 触发器 $\overline{Q}$ 端提供，输出负脉冲 u_o 通过非门加到计数器的清除端 R。

静态时，门 4 应处于截止状态，故电阻 R 必须小于门的关门电阻 R_{off}。定时元件 R、C 取值不同，输出脉冲宽度也不同。当触发脉冲宽度小于输出脉冲宽度时，可以省去输入微分电路中的 R_P 和 C_P。

单稳态触发器在电子秒表中的职能是为计数器提供清零信号。

3. 时钟发生器

图 3-63 中单元 III 为用 555 定时器构成的多谐振荡器，是一种性能较好的时钟源。调节电位器 R_P，使在输出端 3 获得频率为 50Hz 的矩形波信号，当基本 RS 触发器 Q=1 时，门 5 开启，此时 50Hz 脉冲信号通过 5 作为计数脉冲加于计数器 74LS90（1）的计数输入端 CP 上。

4. 计数及译码显示

图 3-63 中单元 IV 为由 74LS90 二—五—十进制加法计数器构成的电子秒表计数单元。其中，计数器 74LS90（1）接成五进制形式，对频率为 50Hz 的时钟脉冲进行五分频，在输出端 Q_D 取得周期为 0.1s 的矩形脉冲后，可作为计数器 74LS90（2）的时钟输入。计数器 74LS90（2）及计数器 74LS90（3）接成 8421 码十进制形式，其输出端与实验装置上的译码显示单元的相应输入端连接，可显示 0.1～0.9s、1～9s 计时。

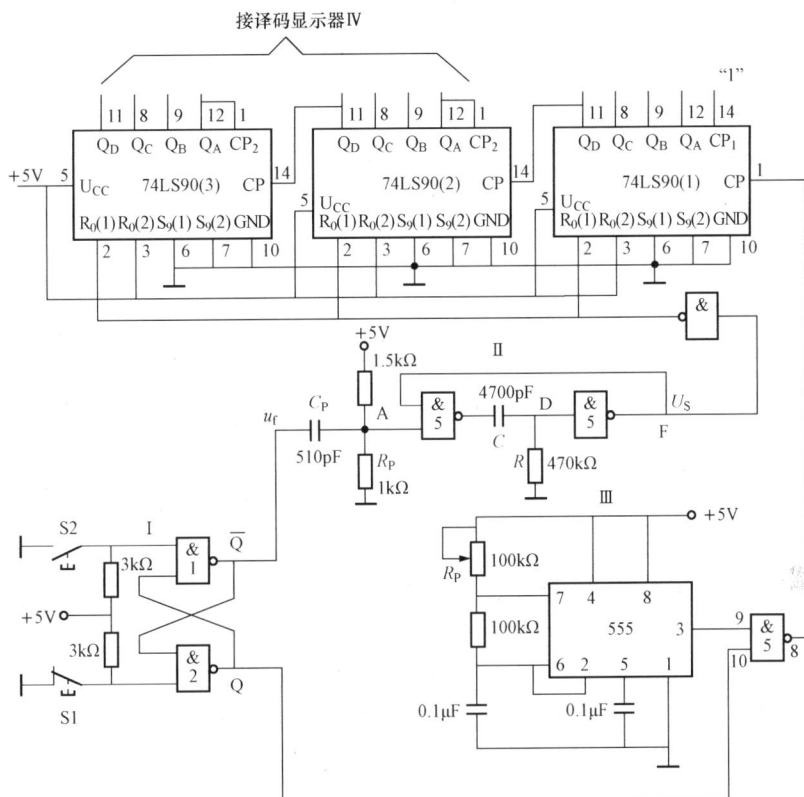

图 3 - 63　电子秒表原理图

74LS90 异步二—五—十进制加法计数器，既可以作为二进制加法计数器，也可以作为五进制和十进制加法计数器。其引脚排列如图 3 - 65 所示，功能表见表 3 - 35。

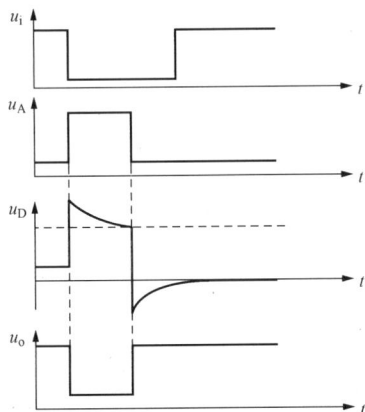

图 3 - 64　单稳态触发器波形图

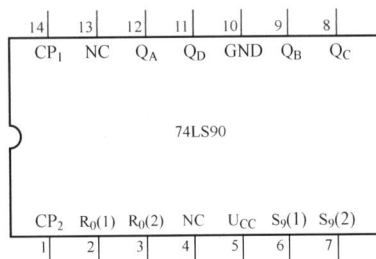

图 3 - 65　74LS90 引脚排列

表 3 - 35　　　　　　　　　　　　　**74LS90 功 能 表**

输　　　入			输出	功能
清零	置 9	时钟	$Q_D Q_C Q_B Q_A$	
$R_0(1)$　$R_0(2)$	$S_9(1)$　$S_9(2)$	CP_1　CP_2		
1　　1	0　　× ×　　0	×　　×	0 0 0 0	清零
0　　× ×　　0	1　　1	×　　×	1 0 0 1	置 9
0　　× ×　　0	0　　× ×　　0	↓　　1	Q_A 输出	二进制计数
		1　　↓	$Q_D Q_C Q_B$ 输出	五进制计数
		↓　　Q_A	$Q_D Q_C Q_B Q_A$ 输出 8421BCD 码	十进制计数
		Q_D　　↓	$Q_A Q_D Q_C Q_B$ 输出 5421BCD 码	十进制计数
		1　　1	不变	保持

　　通过不同的连接方式，74LS90 可以实现四种不同的逻辑功能，而且还可借助 $R_0(1)$、$R_0(2)$ 对计数器清零，借助 $S_9(1)$、$S_9(2)$ 将计数器置 9。其具体功能详述如下：

　　(1) 计数脉冲从 CP_1 输入，Q_A 作为输出端，为二进制计数器。

　　(2) 计数脉冲从 CP_2 输入，$Q_D Q_C Q_B$ 作为输出端，为异步五进制加法计数器。

　　(3) 若将 CP_2 和 Q_A 相连，计数脉冲由 CP_1 输入，Q_D、Q_C、Q_B、Q_A 作为输出端，则构成异步 8421 码十进制加法计数器。

　　(4) 若将 CP_1 与 Q_D 相连，计数脉冲由 CP_2 输入，Q_A、Q_D、Q_C、Q_B 作为输出端，则构成异步 5421 码十进制加法计数器。

　　(5) 清零、置 9 功能。

　　1) 异步清零。当 $R_0(1)$、$R_0(2)$ 均为 "1"，$S_9(1)$、$S_9(2)$ 中有 "0" 时，实现异步清零功能，即 $Q_D Q_C Q_B Q_A = 0000$。

　　2) 置 9 功能。当 $S_9(1)$、$S_9(2)$ 均为 "1"，$R_0(1)$、$R_0(2)$ 中有 "0" 时，实现置 9 功能，即 $Q_D Q_C Q_B Q_A = 1001$。

三、实验内容

　　由于实验电路中使用器件较多，实验前必须合理安排各器件在实验装置上的位置，使电路逻辑清楚，接线较短。

　　实验时，应按照实验任务的次序，将各单元电路逐个进行接线和调试，即分别测试基本 RS 触发器、单稳态触发器、时钟发生器及计数器的逻辑功能，待各单元电路工作正常后，再将有关电路逐级连接进行测试，直到测试完电子秒表的整个电路功能。上述测试方法有利于检查和排除故障，保证实验顺利进行。

　　本实验所需集成块包括 74LS00×2、555×1、74LS90×3。

1. 基本 RS 触发器的测试

测试方法参考实验五。

2. 单稳态触发器的测试

（1）静态测试。用直流数字电压表测量 A、B、D、F 各点电位，记录测量结果。

（2）动态测试。输入端接 1kHz 连续脉冲源，用示波器观察并绘制 D 点（u_D）和 F 点（u_o）波形，若单稳输出脉冲持续时间太短，难以观察，可适当加大微分电容 C（如改为 0.1μF），待测试完毕，再恢复为 4700pF。

3. 时钟发生器的测试

用示波器观察输出电压波形并测量其频率，调节 R_P，使输出矩形波频率为 50Hz。

4. 计数器的测试

（1）计数器 74LS90（1）接成五进制形式，$R_0(1)$、$R_0(2)$、$S_9(1)$、$S_9(2)$ 接逻辑开关输出插口，CP_2 接单次脉冲源，CP_1 接高电平"1"，$Q_D \sim Q_A$ 接实验设备上译码显示输入端 D、C、B、A，按表 3-35 测试其逻辑功能，记录测试结果。

（2）计数器 74LS90（2）及计数器 74LS90（3）接成 8421 码十进制形式，同实验内容（1）进行逻辑功能测试，记录测试结果。

（3）将计数器 74LS90（1）、（2）、（3）级连，进行逻辑功能测试，记录测试结果。

5. 电子秒表的整体测试

各单元电路测试正常后，按图 3-62 连接单元电路，进行电子秒表的总体测试。

先按下按钮 S2，此时电子秒表不工作，再按下按钮 S1，计数器清零后便开始计时，观察数码管显示计数情况是否正常，如不需要计时或暂停计时，按下开关 S2，计时立即停止，数码管保留当前计时值。

6. 电子秒表准确度的测试

利用电子钟或手表的秒计时对电子秒表进行校准。

四、实验预习要求

（1）复习数字电路中 RS 触发器、单稳态触发器、时钟发生器及计数器等内容。

（2）除了本实验所采用的时钟源外，选用另外两种不同类型的时钟源进行实验。画出实验电路图，选取元器件完成实验。

（3）列出电子秒表单元电路的测试表格。

（4）列出调试电子秒表的步骤。

五、实验报告

（1）记录电子秒表整个调试过程。

（2）分析调试中发现的问题及故障排除方法。

实验十三　综合实验（Ⅰ）——数字频率计

一、实验目的

二、实验原理

数字频率计用于测量信号（方波、正弦波或其他脉冲信号）的频率，并用十进制数字显示，具有准确度高，测量迅速，读数方便等优点。

脉冲信号的频率即为单位时间内所产生的脉冲个数，其表达式为 $f=N/T$。其中，f 为被测信号的频率；N 为计数器所累计的脉冲个数；T 为产生 N 个脉冲所需要的时间。计数器所记录的结果，即为被测信号的频率。如在 1s 内记录 1000 个脉冲，则被测信号的频率为 1000Hz。

本实验仅讨论一种简单易制的数字频率计，其原理框图如图 3-66 所示。

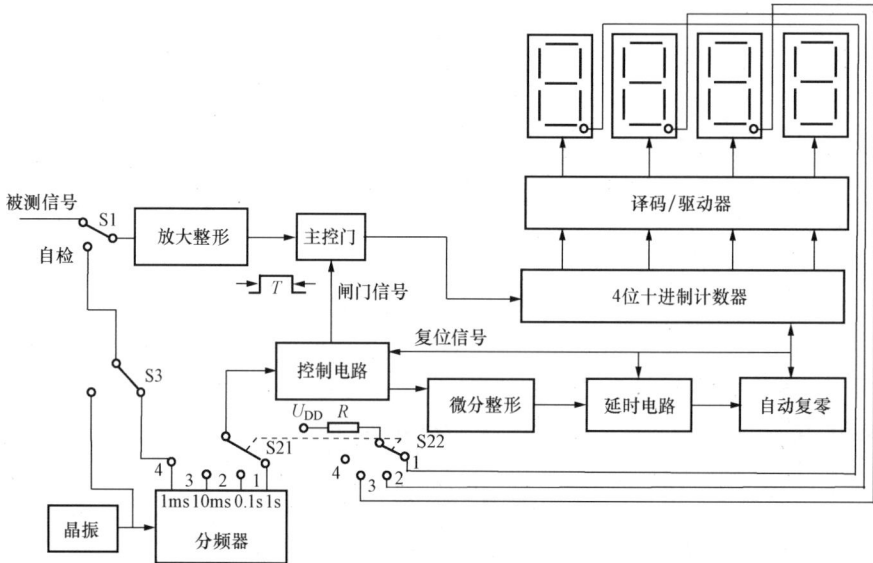

图 3-66　数字频率计原理框图

图 3-66 所示数字频率计工作原理为：晶振产生较高的标准频率，经分频器后可获得各种时基脉冲（1ms、10ms、0.1s、1s 等），时基信号的选择由开关 S2 控制。被测频率的输入信号经放大整形后变成矩形脉冲加至主控门的输入端，若被测信号为方波，放大整形环节可以省略，将被测信号直接加至主控门的输入端。时基信号经控制电路产生闸门信号送至主控门，但只有在闸门信号采样期间内（时基信号的一个周期），输入信号才通过主控门。若时基信号的周期为 T，进入计数器的输入脉冲数为 N，则被测信号的频率 $f=N/T$，改变时基信号的周期 T，即可得到不同的测频范围。当主控门关闭时，计数器停止计数，显示器显示记录结果。此时控制电路输出一个置零信号，经延时、整形电路延时，延时达到所调节的延时时间时，延时电路输出一个复位信号，使计数器和所有的触发器置 0，为下一次取样作好准备，即能锁住一次显示的时间，使其保留到接受新的一次取样为止。

当开关 S2 改变量程时，小数点能自动移位。

若开关 S1、S3 配合使用，可将测试状态转为自检工作状态（即用时基信号本身作为被测信号输入）。

三、有关单元电路的设计及工作原理

1. 控制电路

控制电路与主控门电路如图 3-67 所示。图中，主控电路由双 D 触发器 CC4013 及与非门 CC4011 构成。CC4013（a）的任务是输出闸门控制信号，以控制主控门 2 的开启与关闭。

如果通过开关 S2 选择一个时基信号，当给与非门 1 输入一个时基信号的下降沿时，与非门门 1 输出一个时基信号的上升沿，则 CC4013（a）的 Q_1 端由低电平变为高电平，将主控门 2 开启。允许被测信号通过该主控门并送至计数器输入端进行计数。相隔 1s（或 0.1s、10ms、1ms）后，又给与非门 1 输入一个时基信号的下降沿，与非门 1 输出端又产生一个时基信号的上升沿，使 CC4013（a）的 Q_1 端变为低电平，将主控门关闭，计数器停止计数，同时 $\overline{Q}_1$ 端产生一个时基信号的上升沿，使 CC4013（b）翻转成 $Q_2 = 1$，$\overline{Q}_2 = 0$，由于 $\overline{Q}_2 = 0$，立即封锁与非门 1 不再让时基信号进入 CC4013（a），保证在显示读数时间内 Q_1 端始终保持低电平，使计数器停止计数。

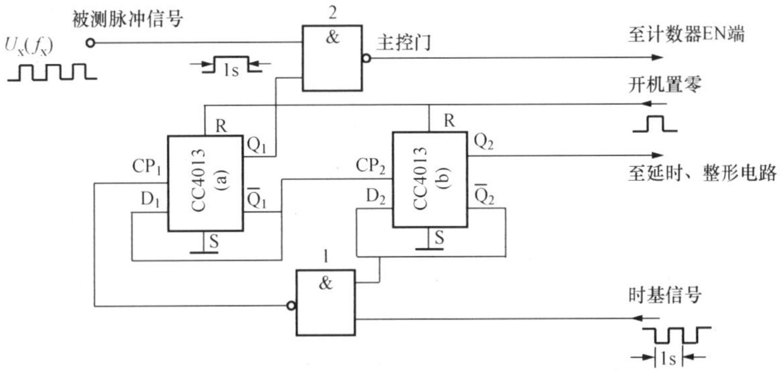

图 3-67 控制电路及主控门电路

利用 Q_2 端的上升沿将时基信号送至下一级延时、整形单元电路。当延时达到所调节的延时时间时，延时电路输出端立即输出一个正脉冲，将计数器和所有 D 触发器全部置零。复位后，$Q_1 = 0$，$\overline{Q}_1 = 1$，为下一次测量作好准备。当时基信号又产生下降沿时，则重复上述过程。

2. 微分、整形电路

微分、整形电路如图 3-68 所示。CC4013（b）的 Q_2 端所产生的时基信号上升沿经微分电路后，送至由与非门 CC4011 组成的施密特整形电路的输入端，在其输出端可得到一个边沿十分陡峭且具有一定脉冲宽度的负脉冲，然后再送至下一级延时电路。

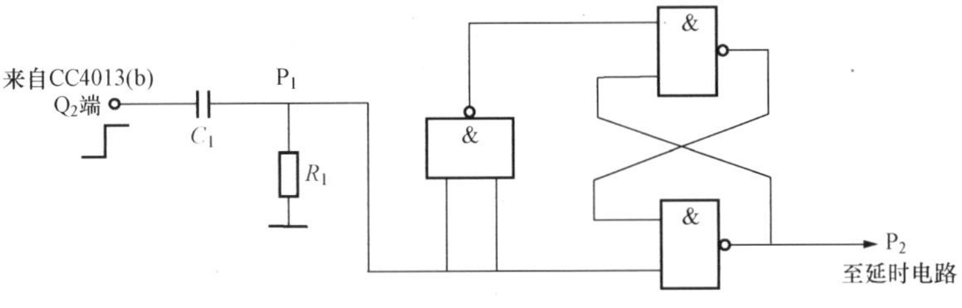

图 3-68 微分、整形电路

3. 延时电路

延时电路由 D 触发器 CC4013（c）、积分电路（由电位器 R_{P1} 和电容 C_2 组成）、非门（3）以及单稳态电路所组成，如图 3-69 所示。由于 CC4013（c）的 D_3 端接 U_{DD}，因此，在

P_2 点所产生的时基信号上升沿作用下，CC4013（c）翻转，翻转后 $\overline{Q_3}=0$，由于开机置 0 时或门（1）（见图 3-70）输出的正脉冲将 CC4013（c）的 Q_3 端置零，因此 $\overline{Q_3}=1$，经二极管 2AP9 迅速给电容 C_2 充电，使 C_2 两端的电平为"1"，而此时 $\overline{Q_3}=0$，电容 C_2 经电位器 R_{P1} 缓慢放电。当电容 C_2 上的电压放电降至非门（3）的阈值电平 U_T 时，非门（3）的输出端立即产生一个时基信号上升沿，触发下一级单稳态电路。此时，P_3 点输出一个正脉冲，该脉冲宽度主要取决于时间常数 R_tC_t 的值，延时时间为上一级电路的延时时间及这一级延时时间之和。

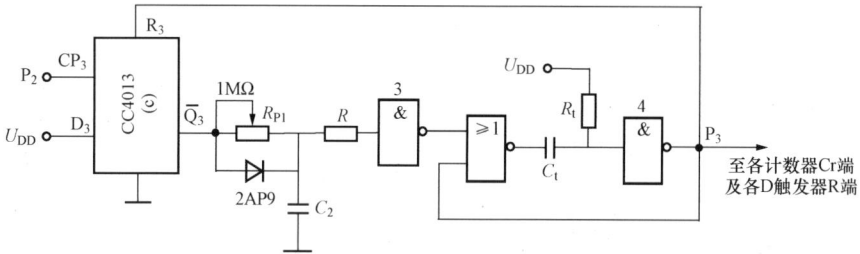

图 3-69　延时电路

由实验求得，如果电位器 R_{P1} 用阻值为 510Ω 的电阻代替，$C_2=3\mu F$，则总的延迟时间即显示器显示时间约为 3s。如果电位器 R_{P1} 用阻值为 2MΩ 的电阻代替，$C_2=22\mu F$，则显示时间可达约 10s。可见，调节电位器 R_{P1} 可以改变显示时间。

4. 自动清零电路

P_3 点产生的正脉冲送至图 3-70 所示的或门组成的自动清零电路，将各计数器及所有的触发器置零。在复位脉冲的作用下，$Q_3=0$，$\overline{Q_3}=1$，于是 $\overline{Q_3}$ 端的高电平经二极管 2AP9 再次对电容 C_2 充电，使 C_2 两端的电压恢复为高电平，因为 CC4013（b）复位后使 Q_2 再次变为高电平，所以与非门 1 又被开启，电路重复上述变化过程。

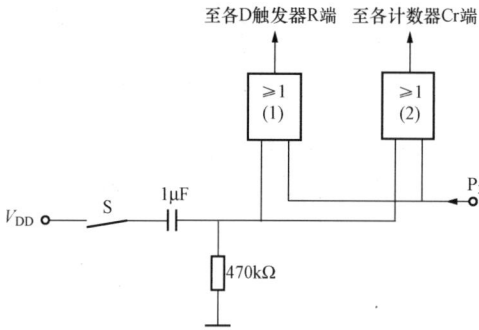

图 3-70　自动清零电路

四、设计任务和要求

用中、小规模集成电路设计与制作一台简易的数字频率计。使其具有下述功能：

（1）位数。计 4 位十进制数。计数位数主要取决于被测信号频率的高低，如果被测信号频率较高，准确度又较高，可相应增加显示位数。

（2）量程。

1）第一挡：最小量程挡，最大读数为 9.999kHz，闸门信号的采样时间为 1s。

2）第二挡：最大读数为 99.99kHz，闸门信号的采样时间为 0.1s。

3）第三挡：最大读数为 999.9kHz，闸门信号的采样时间为 10ms。

4）第四挡：最大读数为 9999kHz，闸门信号的采样时间为 1ms。

（3）显示方式。

1）用七段 LED 数码管显示读数，做到显示稳定、不跳变。

2）小数点的位置跟随量程的变更而自动移位。

3）为了便于读数，要求数据显示时间在 0.5～5s 内连续可调。

（4）具有自检功能。

（5）被测信号为方波信号。

（6）画出设计的数字频率计的电路总图。

（7）组装和调试。

1）时基信号通常使用石英晶体振荡器输出的标准频率信号经分频电路获得。为了实验调试方便，可用实验设备上脉冲信号源输出的 1kHz 方波信号经 3 次 10 分频获得。

2）按设计的数字频率计逻辑图在实验装置上布线。

3）用 1kHz 方波信号送入分频器的 CP 端，用数字频率计检查各分频级的工作是否正常。用周期为 1s 的信号作为控制电路的时基信号输入，用周期为 1ms 的信号作为被测信号，用示波器观察和记录控制电路输入、输出波形，检查控制电路所产生的各控制信号能否按正确的时序要求控制各个子系统。用周期为 1s 的信号送至各计数器的 CP 端，用发光二极管指示检查各计数器的工作是否正常。用周期为 1s 的信号作延时、整形单元电路的输入，用 2 只发光二极管作指示检查延时、整形单元电路的输入，以及电路工作是否正常。若各子系统工作都正常，再将各子系统连接起来统调。

（8）调试合格后，完成综合实验报告。

五、实验设备与元器件

（1）+5V 直流电源。

（2）双踪示波器。

（3）连续脉冲源。

（4）逻辑电平显示器。

（5）直流数字电压表。

（6）数字频率计。

（7）主要元器件（供参考）：CC4518（二—十进制同步计数器）4 只；CC4553（3 位十进制计数器）2 只；CC4013（双 D 型触发器）2 只；CC4011（四 2 输入与非门）2 只；CC4069（六反相器）1 只；CC4001（四 2 输入或非门）1 只；CC4071（四 2 输入或门）1 只；2AP9（二极管）1 只；电位器（1MΩ）1 只；电阻、电容若干。

实验中，需要注意以下事项：

（1）若测量的频率范围低于 1MHz，分辨率为 1Hz，建议采用如图 3-71 所示电路，只要选择参数正确，连线无误，通电后即能正常工作，无需调试。

（2）CC4553 3 位十进制计数器引脚排列及功能如图 3-72、表 3-36 所示。图 3-69 中，CP 为时钟输入端；INH 为时钟禁止端；LE 为锁存允许端；R 为清除端；DS_1～DS_3 为数据选择输出端；OF 为溢出输出端；C_{1A}、C_{1B} 为振荡器外接电容端；Q_0～Q_3 为 BCD 码输出端。

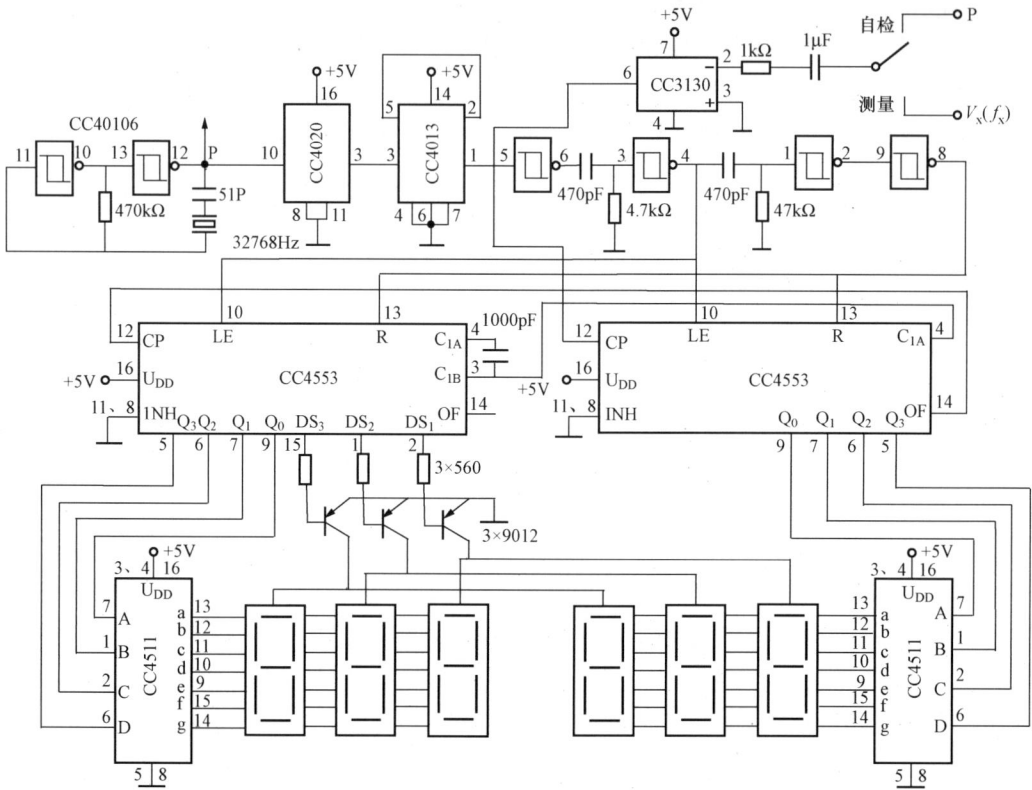

图 3-71　0～999 999Hz 数字频率计电路

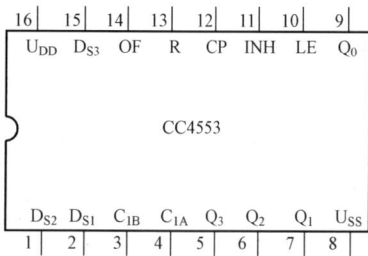

图 3-72　CC4553 引脚排列

表 3-36　　　CC4553 功 能 表

输　入				输出
R	CP	INH	LE	
0	↑	0	0	不变
0	↓	0	0	计数
0	×	1	×	不变
0	1	↑	0	计数
0	1	↓	0	不变
0	0	×	×	不变
0	×	×	↑	锁存
0	×	×	1	锁存
1	×	×	0	$Q_0 \sim Q_3 = 0$

实验十四 综合实验（Ⅱ）——拔河游戏机

一、实验任务

给定实验设备和主要元器件，按照电路将各部分组合成一个完整的拔河游戏机。

（1）拔河游戏机需用 15 个（或 9 个）发光二极管排列成一行，开机后只有中间一个点亮，以此作为拔河的中心线，游戏双方各持一个按键，迅速、不断地按键产生脉冲，哪一方按得快，亮点向哪一方的方向移动，每按一次，亮点移动一次。直至移到任一方终端二极管点亮，这一方就得胜，此时双方按键均无作用，输出保持，只有经复位后才使亮点恢复到中心线。

（2）显示器显示胜者的盘数。

二、实验电路

拔河游戏机实验电路框图如图 3-73 所示。整机电路如图 3-74 所示。

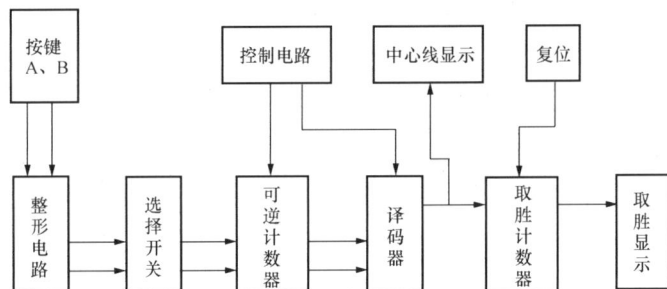

图 3-73 拔河游戏机实验电路框图

三、实验设备及元器件

（1）+5V 直流电源。

（2）译码显示器。

（3）逻辑电平开关。

（4）主要元器件：CC4514（4 线—16 线译码/分配器）；CC40193（同步递增/递减二进制计数器）；CC4518（十进制计数器）；CC4081（与门）；CC4011（与非门）×3；CC4030（异或门）；电阻 1kΩ×4。

四、设计步骤

按图 3-74 拔河游戏机整机电路接线。可逆计数器 CC40193 原始状态输出 4 位二进制数 0000，经译码器输出使中间的一只发光二极管点亮。当按动 A、B 两个按键时，产生两个脉冲信号，经整形后分别加到可逆计数器上，可逆计数器输出的代码经译码器译码后驱动发光二极管点亮并产生位移，当亮点移到任一方终端后，由于控制电路的作用，使这一状态被锁定，而对输入脉冲不起作用。如按动复位键，亮点又回到中点位置，比赛又可重新开始。

将双方终端二极管的正端分别经两个与非门后接至两个十进制计数器 CC4518 的允许控制端 EN，当任一方取胜，该方终端二极管点亮，产生一个下降沿使其对应的计数器计数。计数器的输出即显示胜者取胜的盘数。

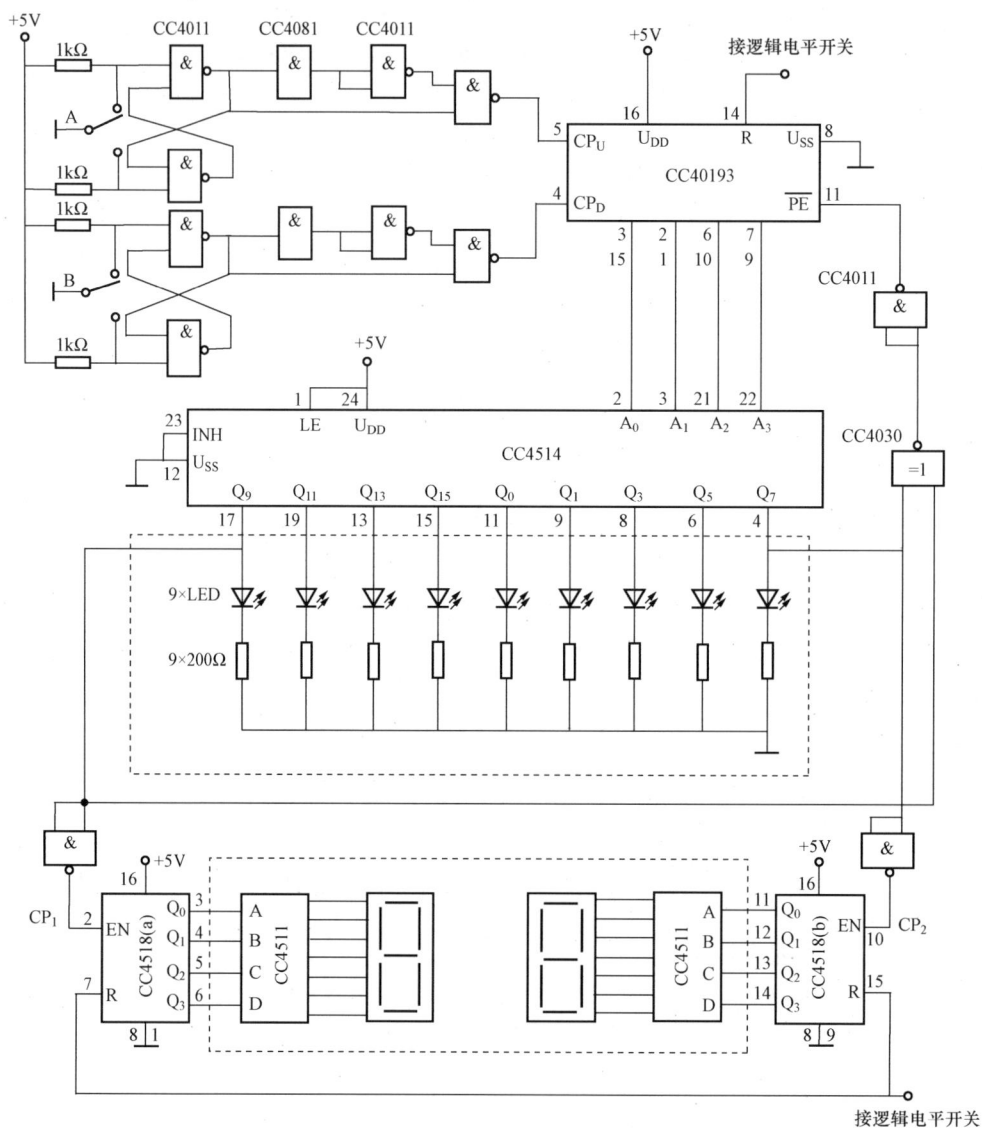

图 3-74　拔河游戏机整机电路

1. 编码电路

编码器有两个输入端，四个输出端，选用 CC40193 双时钟二进制同步加/减计数器来完成加/减计数。

2. 整形电路

CC40193 是可逆计数器，控制加减的 CP 脉冲分别加至引脚 5 和引脚 4，此时当电路要求进行加法计数时，减法输入端 CP_D 必须接高电平；进行减法计数时，加法输入端 CP_U 也必须接高电平，若直接由 A、B 键产生的脉冲加到引脚 5 或引脚 4，则可能导致在进行计数输入时另一计数输入端为低电平，使计数器不能计数，双方按键均失去作用，拔河比赛不能正常进行。加入整形电路后，A、B 两键产生的脉冲经整形后变为一个占空比很大的脉冲，从而减小了进行某一计数时另一计数输入为低电平的可能性，使每次按键都有可能进行有效的计数。整形电路由与门 CC4081 和与非门 CC4011 实现。

3. 译码电路

选用 4 线—16 线 CC4514 译码器。译码器的输出 $Q_0 \sim Q_{14}$ 分接 15 个（或 9 个）发光二极管，二极管的负端接地，正端接译码器；当输出为高电平时发光二极管点亮。

比赛准备，译码器输入为 0000，Q_0 输出为"1"，中心处二极管首先点亮，当编码器进行加法计数时，亮点右移，进行减法计数时，亮点左移。

4. 控制电路

为指示拔河比赛的胜负，需用一个控制电路。当亮点移到任何一方的终端时，判该方为胜，此时双方的按键均宣告无效。此电路可用异或门 CC4030 和非门 CC4011 来实现。将双方终端二极管的正极接至异或门的两个输入端，获胜一方为"1"，而另一方则为"0"，异或门输出为"1"，经非门产生低电平"0"，再送至 CC40193 计数器的置数端 PE，于是计数器停止计数，处于预置状态，由于计数器数据端 A、B、C、D 和输出端 Q_A、Q_B、Q_C、Q_D 对应相连，输入即为输出，从而使计数器对输入脉冲不起作用。

5. 胜负显示

将双方终端二极管正极经非门后的输出分别接至两个 CC4518 计数器的 EN 端，CC4518 的两组 4 位 BCD 码分别接到实验装置的两组译码显示器的 A、B、C、D 插口处。当一方取胜时，该方终端二极管发亮，产生一个上升沿，使相应的计数器进行加一计数，于是实现了双方胜负结果的显示，若 1 位数不够，则进行 2 位数的级联。

6. 复位

进行多次比赛需要进行复位操作，使亮点返回中心点，可用一个开关控制 CC40193 的清零端 R 即可。

胜负显示器的复位也采用一个开关来控制胜负计数器 CC4518 的清零端 R，使其重新计数。

五、实验报告

讨论实验结果，总结实验收获。

实验过程中，需要注意以下事项：

（1）CC40193 同步递增/递减二进制计数器引脚排列及功能参照实验九 CC40192。

（2）CC4514 4 线—16 线译码器引脚排列及功能如图 3-75、表 3-37 所示。图中，$A_0 \sim A_3$ 为数据输入端；INH 为输出禁止控制端；LE 为数据锁存控制端；$Y_0 \sim Y_{15}$ 为数据输出端。

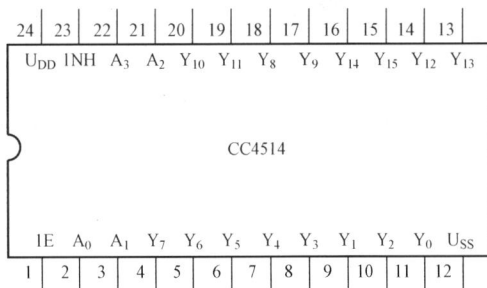

图 3-75　CC4514 引脚排列

表 3-37　　　　　　　　　　CC4514 功能表

输入						高电平输出端
LE	INH	A_3	A_2	A_1	A_0	
1	0	0	0	0	0	Y_0
1	0	0	0	0	1	Y_1

输　入						高电平输出端
LE	INH	A_3	A_2	A_1	A_0	
1	0	0	0	1	0	Y_2
1	0	0	0	1	1	Y_3
1	0	0	1	0	0	Y_4
1	0	0	1	0	1	Y_5
1	0	0	1	1	0	Y_6
1	0	0	1	1	1	Y_7
1	0	1	0	0	0	Y_8
1	0	1	0	0	1	Y_9
1	0	1	0	1	0	Y_{10}
1	0	1	0	1	1	Y_{11}
1	0	1	1	0	0	Y_{12}
1	0	1	1	0	1	Y_{13}
1	0	1	1	1	0	Y_{14}
1	0	1	1	1	1	Y_{15}
1	1	×	×	×	×	无
0	0	×	×	×	×	①

①输出状态锁定在上一个 LE=1 时，$A_0 \sim A_3$ 的输入状态。

（3）CC4518 双十进制同步计数器引脚排列及功能如图 3-76、表 3-38 所示。图中，1CP、2CP 为时钟输入端；1R、2R 为清除端；1EN、2EN 为计数允许控制端；$1Q_0 \sim 1Q_3$ 为计数器输出端；$2Q_0 \sim 2Q_3$ 为计数器输出端。

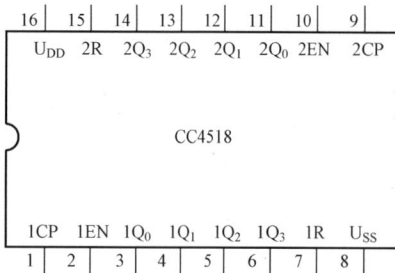

图 3-76　CC4518 引脚排列

表 3-38　　CC4518 功能表

输　入			输出功能
CP	R	EN	
↑	0	1	加计数
0	0	↓	加计数
↓	0	×	保持
×	0	↑	
↑	0	0	
1	0	↓	
×	1	×	全部为 0

实验十五 设计实验（Ⅰ）——数字密码锁设计

一、设计任务

用数字电路芯片设计一个数字密码锁，只有按正确顺序输入正确的密码时，才能输出开锁信号，实现数字密码锁开锁。

二、设计要求

（1）设置三个正确的密码键和若干个伪码键，任何伪码键按下后，密码锁都无法打开。

（2）每次只能接受四个按键信号，且第四个键只能是确认键，其他无效。

（3）能显示已输入键的个数（如显示"＊"号）。

（4）第一次密码输错后，可以输入第二次。但若连续三次输入错码，密码锁将被锁住，必须系统操作员解除（复位）。

三、设计提示

数字密码锁框图如图 3-77 所示。

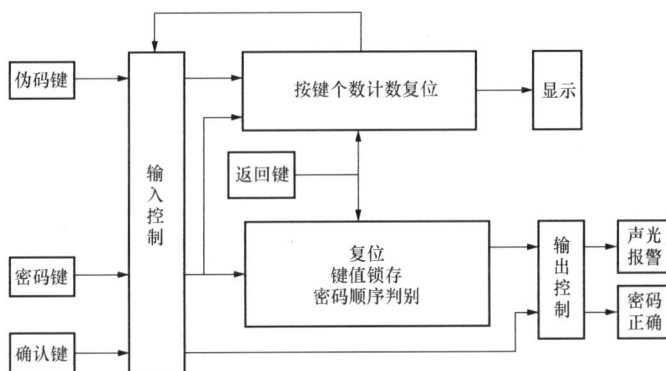

图 3-77 数字密码锁框图

（1）密码通常由若干位数字或字母组成，分真码和伪码两类，每一位对应一个按键。由于密码必须按顺序依次输入，因此需用触发器锁存相应的按键信号。

（2）为增加保密性，必须限制密码输入的次数，因此需要按键次数计数器。当输完预定的 n 位密码后，只能有两种选择：一是确认；二是返回重输。按键次数计数器可提供相应显示。当密码位数不多时，可用集成移位寄存器实现按键次数的计数及显示。

（3）密码正确与否与输入顺序有关。可采用类似移位寄存器的结构实现上述功能，如图 3-78 所示。触发器首先清零，每一个真码键作为一个触发器的时钟，并将各触发器顺序级联。只有按正确顺序输入各位真码，各触发器才会顺序置位，最后才会输出有效电平 1。伪码则不需锁存，只需计入按键次数即可。

（4）若采用 TTL 电路，D 触发器可选 7474，移位寄存器可选 74164。

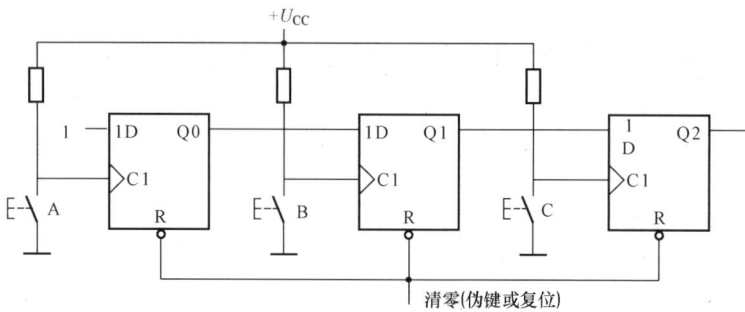

图 3-78　顺序密码实现电路

实验十六　设计实验（Ⅱ）——十字路口交通灯指挥系统

一、设计任务

用数字电路芯片设计一个十字路口交通灯指挥系统，自动完成交通灯"绿→黄→红→绿→……"工作循环。

二、设计要求

（1）交通灯每种信号的持续时间不等。例如，绿灯亮 20s→黄灯亮 5s→红灯亮 15s，如此循环。

（2）用倒计时方法数字显示交通灯当前信号的剩余时间，提醒行人和司机。

（3）交通灯信号的持续时间可调，以适应不同路口、不同时段的各种交通流量的需求。

三、设计提示

交通灯设计框图如图 3-79 所示。

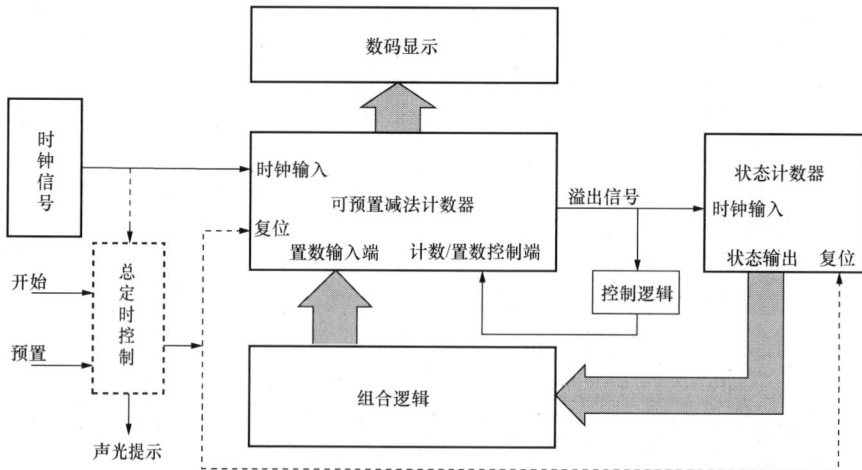

图 3-79　交通灯设计框图

（1）电路由状态计数器、可预置计数器、显示电路以及控制逻辑电路等几部分组成。其核心是一个用于记录系统目前所处状态（如红灯亮或绿灯亮等）的状态计数器。要求信号灯在"绿、黄、红"三个状态内循环，因此状态计数器选择三进制计数器。

（2）可预置计数器（一般用倒计时减法计数器）用于控制各种状态的时间，并显示目前状态剩余时间。该计数器每溢出一次，一方面要提供状态计数器切换到下一状态的时钟信号，同时要完成自身的重新置数，以开始下一轮计时。

（3）由于不同状态下，需要停留的时间不同，如红灯亮 15s、绿灯亮 10s 等，因此要求在不同状态下向倒计时减法计数器置入不同的数。可以用控制"绿、黄、红"三个信号灯亮灭的状态计数器的输出作为条件，通过控制逻辑，决定下一轮倒计数需要预置的数。

（4）倒计时显示可用的减法计数器可选用有置数功能的 TTL 电路 74192。

第四章　测量与测量仪器仪表

第一节　测量误差及其表示与测量数据的处理

一、测量误差及其表示

一个物理量在被观测时，其本身所具有的真实大小，称为该物理量的真值。一般来说，真值是得不到的，是理想的概念。然而可以说保存在国际（国家）的基准，按定义规定特定条件下的值可以认为是真值。事实上，任何测量仪器的测量值都不可能完全准确地等于被测量的真值[1]。

在测量过程中，由于人们对于客观认识的局限性、测量工具不准确、测量手段不完善、受环境影响或测量工作中的疏忽等原因，都会使测量结果与被测量的真值不同，两者之间的差异称为测量误差。随着科学技术的发展，对测量精确度的要求越来越高，需要尽量控制和减小测量误差，使测量值接近真值。测量工作的价值取决于测量的精确程度。当测量误差超过一定限度时，由测量工作和测量结果所做的结论或发现将没有意义，甚至会给工作带来危害，因此对测量误差的控制成为衡量测量技术水平乃至科学技术水平的一个重要方面。但是，由于误差存在的必然性与普遍性，人们只能将其控制到尽量低的程度，而不能完全消除误差，因此，正确认识与处理误差显得尤为重要。研究误差的目的，归纳起来有如下几个方面。

（1）正确认识误差的性质和来源，以减小测量误差。

（2）正确处理测量数据，力求得到接近真值的结果。

（3）合理制订测量方案，科学组织实验，正确选择测量方法和测量仪器，尽可能得到理想的测量结果。

测量误差按表示方法分为绝对误差和相对误差，当用于表示测量仪器的误差时还有"引用误差"；按误差的来源分为器具误差、人身误差、影响误差以及方法误差等；按误差的性质分为器具误差、随机误差和疏失误差。

1. 绝对误差

（1）定义。被测量的测量值 x 与其真值 A_0 的差称为绝对误差。即

$$\Delta x = x - A_0 \qquad (4-1)$$

当 $x > A_0$ 时，Δx 是正值；当 $x < A_0$ 时，Δx 是负值。所以绝对误差 Δx 是具有大小、正负和量纲的数值，其大小和符号分别表示测量值偏离真值的程度和方向。

[例 4-1]　被测电压真值 $U_0 = 100V$，用一只电压表测量，其指示值 $U_x = 101V$，则绝对误差

$$\Delta U = U_x - U_0 = 101 - 100 = +1(V)$$

ΔU 为正误差，表明以真值为参考基准，测量值大于 1V。

计量学上真值无法得到，只能用高一级或数级的标准仪器或计量器具所测得的数值代替。为了区别起见，称满足规定准确度的用来代替真值使用的量值为实际值，用 A 表示，

此时绝对误差可表示为

$$\Delta x = x - A \qquad (4-2)$$

式（4-2）为通常使用的绝对误差的表达式。

（2）修正值（校正值）。与绝对误差的绝对值大小相等，但符号相反的量值称为修正值，用 c 表示。即

$$c = -\Delta x = A - x \qquad (4-3)$$

测量仪器通过检定（校准），以表格、曲线或公式给出受检仪器的修正值。

测量时，利用测量值与已知的修正值相加，即可计算出被测量的实际值。即

$$A = x + c \qquad (4-4)$$

[例 4-2]　一台晶体管毫伏表的 10mV 挡，当用其进行测量时，示值为 8mV，在检定时 8mV 刻度的修正值是 -0.03mV，则被测电压的实际值为

$$U = 8 + (-0.03) = 7.97(\text{mV})$$

上例说明含有误差的测量值加上修正值后即可减少误差的影响，这是经常采用的一种方法。测量仪器应定期送计量部门进行检定，其主要目的就是获得准确的修正值，以保证测量值传递的信息准确性。同理，修正值只在仪器的检定有效期内有效，否则需要重新检定。需要指出的是，修正值本身也有误差，修正后的数据只是比较接近真值而已。对于自动化程度较高的测量仪器，可以将修正值编成程序储存在仪器中，测量时仪器自动进行修正。

通常规定绝对误差和修正值的量纲必须与测量值一致。绝对误差虽然可以说明测量值偏离实际值的程度，但不能说明测量的准确程度。

[例 4-3]　测量两个电压，其实际值为 $U_1 = 100\text{V}$，$U_2 = 5\text{V}$，两测量值分别为 101V 和 6V。求解绝对误差。

解
$$\Delta U_1 = 101 - 100 = 1(\text{V})$$
$$\Delta U_2 = 6 - 5 = 1(\text{V})$$

二者的绝对误差相同，但其误差的影响不同，前者比后者测量得更准确。为了表征这一特点，应当采用相对误差。

2. 相对误差

（1）定义。测量的绝对误差与被测量的真值之比（用百分数表示），称为相对误差，其计算式为

$$\gamma_0 = \frac{\Delta x}{A_0} \times 100\% \qquad (4-5)$$

因为一般情况下得不到真值，所以可用绝对误差与实际值之比来表示相对误差（必须区分时称为实际相对误差），用 γ_Δ 表示，其计算式为

$$\gamma_\Delta = \frac{\Delta x}{A} \times 100\% = \frac{x - A}{A} \times 100\% \qquad (4-6)$$

例 4-2 中，两被测电压的相对误差计算为

$$\gamma_{\Delta 1} = \frac{\Delta U_1}{U_1} \times 100\% = \frac{1}{100} \times 100\% = 1\%$$

$$\gamma_{\Delta 2} = \frac{\Delta U_2}{U_2} \times 100\% = \frac{1}{5} \times 100\% = 20\%$$

可见，用相对误差可以恰当地表征测量的准确程度。相对误差是一个只有大小没有量纲

的数值。

在误差较小且要求不太严格的场合，也可用仪器的测量值代替实际值。这时的相对误差称为示值相对误差，用 γ_x 表示，其计算式为

$$\gamma_x = \frac{\Delta x}{x} \times 100\% \qquad (4-7)$$

其中，Δx 由所用仪器的准确度等级（详见后述）给出。由于 x 中含有误差，所以 γ_x 只适用于近似测量。对于一般的工程测量，用 γ_x 来表示测量的准确度比较方便。

（2）分贝误差。用对数形式表示的误差称为分贝误差，常用于表示增益或声强等传输函数值。

设输出量与输入量（如电压）测量值之比为 U_o/U_i，则增益的分贝值为

$$G_x = 20\lg\frac{U_o}{U_i} = 20\lg A_0 (\text{dB}) \qquad (4-8)$$

其中，$A_0 = U_o/U_i$，是电压放大倍数的测量值，又因

$$A_0 = A + \Delta A$$

其中，A 为放大倍数的实际值，则

$$G_x = 20\lg(A + \Delta A) = 20\lg\left[A\left(1 + \frac{\Delta A}{A}\right)\right]$$
$$= 20\lg A + 20\lg(1 + \gamma_\Delta)$$

其中，$\gamma_\Delta = \dfrac{\Delta A}{A}$，所以

$$G_x = G + 20\lg(1 + \gamma_\Delta)$$

其中，$G = 20\lg A$，是增益的实际值；$20\lg(1 + \gamma_\Delta)$ 是 G_x 的误差项。令

$$\gamma_{\text{dB}} = 20\lg(1 + \gamma_\Delta) \approx 20\lg(1 + \gamma_x) \qquad (4-9)$$

其中，$\gamma_x = \Delta A/A_0$，取 $\gamma_x \approx \gamma_\Delta$。

[例 4-4]　测量一个放大器，已知 $U_i = 1.2\text{mV}$，$U_o = 6000\text{mV}$，U_i 的误差忽略不计，U_o 的测量误差 $\gamma_o = \pm 3\%$ 时，求解放大倍数的绝对误差 ΔA、相对误差 γ_x 及分贝误差 γ_{dB}。

解　电压放大倍数为

$$A_0 = \frac{U_o}{U_i} = \frac{6000}{1.2} = 5000$$

增益的分贝值为

$$G_x = 20\lg A_0 = 20\lg 5000 = 74 \ (\text{dB})$$

U_o 的绝对误差为

$$\Delta U_o = \gamma_o U_o = (\pm 3\%) \times 6000 = \pm 180(\text{mV})$$

因为仅考虑 U_o 的误差，所以有

$$\Delta A = \frac{\Delta U_o}{U_i} = \frac{\pm 180}{1.2} = \pm 150$$

$$\gamma_x = \frac{\Delta A}{A_0} = \frac{\pm 150}{5000} \times 100\% = \pm 3\%$$

可见，当仅考虑 U_o 有误差时

$$\gamma_x = \gamma_o = \pm 3\%$$

所以有

$$\gamma_{dB} = 20\lg(1+\gamma_x) = 20\lg[1+(\pm3\%)] \approx \pm0.26(\text{dB})$$

式（4-9）也可以用下列近似公式表示

$$\gamma_{dB} \approx 8.69\gamma_x \tag{4-10}$$

$$\gamma_x \approx 0.115\gamma_{dB} \tag{4-11}$$

上例中，$\gamma_{dB} \approx 8.69 \times (\pm3\%) \approx \pm0.26(\text{dB})$，当表示功率增益时，有

$$\gamma_{dB} = 20\lg(1+\gamma_p)(\text{dB}) \tag{4-12}$$

式中　γ_p——功率放大倍数的相对误差。

因为 γ_x 及 γ_p 都是有正、负的量，所以分贝误差 γ_{dB} 也有正、负号。

由上可见，测量值的相对误差越小，表示其准确度越高。因此常用相对误差评价测量水平。

3.测量仪器误差的表示方法

误差除了用于表征测量结果的准确程度外，也是电子测量仪器重要的质量指标。为了保证电子测量仪器示值的准确，必须在出厂时，由检验部门对其误差指标进行严格检验。我国标准规定用工作误差、固有误差、影响误差和稳定误差等来表征电子测量仪器的性能。

（1）工作误差。指在额定工作条件下测定的仪器误差极限，即来自仪器外部的各种影响量（如温度、湿度、大气压力、供电电源等）和影响特性（仪器的一个工作特性的变化对另一个工作特性的影响，如低频信号发生器的频率变化对输出电压的影响）为任意可能的组合时，仪器的工作误差可能达到的最大极限值。采用工作误差表示方法的优点是对使用者而言非常方便，可以利用工作误差直接估计测量结果的最大范围；缺点是工作误差是在最不利的组合条件下给出的，而实际使用中构成最不利组合的可能性很小。因此，用仪器的工作误差来估计测量结果的误差会偏大。

（2）固有误差。指当测量仪器的各种影响特性处于基准条件时所具有的误差。上述基准条件比较严格，因此固有误差能够更准确地反映测量仪器所固有的性能，便于在相同条件下，对同类测量仪器进行比较和校准。

（3）影响误差。指当一个影响量在其额定使用范围内（或一个影响特性在其有效范围内）取任一值，而其他影响量和影响特性均处于基准条件时所测量的误差。如温度误差、频率误差等，只有当某一影响量在工作误差中起重要作用时才给出。影响误差是一种误差的极限。

（4）稳定误差。指测量仪器的标称值在其他影响量及影响特性保持恒定的情况下，于规定时间内所产生的误差极限，习惯上以相对误差形式给出，或者注明最长连续工作时间。

如 DS—33 型交流数字电压表就是用上述四种误差标注。

（1）工作误差：50Hz～1MHz，10mV～1V 量程为（±5%）±（满量程的0.5%）。

（2）固有误差：1kHz，1V 时为读数的 ±0.4%±1。

（3）温度影响误差：1kHz，1V 时的温度系数为 $10^{-4}/℃$。频率影响误差：50Hz～1MHz 为（±0.5%）±（满量程的0.1%）。

（4）稳定误差：在温度 -10～$+40℃$，相对湿度为 80% 的环境内，连续工作 7h。

目前还有一些电子测量仪器仍根据 1965 年制定的《无线电测量仪器总技术条件（草案）》，按使用条件给出基本误差及附加误差。

（1）基本误差。指测量仪器在规定的正常工作条件下所具有的误差。与上述固有误差的

意义基本相同，区别是基本误差所限定的测试条件较宽。

由于绝对误差不能说明测量的准确程度，所以很少单独用来表示测量仪器的误差；相对误差虽然可以较好地反映测量的准确程度，但不能评价测量仪器的准确程度，也不便于划分仪器的准确等级。因为仪器仪表的可测范围不是一个点而是一个量程，在此量程内，被测量可能处于不同的位置。相对误差计算式表明，实际值需要取不同的数值，导致测量仪器的误差数值难以标注，因此提出"满度"相对误差，即引用误差。这里说的满度和量程的意义基本相同，但与测量范围不同。测量范围是指在允许误差极限内测量仪器的被测量值的范围。如中心指零的电压表的测量范围为−10～10V，而其量程则为20V。所以对测量仪器仪表仅仅给出其量程是无法判断其测量范围的。这时只能认为其刻度线始点数字为零。

满度相对误差是绝对误差与测量范围上限值或量程满度值 X_m 的比值（用百分数表示），即

$$\gamma_M = \frac{|\Delta X_m|}{X_m} \times 100\% \qquad (4-13)$$

式中　ΔX_m——测量仪器仪表整个刻度线上出现的最大绝对误差。

因为测量仪器仪表刻度线上各点示值的绝对误差并不相等，为了评价测量仪器仪表的准确度，取最大绝对误差（绝对值）。

正常工作条件下测量仪器不应超过最大相对误差 γ_M。测量仪器的刻度线上各处都可能出现 ΔX_m 值，所以从最大误差出发，对测量者来说，在没有修正值的情况下，可认为指针在不同偏转角时的示值误差处处相等。即在一个量程内各处示值的最大绝对误差 ΔX_m 是常数，一般称为误差的整量化。

满度相对误差多用于电工仪表中，其准确等级分为 0.1、0.2、0.5、1.0、1.5、2.5、5.0 七级，分别表示满度相对误差百分数的分子可能出现的最大值（绝对值）。对于电子测量仪器测量，引用误差的优先数列为 1、2、3、5、7，通常用 S 表示。如 S≈1，说明测量仪器的满度相对误差不超过±1%。

对于某些测量仪器的准确度，可以用误差的绝对数值和相对数值两项代数和的形式来表示。如，一种数字电压表的基本误差为（±0.1%）±(1个字)，其中±0.1%是相对数值，而±(1个字)是绝对数值。就绝对数值而言，当用最末尾一位数码管显示电压值（mV）时，就会有±1mV的误差，显然，在测量5mV电压时，可能显示4mV或6mV，绝对误差起主要作用；而在测量10 000mV时，可能显示9999mV或10 001mV，这时相对数值（±0.1%）起主要作用。可见当数码管显示的位数尽量多时，可以减小测量误差，使用时应以注意。

（2）附加误差。指由于线性仪器超出规定的正常工作条件时所增加的误差。如环境温度、电源电压等因素偏离正常条件所引起的示值相对于正常条件下示值的最大偏差。与上述影响误差相似，用百分数表示。

例如，MF—20型晶体管万用表即用附加误差标注。基本误差，直流电压、电流为±2.5%；附加误差，电池电压降至5.5～4.5V时（额定值为6V），附加误差±1%；环境温度在0～40℃范围内（额定值为20±2℃），每变化10℃附加误差±2.5%。

使用时除考虑测量仪器本身的基本误差外，还要考虑附加误差。

对于使用者来说，采用基本误差与附加误差的形式，有利于掌握各分项误差大小。但在估计仪器的总误差时需要进行误差合成计算。

实际测量工作中，在要求不高的情况下往往通过一次直接测量获得测量结果。这时如何从测量仪器仪表的准确度等级来确定测量误差呢？

设只有基本误差的情况下，测量仪器仪表的最大绝对误差为

$$\Delta X_{m} = \pm S\% X_{m} \tag{4-14}$$

ΔX_{m} 与示值 X 的比值，即最大示值相对误差为

$$\gamma_{X_{m}} = \frac{\Delta X_{m}}{X} \times 100\% = \pm S\% \frac{X_{m}}{X} \tag{4-15}$$

可见，$\gamma_{X_{m}}$ 不仅与测量仪器仪表的准确度 S 有关，而且与满度值 X_{m} 和示值 X 的比值有关，其比值越大，$\gamma_{X_{m}}$ 越大，即测量误差越大。

上述关系可以用图 4-1 近似说明，示值 X 大时，相对误差 γ 小。当 X 等于满度值时（图中分度值为 100 处，即 $X = X_{m}$），$X_{m}/X = 1$，由式（4-15）可知，此时 $\gamma_{X_{m}} = \pm S\%$。可见，测量仪器仪表给出的准确度 $\pm S\%$ 是相对误差的最小值，离满度值越远，误差越大。

反之，在选择测量仪表量程时，应该使其满度值尽量接近被测量值。

图 4-1　误差校正

[例 4-5]　用 MF—20 型晶体管万用表交流电压 30V 挡，分别测量 6V 及 20V 电压，求最大示值相对误差。此表交流电压挡的准确度为 4 级。

解　当 $U_X = 6V$ 时，有

$$\gamma_{X_{m}} = \pm S\% \frac{U_{m}}{U_{x}} = \pm 4\% \times \frac{30}{6} = \pm 20\%$$

当 $U_X = 20V$ 时，有

$$\gamma_{X_{m}} = \pm 4\% \times \frac{30}{20} = \pm 6\%$$

可见，测量仪器指针偏转角度较大时，测量误差较小。

[例 4-6]　被测量的实际值 $U = 10V$，现有 150V/0.5 级、15V/2.5 级两只电压表，选择哪只表测量误差较小？

解　用 150V/0.5 级电压表时，$\Delta U_{m} = \pm S\% \times U_{m} = \pm 0.5\% \times 150 = 0.75$（V），示值范围为 $10 \pm 0.75V$。

用 15V/2.5 级电压表时，$\Delta U_{m} = \pm 2.5\% \times 15 = 0.375$（V），示值范围为 $10 \pm 0.375V$。

可见，选择 15V/2.5 级电压表比选择 150V/0.5 级电压表的测量误差要小。所以要合理选择测量仪器仪表的量程及准确度等级，不能单纯追求测量仪器仪表的级别（当然还有仪表内阻的影响问题）。

上述根据式（4-15）得出的应尽可能使测量仪表指针偏转的位置靠近满度值的结论，只适用于正向刻度的一般电压、电流表等类型的仪表，对于普通型测量电阻的电阻表（或万用表的欧姆挡）。因为是反向刻度，而且刻度非线性，因此不适用上述结论。图 4-2（a）所示为电阻表测量电阻时的简化电路，当被测电阻 R_x 不接入时（即 $R_x = \infty$），回路电流 $I = 0$；当 $R_x = 0$（即 A、B 两端短接时），$I = I_m = E/R_i$（R_i 为总电阻）。用该电流值表示被测电

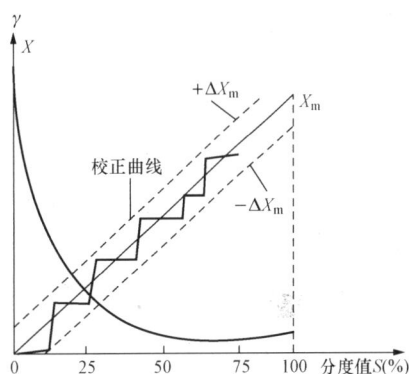

阻时，指针的起始位置（$I=0$），$R_x=\infty$，而满度值（$I=I_m$）时，$R_x=0$，所以是反向刻度，具有无限测量范围，如图 4-2（b）所示，指针偏转角度为

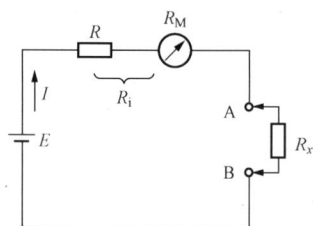
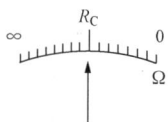

$$\alpha_x=S_lI=S_l\frac{E}{R_i+R_x} \qquad (4-16)$$

式中　S_l——灵敏度。

当 $R_x=R_i$ 时，有

$$\alpha_x=S_l\frac{E}{2R_i}=\frac{1}{2}S_ll_m=\frac{\alpha_m}{2}$$

$$\alpha_m=S_ll_m$$

图 4-2　欧姆表测量图
(a) 简化电路；(b) 指针示意

式中　α_m——满偏转角度。

此时指针位于刻度线的中心位置，测量值等于电阻表在该量程时内部的总电阻，称为中值电阻（R_C）。在设计或检定电阻表时均以中值电阻为基准，使用时应尽可能使指针指在中心位置附近的区域（而不是满偏转位置），一般以中值的 0.5～5 倍之间为宜。

电阻表的准确度（即中值处的误差）规定如下：因为中值处 $R_i=R_C$，则有

$$\alpha_m=S_lI_m=S_l\frac{E}{R_i}=S_l\frac{E}{R_C}$$

$$S_lE=\alpha_mR_C$$

由式（4-16）可知，指针偏转角度为

$$\alpha_x=\frac{S_lE}{R_i+R_x}=\alpha_m\frac{R_C}{R_C+R_x} \qquad (4-17)$$

整理后可得

$$R_x=\left(\frac{\alpha_m}{\alpha_x}-1\right)R_C \qquad (4-18)$$

计算 ΔR_x 增量得

$$\Delta R_x=\frac{\alpha_m}{\alpha_x^2}R_C\Delta a_x$$

相对误差为

$$\gamma_R=\frac{\Delta R_s}{R_x}=\frac{-\alpha_m}{\alpha_x(\alpha_m-\alpha_x)}\Delta\alpha_x \qquad (4-19)$$

由上可知，指针偏转角度 $\alpha_x=0°$时，$\dfrac{\Delta R_x}{R_x}\to\infty$；当 $\alpha_x=\alpha_m$ 时，$\dfrac{\Delta R_x}{R_x}\to\infty$。可见，在刻度线两个端点附近的误差最大。

中值处 $\alpha_x=\dfrac{1}{2}\alpha_m$，其相对误差为

$$\gamma_R=\frac{\Delta R_x}{R_x}=-\frac{\alpha_m}{\dfrac{\alpha_m}{2}\left(\alpha_m-\dfrac{1}{2}\alpha_m\right)}\Delta\alpha_x=-4\frac{\Delta\alpha_x}{\alpha_m} \qquad (4-20)$$

其中，负号表示反方向刻度。

当以刻度的弧线长度代替指针偏转角度时，有

$$\gamma_R=\frac{\Delta R_x}{R_x}=4\frac{\Delta\tau}{\tau_m} \qquad (4-21)$$

上式即为电阻表准确度的表达式，即仪表厂用刻度长度的百分数给出的最大相对误差值（$\Delta\tau$ 应取最大值），如刻度线长度 $\tau_m=100\text{mm}$，最大绝对误差 $\Delta\tau=0.6\text{mm}$，则

$$|\gamma_R|=\left|\frac{\Delta R_x}{R_x}\right|=4\times\frac{0.6}{100}=2.4\%$$

刻度盘上标注 2.5 级，符号为 2.5。使用这种测量仪表时，由准确度等级计算 $\Delta R_x=\pm S\% R_x$，然后计算示值相对误差 $\gamma_R=\Delta R_x/R_x$。

综上所述，测量仪表准确度的级别对测量结果影响很大。需要特别指出的是，所用测量仪表的准确度并不是测量结果的准确度，只有在示值与满度值（或中值）相同时，二者才相等。否则测量值的准确度数值将低于测量仪表的准确度等级，测量仪表的准确等级 S 只能说明在规定条件下使用时，其最大绝对误差不超过满度值（或中值）的 $\pm S\%$。所以一定不要将测量仪表的准确度等级和测量结果的准确度混为一谈。

二、测量误差的分类及测量结果评估

1. 测量误差的来源

（1）仪器误差。仪器仪表本身及其附近所引入的误差，称为仪器误差。如电桥中的标准电阻，天平的砝码，示波器的探极线等都含有误差。仪器仪表的零位偏移、刻度不准确以及非线性等引起的误差均属此类。

（2）影响误差。由于各种环境因素与要求条件不一致所造成的误差称为影响误差，如温度、电源电压、电磁场影响等引起的误差。

（3）方法误差和理论误差。由于测量方法不合理所造成的误差，称为方法误差，如用普通万用表测量高内阻回路的电压，由于万用表的输入电阻较低而引起的误差。用近似公式或近似计算测量结果时，所引起的误差，称为理论误差。

（4）人身误差。由于测量者的分辨能力、视觉疲劳、固有习惯或缺乏责任心等因素引起的误差，称为人身误差。如读错刻度、操作不当等。

在测量工作中，对于测量误差的来源必须认真分析，采取相应措施，以减少误差对测量结果的影响。

2. 测量误差的分类

根据误差的性质，测量误差分为系统误差、随机误差和疏失误差三类。

（1）系统误差。在相同条件下，多次测量同一量值时，误差的绝对值符号保持不变，或在条件改变时，按一定规律变化的误差，称之为系统误差。产生这种误差的原因有：

1）测量仪器设计原理及制作上的缺陷。如刻度的偏差，刻度盘或指针安装偏心，使用时零点偏移，安放位置不当等。

2）测量时的实际温度、湿度及电源电压等环境条件与测量仪器要求条件不一致等。

3）采用近似的测量方法或近似的计算公式等。

4）测量人员估计读数时，习惯偏于某一方向或有滞后倾向等原因所引起的误差。

以标准电池为例，说明条件改变时测量结果按一定规律变化的情况。标准电池的电动势随环境温度变化时，其误差遵循下列规律

$$\Delta E=E_{20}-E_t$$
$$=[39.94(t-20)+0.929(t-20)^2-0.0092(T-20)^3+0.00006(t-20)^4]\times10^{-5}(\text{V})$$

式中　t——测量时的环境温度，℃；

E_{20}，E_t——20℃及 t℃时电池的电动势。

上述标准电池电动势随温度变化的规律是确定的，所以这种误差也是系统误差。

值得注意的是，上述理论误差是由直接测量的数据再经理论公式计算得出的，如用均值表测量非正弦电压进行波形计算时，定度系数为

$$K_a = \frac{\pi}{2\sqrt{2}} \approx 1.11$$

其中，π 与 $\sqrt{2}$ 均为无理数，计算所得的 1.11 是一个近似数，由 k_a 计算得出的结果显然是一个近似值。因为该误差由间接计算造成，因此用提高测量准确度或多次测量取平均值的方法均无法消除，只有用修正理论公式的方法才能消除误差。但是，因为上述误差的产生是有规律的，所以一般仍将其归为系统误差。

系统误差的特点是测量条件一经确定，误差为一确切的数值。用多次测量取平均值的方法并不能改变误差的大小。系统误差的产生原因是多方面的，但有规律可循。可针对其产生根源采取一定的技术措施，设法减少系统误差的影响；如，仪器不准，通过检验取得修正值，即可减小系统误差。

（2）随机误差。在相同条件下，多次测量同一量值时，绝对值和符号均以不同预定方式变化的误差，称为随机误差。产生随机误差的原因有：

1）测量仪器中零部件配合的不稳定或有摩擦，仪器内部件产生噪声等；

2）温度及电源电压的频繁波动、电磁场干扰、地基振动等；

3）测量人员感觉器官的无规则变化，读数不稳定等。

就一次测量而言，随机误差没有规律，不可预定。但当测量次数足够多时，随机误差总体服从统计规律，多数情况下接近于正态分布。

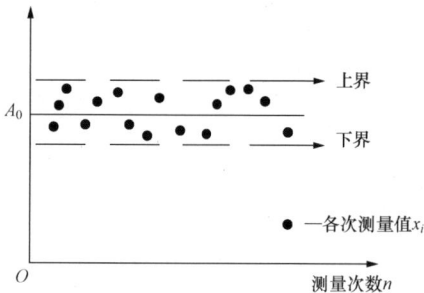

图 4-3　具有对称性的随机误差

随机误差的特点是在多次测量中误差绝对值的波动有一定的界限，即具有有界性；正、负误差出现的机会相同，即具有对称性。如图 4-3 所示，图中 A_0 是假设无系统误差情况下的实际值。当测量次数足够多时，随机误差的算术平均值趋近于零，即具有抵偿性。根据上述特点，可以通过对多次测量值取算术平均值的方法来减弱随机误差对测量结果的影响。因此，对于随机误差可以用数理统计的方法来处理。

（3）疏失误差。在一定的测量条件下，测量值明显地偏离实际值所形成的误差称为疏失误差。产生这种误差的原因有：

1）测量过程中测量人员的疏忽大意。

2）测量条件的突然变化。例如电源电压、机械冲击等引起测量仪器示值的改变，这是产生疏失误差的客观原因。

凡确认含有疏失误差的测量数据，称为坏值，应当剔除不用。

上述三种误差同时存在的情况，可由图 4-4（a）来表示。图中，A_0 表示真值，小黑点表示各次测量值 x_i，E_x 表示 x_i 的平均值，δ_i 表示随机误差，ε 表示系统误差，x_k 表示坏值，它远离真值 A_0。

由图 4-4 可知：

1）x_k 的存在将严重影响平均值 E_x，使其失去意义，因此在整理测量数据时，必须首先剔除坏值。

2）随机误差为

$$\delta_i = x_i - E_x \tag{4-22}$$

剔除 x_k 后，可以采用对多次测量数据取算术平均值的方法，消除随机误差 δ_i 的影响。

3）δ_i 消除后，系统误差 ε 越小，表明测量越准确。即

$$\varepsilon = E_x - A_0 \tag{4-23}$$

当 $\varepsilon=0$ 时，平均值 E_x 即为真值 A_0。

上述测量误差的划分方法是相对的，三种误差之间可以相互转化。较大的系统误差或随机误差，也可以视为疏失误差。系统误差与随机误差之间不存在严格的界限，如当电磁场干扰所引起的测量误差较小时，可以用类似随机误差取平均值的方法来处理，如果其影响遵循一定规律时，可以按系统误差引入修正值的方法来处理。这样，掌握了误差转化的特点，可以用数据处理方法减小误差的影响，这对于测量技术是很有意义的。

综上所述，对于含有疏失误差的测量值，一经确认后，应当首先予以剔除；对于随机误差，可以采用统计求平均值的方法减小其影响；系统误差难以发现，但对测量工作，必须在测量工作开始之前或在测量工作过程中采取一定的技术措施来减小其影响。

3. 测量结果的评定

评定测量结果时，不能单纯用系统误差来衡量。如图 4-4 所示，图 4-4（a）、（b）危害最大的系统误差 ε 相同，但图 4-4（b）中测量值 x_i 比图 4-4（a）分散程度严重，即图 4-4（a）的测量值比较集中，说明随机误差较小。为了正确说明测量结果，通常用准确度、精密度和精确度来评定。

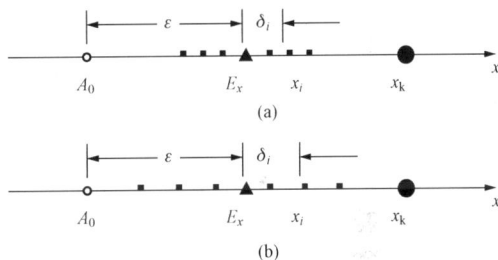

图 4-4　三种误差同时存在的情况

（1）准确度。指测量值与真值的接近程度。反映系统误差的影响，系统误差小则准确度高。

（2）精密度。指测量值重复一致的程度。测量过程中，在相同条件下用同一方法对某一量进行重复测量时，所测得的数值相互之间越接近，精密度越高。换句话说，精密度用以表征测量值的重现性，反映随机误差的影响。

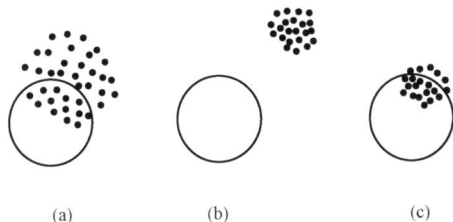

图 4-5　打靶图
（a）准确度高而精密度低；（b）精密度高而准确度低；
（c）精确度高，即准确而精密

（3）精确度。反映系统误差和随机误差综合影响程度。精确度高，说明准确度及精密度都高，意味着系统误差及随机误差都小。一般测量都应力求实现既精密又准确。

以打靶为例说明上述三种情况，如图 4-5 所示。

上述误差来源、误差分类以及精确度关系框图如图 4-6 所示，最后得出测量的评定结果。

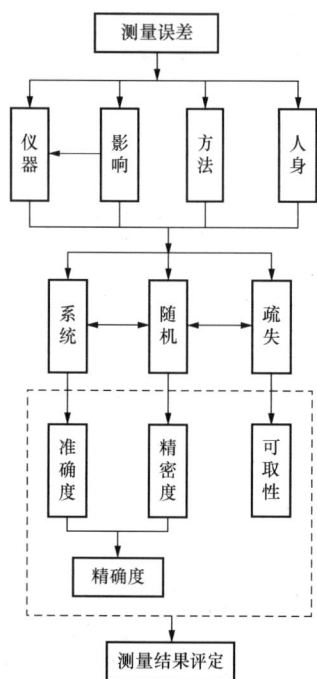

图 4-6　误差来源、误差分类
以及精度关系框图

三、有效数字和测量数据处理

在测量和数字计算中，通常用几位数字来表示测量或计算结果，其中涉及有效数字和计算规则的问题。

1. 有效数字的概念

图 4-7 所示为一台 0~50V 的电压表在三种测量情况下的指示结果。第一次指针在 43~44V 之间，记作 43.5V，其中，前两位数"43"是准确可靠的，称为可靠数字，而最后一位数"5"是估计出来的不可靠数字（欠准数）。可能数字与不可靠数字位数之和称为有效数字。对于 43.5 来说，有效数字是 3 位。第三次指针指在 30V 处，记作 30.0V，有效数字也是 3 位。

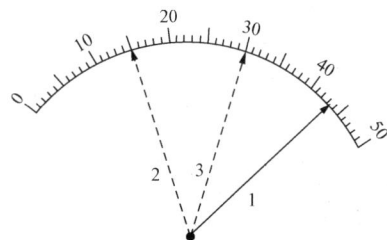

图 4-7　三种测量结果

需要注意的是，数字"0"可能是有效数字，也可能不是有效数字。如 43.5V 还可写成 0.0435kV，这时，前两"0"仅与所用的单位有关，不是有效数字，该数的有效数字仍为 3 位。读数末位的"0"不能任意增减，它是由测量设备的准确度决定的。

2. 有效数字的正确表示

（1）记录测量数值时，只保留一位不可靠数字。通常，最后一位有效数字可能有 ±1 个单位或 ±0.5 个单位的误差。

（2）所有计算式中，常数（如 π、e 等）及乘子（如 $\sqrt{2}$、$\frac{1}{3}$ 等）的有效数字的位数可以没有限制，在计算时需要几位就取几位。

（3）大数值与小数值要用幂的乘积形式表示。如，测得某电阻值为 15 000Ω，有效数字为 3 位，则记作 $1.50 \times 10^4 \Omega$，不能记作 15 000Ω。

（4）表示误差时，一般只取一位有效数字，最多取两位有效数字，如 ±1%、±1.5%。

3. 有效数字的修约（化整）规则

有效数字位数确定后，多余的位数应一律舍去，其修约（化整）规则为：

（1）被舍去的第一位数小于 5，则末位不变。如将 0.13 修约到小数点后一位数，结果为 0.1。

（2）被舍去的第一位数大于 5，则末位数加 1。如将 0.78 修约到小数点后一位数，结果为 0.8。

（3）被舍去的第一位数等于 5，而 5 之后的数不全为 0，则末位加 1。如将 0.4501 修约到小数点后一位数，结果为 0.5。

（4）被舍去的第一位数等于 5，而 5 之后的数全为 0，则当末位数为偶数时，末位数不变；末位为奇数时，末位数加 1。如将 0.250 和 0.350 修约到小数点后一位数，结果分别为 0.2 和 0.4。

4. 有效数字的运算规则

进行数据处理时，常常需要对一些精确度不相等的数值进行运算，按照一定规则计算，既可以提高计算速度，也不会因数字过少而影响计算结果的精确度。常用运算规则规则如下：

（1）加减运算。各数所保留的小数点后的位数，一般应与位数中小数点后位数最小的相同。如 13.6、0.056 和 1.666 相加，小数点后位数最少的是一位（13.6），所以应将其余两数修约到小数点后一位数，然后相加，即

$$13.6 + 0.1 + 1.7 = 15.4$$

为了减小计算误差，也可在修约时多保留一位小数，即

$$13.6 + 0.06 + 1.67 = 15.33$$

其结果应为 15.3。

（2）乘除运算。各因子及计算结果所保留的位数，一般以百分误差最大或有效数字位数最少的项为准。如 0.12、1.057 和 23.41 相乘，有效数字最少的是二位（0.12），则

$$0.12 \times 1.1 \times 23 = 3.036$$

其结果应为 3.0。

同样，为了减小计算误差，也可多保留一位有效数字，即

$$0.12 \times 1.06 \times 23.4 = 2.976\,48$$

其结果应为 3.0。

用电子计算器运算时，计算结果的位数同样按照上述原则决定，不能因计算器上显示几位就记录几位。

5. 测量数据的处理

如果有甲、乙、丙三组测量结果，其平均数都是 100，是否可以判定三组数据无差别还要看它们的全距（即最小值至最大值）。如甲组数据的全距是 99～101，乙组的是 0～200，丙组也是 0～200，则甲、乙两组显然不同，乙、丙两组也可能不完全一样。可见，测量数据只用平均数、最大值和最小值来表示，显然是不够的。

再如，某实验结果有 37 个数据，其平均数±标准差＝19.2±3.6，即 15.6～22.8，37 个数据中有 25 个数据在此范围内，占 68%。换言之，大概有 2/3 的个体落在平均数±1 个标准差的范围内。这就是标准差的意义，它说明了个体变异的程度，即个体变化的范围。

标准误差的意义与标准差不同。标准误差＝标准差（SK）/$\sqrt{总数}$，是总体平均数（抽象的、理论的）有 68.3% 的可能性落在样本平均数±1 个标准差的范围内；总体平均数有 95.4% 的可能性落在样本平均数±2 个标准差的范围内；总体平均数有 99.7% 的可能性落在样本平均数±2 个标准差的范围内。因此，标准误差是说明样本的平均分布变异的情况。

总之，标准误差随样本大小而变，所以测量工作中应采用平均数±标准差的表示方法，尽量不要用标准误差。

如果实验结果中出现某一个数字太大或太小，应首先检查其原因，若无法找到原因，这个数字到底用不用，则需要通过科学的实验方法判断该数字是否可用。其中最简单的判断方

法为：若此数字大于其他数字平均数±4个标准差，则弃用；若小于其他数字平均数±4个标准差，则可用。

四、测量方法

一个物理量的测量，可以通过不同的测量方法来实现。

1. 直接测量与间接测量

（1）直接测量。无需对被测量与其他实测量进行函数关系的辅助计算，而直接得到被测量值的测量方法。如用电压表测量晶体管的工作电压等。

（2）间接测量。利用直接测量的量与被测量之间已知的函数关系，得到被测量值的测量方法。如测量电阻的消耗功率 $P=UI=I^2R=\dfrac{U^2}{R}$，可以通过直接测量电压、电流或测量电流、电阻等方法求解。

当被测量不便于直接测量，或者间接测量的结果比直接测量更为准确时，多采用间接测量方法。如测量晶体管集电极电流，较多采用直接测量集电极电阻（R_C）上的电压，再通过公式 $I_C=U_{RC}/R_C$ 计算得出，而不采用断开电路串入电流表的方法。测量放大器的电压放大倍数 A_u，一般是分别测量输出电压 U_o 与输入电压 U_i 后再计算 $A_u=U_o/U_i$。

（3）组合测量。组合测量是直接测量与间接测量相结合的测量方法。将被测量和另外几个可直接测量量组成联立方程，通过直接测量求解联立方程，间接得到被测量的大小。用计算机求解比较方便。

2. 直读测量法与比较测量法

（1）直读测量法。是直接从仪器仪表的刻度线上读出测量结果的方法。如一般用电压表测量电压，利用温度计测量温度等都是直读测量法。该方法是根据仪器仪表的读数来判断被测量的大小，作为计量标准的实物并不直接参与测量。直读测量法具有简单方便等优点，因而被广泛应用。

（2）比较测量法。是在测量过程中被测量与标准量直接进行比较而获得测量结果的方法。其典型应用如电桥，即利用标准电阻（电容、电感）对被测量进行测量。

由上可见，直读测量法与直接测量、比较测量法与间接测量并不相同，二者互有交叉，如用电桥测电阻，是比较测量法，属于直接测量；用电压、电流表法测量功率，是直读测量法，但属于间接测量等。

测量方法还可以根据测量的方式分为自动测量和非自动测量，原位测量和远距离测量等。

根据测量精确度，测量方法可分为精密测量与工程测量两类。前者多在计量室或实验室采用，需要深入研究测量误差问题；后者也需要研究测量误差，但要求不是很严格，但所选用的仪器仪表的准确度等级必须满足实际使用的需要。

3. 以被测量性质分类

尽管被测量的种类繁多，但根据其电路特点，可大致分为以下四种情况：

（1）时域测量。如电压、电流测量等，包括稳态量和瞬时量。前者多用测量仪表指示，后者可以通过示波器等显示，观察其变化规律。

（2）频域测量。如增益、相移测量等，通过分析电路的频率特性或频谱特性等方法进行测量。

（3）数据域测量。是用逻辑分析仪对数字量进行测量的方法。具有多个输入通道，可以同时观察多个单次并行的数据。如微处理器地址线、数据线上的信号，可以显示时序波形，也可以用"1"、"0"显示其逻辑状态。

（4）随机测量。如各类噪声、干扰信号等，利用噪声信号源等进行动态测量是一种比较新的测量技术。

电工测量中经常要用到各种变换技术，如变频、分频、检波、斩波以及电压—频率、电压—时间、模—数、数—模变换等。

第二节　实验数据的表示及处理

实验数据的表示方法，通常有列表法、图解法和方程法。三种方法各有其优缺点。同一数据并不一定同时都需要用上述三种方法来表示。需要依靠经验与常识去判断选择适当的表示方法。

一、列表法

所有测量至少包含两个变量：一个是自变量；另一个是因变量。列表法就是将一组实验数据中的自变量和因变量的各个数值按一定的形式和顺序一一对应列于表中。

列表法有许多优点：①简单易作，不需要特殊纸质和仪器；②数据易于参考比较；③形式紧凑；④同一表内可以同时表示几个变量间的变化而不混乱；⑤若表中所列自变量和因变量间有函数关系，则不必知道函数的形式，即可对其进行微分或积分运算。

一般而言，表的形式有三种，即定性式、统计式和函数式，本书仅讨论函数式。函数式表的特征，主要是自变量与因变量的各个对应值，均在表中按自变量的增加或减少的顺序一一列出。一个完整的函数式表应包括表的序号、名称、项目、说明以及数据来源五项。

下面讨论列表的有关问题。首先讨论表的写法，其次介绍数据分度方法。数据的分度也称为数据的匀整。

1. 表的名称及说明

表的名称应简明扼要，一看便知其内容。若表的名称过于简单而不足以说明原意时，则可在名称下面或表的下面附加说明，并注出数据来源。

2. 项目

项目应包括名称和单位，一般在不加说明即可明了的情况下，尽量用符号表示。表内主项习惯上代表自变量，副项代表因变量。自变量一般选择实验中能够直接测得的物理量，如温度、电流、电压等。

3. 数值的写法

数值的写法应注意整齐统一。数值的书写规则如下：

（1）数值为零时记为 0，数值空缺时记为 1。

（2）同一列的数值，小数点应上下对齐。

（3）如果数值为小数，小数点后第一、二位又非零，习惯上只在每行第一个数值的个位上写一个零，以下各数值均可将零省去。

（4）如果小数点左面的第一位数不为零，但在整个表中仅偶然有变化，同样，只在每行第一个数值写个位数，直到个位数有变化时，才换写另一个位数，见表 4-1 中第 2 行。

（5）如果各数值的有效数字位数很多，但在表中只有后面几位有变化，则只有第一个数值写前面的几位数，以后各数均不再写。如

$$299.728 \quad .733 \quad .738 \quad .818$$

（6）当数值过大或过小时，应以 10^{+n} 或 10^{-n} 表示，n 为整数。

（7）有效数字位数相同，各数值间的变化为数量级变化，则用 10 的方次表示较为方便。

4. 自变量间距的选择

列表时，通常自变量取整数或其他方便的值，按增加或减小的顺序排列。相邻两数值之差称为间距或表差。若差值为恒定，则称为公差或定差。因自变量通常为整数，故间距一般为 1、2 或 5 乘以 10^n，n 为整数。间距的值不能过大或过小，当作表的目的是为求取变化速率或总和时，间距越小所得结果越准确；反之，若作表的目的是为求取相邻数值的恒定比值时，则间距稍大，反而较准确。

5. 有效数字的位数

表中所有数值的有效数字位数应取舍适当。自变量一般假定无误差，故可以用 30、50 来代替 30.00、50.00，而因变量的位数取决于数值本身的精确度。凡根据理论计算得到的数值，可认为有效数字为无限制；反之，根据实验测得的数值，则有效数字取决于实验的精确度。

6. 数据的分度

通常由实验测得的数据，自变量和因变量的变化一般是不规则的，应用起来很不方便。数据的分度就是将表中所列数据进行更有规则地排列，即当自变量作等间距顺序变化时，因变量也随着顺序变化。通过数据分度的列表，更便于查阅、应用。

数据的分度一般有代入公式法、图解法、最小二乘法和差分图解法四种。

（1）代入公式法。假设自变量与因变量之间的函数形式已知，则代入公式法实际上是根据函数关系式计算需要的列表值。

（2）图解法。图解法是先根据原始数据（即未分度的数据）作图（光滑曲线），然后根据曲线一一读出所需要的列表值，即可列表。图形的做法详见本章第三节。

（3）最小二乘法。最小二乘法以最小二乘法原理为基础。假定 Δx 为恒定值，曲线为抛物线，则分度值计算为

$$\alpha = \frac{1}{35}\left[17y_0 + 12(y_1 + y_{-1}) - 3(y_2 + y_{-2})\right] \tag{4-24}$$

式中　y_{-2}，y_{-1}，y_0，y_1，y_2——未经分度的数据表中的 5 个 y 值；

　　　　α——y_0 的分度值。α 求出后，在分度表中应以 α 代替 y_0。

将坐标轴的原点移至坐标（0，y_0）处，则上式可简化为

$$\alpha' = \frac{1}{35}\left[12(y_1' + y_{-1}') - 3(y_2' + y_{-2}')\right] \tag{4-25}$$

在新坐标系中，$y_0 = 0$，y_1'，y_{-1}'、y_2' 和 y_{-2}' 为移轴后的各 y 值，α' 相当于原坐标系中 y_0 的改正值。

（4）差分图解法。差分图解法应用于以下两种情况：一种是对图解法所得数值进行改进；另一种是当测得数据具有足够高的精确度时直接进行数据分度。现以 Jaeger 所作铂的克原子热容的未分度数据表值为例，说明差分图解法的应用步骤。

1）根据未分度的数据表求解表差 ΔC_v。

2）作表差—温度关系曲线，如图 4 - 8 所示。

3）自曲线上读取 $\Delta C_v'$ 值列表，见表 4 - 1 中第 4 列 $\Delta C_v'$ 项。

4）将 $\Delta C_v'$ 应用于表中任意选定的 C_v，求出一组初步分度值，见表 4 - 1 中第 6 列 C_v' 项。

表 4 - 1 为根据差分图解法所得的结果。表中前两列代表 Jaeger 所测不同温度下铂的摩尔热容 C_v，C_v'、C_v'' 列分别代表自图 4 - 8 光滑曲线上读取的 C_v 一次、二次分度值。$\Delta C_v'$、$\Delta C_v''$ 列分别代表 ΔC_v 的一次、二次分度值。

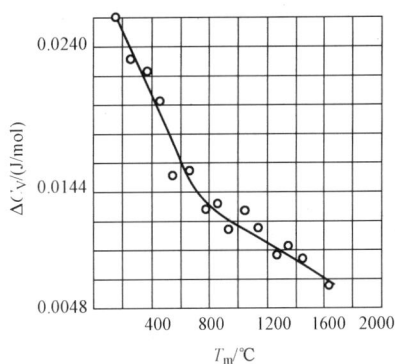

图 4 - 8　表差—温度关系曲线

表 4 - 1　　　　　　　　　　　　　　　差 分 图 法 结 果

$T_m/℃$	C_v	ΔC_v	$\Delta C_v'$	$\Delta^2 C_v'$	C_v'	$C_v'-C_v$	$\Delta C_v''$	$\Delta^2 C_v''$	C_v''	$C_v''-C_v$
100	6.130				6.130	0.000			6.129	−0.001
200	6.250	0.120	0.120	−0.012	6.250	0.000	0.012	−0.012	6.249	−0.001
300	6.355	0.105	0.108	−0.012	6.358	+0.003	0.108	−0.012	6.357	+0.002
400	6.454	0.099	0.090	−0.011	6.454	0.000	0.096	−0.011	6.453	−0.001
500	6.545	0.091	0.085	−0.010	6.531	+0.006	0.085	−0.011	6.538	−0.007
600	6.610	0.065	0.075	−0.009	6.614	+0.004	0.074	−0.000	6.612	+0.002
700	6.678	0.068	0.066	−0.008	6.680	+0.002	0.065	−0.007	6.677	−0.001
800	6.731	0.053	0.058	−0.005	6.738	+0.007	0.058	−0.005	6.735	+0.004
900	6.785	0.054	0.053	−0.003	6.791	+0.006	0.053	−0.003	6.788	+0.003
1000	6.831	0.046	0.050	−0.003	6.841	+0.010	0.050	−0.003	6.838	+0.007
1100	6.884	0.053	0.047	−0.003	6.888	+0.004	0.047	−0.002	6.885	+0.001
1200	6.930	0.046	0.044	−0.002	6.932	+0.002	0.044	−0.003	6.929	−0.001
1300	6.969	0.039	0.042	−0.003	6.974	+0.005	0.042	−0.003	6.971	+0.002
1400	7.010	0.041	0.039	−0.003	7.013	+0.003	0.039	−0.002	7.010	0.000
1500	7.046	0.036	0.034	−0.003	7.049	+0.003	0.036	−0.003	7.046	0.000
1600	7.079	0.033	0.033	−0.002	7.082	+0.003	0.034		7.080	+0.001
1700	7.108	0.029	0.031		7.113	+0.005	0.031		7.111	+0.003
1750	7.124									

需要注意的是，在进行数据分度时，应遵守以下分度规则：

1）保持未分度数据一般倾向不变。

2）保持未分度数据的适当大小。

因此，分度后的 C_v'' 如何，可以从表中 $\Delta^2 C_v''$ 项看出。C_v'' 与原数值相比如何，可以从 $C_v''-C_v$ 项看出。由表可见，在第一次分度后，从 $\Delta^2 C_v'$ 及 $C_v'-C_v$ 项可以看出，在 600℃ <

$T_m<1700℃$ 温度范围内，分度数组偏高。此时可应用 ΔC_v 的分度曲线对 $\Delta C'_v$ 再加以修正，则可得到更满意的数据分度结果。

数据分度法在实际工作中十分重要。当数据表中自变量同因变量的关系式未知，或当用圆形表示函数关系不够精确时，用差分图解法进行数据分度可能是最好的方法。

二、实验数据图形表示法

实验数据图形表示法是根据笛卡尔解析几何原理，用几何图形，如线的长度、表面的面积、立体的体积等，表示实验数据的方法。该方法在数据整理上极为重要。其优点是形式简单直观，便于比较，易显出数据中的最高点或最低点、转折点、周期性以及其他奇异性等。此外，若图形足够准确，则不必知道变量间的函数关系式，即可对变量进行微分或积分运算。

在作图过程中，如何将一组数据正确地用图形表示十分重要。根据实验数据作图，通常包括以下步骤：①图纸的选择；②坐标的分度；③坐标分度值的标记；④根据数据描点；⑤根据图上各点作曲线；⑥注解和说明；⑦数据的来源。

1. 图纸的选择

作图以前，首先应选择图纸。选择图纸时，应考虑以下几点：

（1）图纸通常有直角坐标、三角坐标、对数坐标等类型。分析实验情况，选择最适合实验情况的坐标纸。

（2）坐标线是否均匀、准确。

（3）坐标线是否太密或太疏。

（4）坐标纸质量是否足够好，能否经得起长久使用。

（5）坐标纸的透明度是否适合描图或晒图使用。

（6）当图形用于印刷复制时，坐标纸的颜色是否有影响。

（7）坐标纸的大小是否合适。即既不应太小，影响原数据的有效数字，也不要太大，超过原数据的精确度。

2. 坐标的分度

选择坐标纸后，应根据下面的规则进行坐标的分度：

（1）x 轴代表自变量，y 轴代表因变量。坐标的分度是指沿 x 轴和 y 轴规定的间隔所代表的数值的大小。选择时分度，应使坐标纸上每一点的坐标都能够迅速、方便地确定。因此，凡坐标分度的使得从图上难以读取读数的，都认为分度不合格。如图 4-9（a）、（b）所示为同一物质电阻与温度的关系，从两图中读取 47℃ 和 65℃ 所对应的电阻值时，图 4-9（a）较图 4-9（b）方便得多。可见，图 4-9（a）的分度较合适，图 4-9（b）分度不合适。

一般来说，凡主线间分为 10 等分的直角坐标纸，各线间的距离以分为 1、2、4、5 最方便，而应当避免分成 3、6、7、9。

（2）坐标分度值不一定自"0"起。在一组数据中，自变量与因变量均有最低值与最高值。分度时在最小分度不超过实验数据的精确度，即实验数据的不确定值不超过一格或两格的情况下，可用低于最低值的某一整数作起点，高于最高值的某一整数作终点，以使图形能占满全幅坐标纸。

图 4-10 所示为两种分度的极端情形。其中，图 4-10（a）分度过细，超过实验精确度；图 4-10（b）分度过粗，低于实验精确度。这两种分度都是不恰当的。

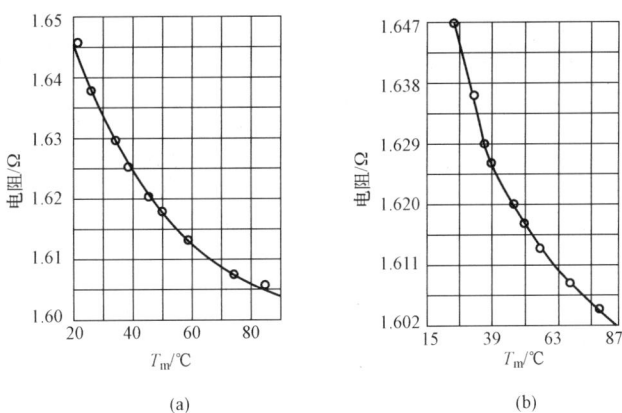

图 4-9　电阻与温度的关系

(a) 分度合适；(b) 分度不合适

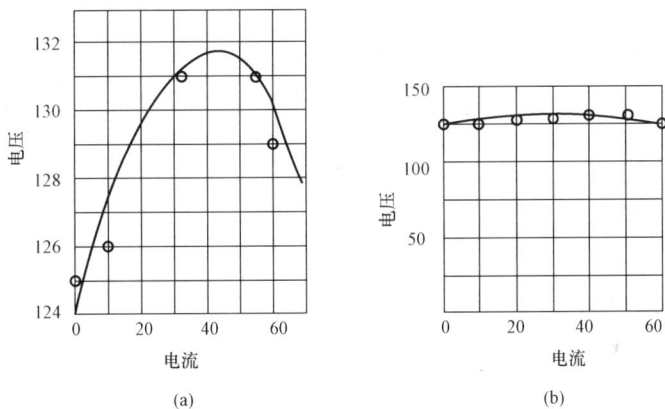

图 4-10　两种分度不恰当的图形

(a) 分度过细；(b) 分度过粗

（3）直线为曲线中最容易作的线，应用起来也最方便。在处理数据时，根据变量间的关系作图时，最好能将变量加以变换，使所得图形尽可能为一条直线，常用的变换方法包括：①以 x 和 y 作图；②以 $\lg x$ 和 y 作图；③以 $\lg x$ 和 $\lg y$ 作图；④以 x^n 和 y 作图，$n=1$，2，3，…；⑤以 $x^{1/n}$ 和 y 作图，n 通常最大为 3；⑥以 x 和 $1/y$ 或以 $1/x$ 和 $1/y$ 作图。

上述六种变换方法对于一般的数据处理已足够应用。实验时，通常先将 x 和 y 直接作图，从所得图形判断 x 和 y 以何种关系作图时，可能得到一条直线。然后采用合适的变量变换方法获得满意的直线图形。

（4）分度应使所得曲线尽可能有近似于 1 的斜率。斜率指过曲线上一点所作切线与 x 轴所成角的正切。此物理量与所选 x 轴和 y 轴的分度大小有关。图 4-11 所示为根据同一实验数据采用不同坐标分度所得的结果。可见，图 4-11（b）的分度合适，曲线的主要部分斜率近似于 1，各点与曲线的偏差表现得也较为明显，图 4-11（a）则相反。

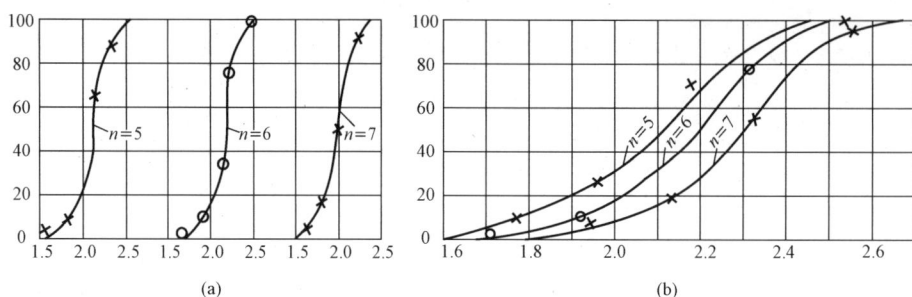

图 4-11　坐标分度不同

（a）分度不合适；（b）分度合适

3. 坐标分度值的标记

为了便于阅读，常在坐标纸上标记出一些主坐标线的分度值。有时为便于迅速找到所需坐标点，也会标记一些副主线上的分度值。坐标分度值的标记应力求整齐统一。除非分度自"0"起，否则不一定从图的最左或最下的点标记。标记时所用有效数字位数应与原数据有效数字位数相同。如在图中能区别出 3.50 与 3.51 的，应以 3.50 代替 3.5。另外，需要注意的是，每个坐标轴必须注明名称和单位。

4. 根据数据描点

描点的方法比较简单，只要将各点画到坐标纸上即可。但若将所作图形当作准确工具使用时，作图就不再是简单的描点。因为作图数据为实验数据或计算数据，都带有一定的误差，因此作图时就不能用简单的点来表示，而应用矩形"□"来表示。其中，矩形的一边代表自变量的误差，矩形的另一边代表因变量的误差，矩形的中心代表算术平均值。图 4-12 所示为用两倍标准误差作为误差的合理范围所作的图，所得数据介于 AB、$A'B'$ 两曲线之间的或然率为 95%。

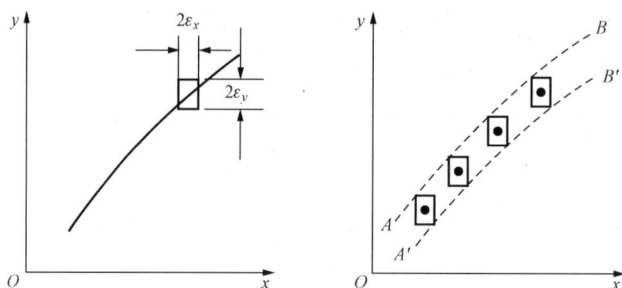

图 4-12　以两位标准误差范围作图

如果自变量与因变量的误差相等，则习惯上用圆圈"○"代表各点。其中，圆圈中心代表算术平均值，圆半径代表各个点的误差。若自变量的各个值无误差，或误差可忽略不计，而因变量的各个值带有一定误差，则所得结果如图 4-13 所示。图中各点代表算术平均值，虚线代表各点的误差。

最后，若在同一图上表示不同数据时，应用不同符号加以区别，如图 4-14 所示。

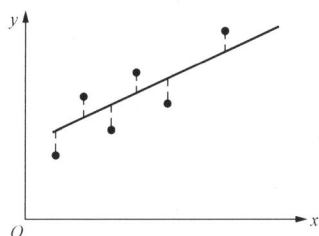

图 4-13　以虚线误差作图

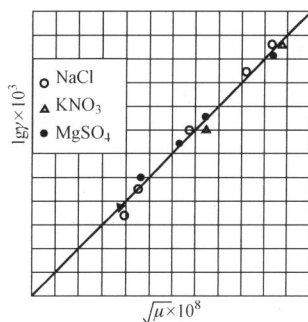

图 4-14　不同符号表示

μ—离子强度；γ—活度系数；直线—理论线

5. 根据各点作曲线

曲线的作法可分两种情况：一种情况为数据不够充足，图上点数过少，不足以确定自变量和因变量间的对应关系，此时最好将各点用直线直接连接；另一种情况为图上的点数足够多，根据图上各点即可作出一条光滑连续的曲线。下面对第二种进行讨论。

决定一条光滑曲线应走的路径和趋向，最根本的办法还是靠实际练习。但下面一些作曲线的原则，对于获得良好的实验结果，具有一定的指导意义。

（1）曲线一般应光滑匀整，只有少数转折点。

（2）曲线所经过的地方，应尽量与所有的点相接近。

（3）曲线不要求完全通过图上的各点以及两端的任一点。一般来说，两端点由于仪器及方法关系，精确度较差。因此，作图时应占较小比重。

（4）曲线一般不应具有含混不清的不连接点或其他奇异点。

（5）设将各点分为适当大小的几组，则每一组内位于曲线一边的点数应与另一边的点数近于相等。

作曲线时，按下列步骤进行：

（1）先用肉眼或借三角板确定曲线应通过或靠近的一些点。

（2）用铅笔轻轻将所选各点先分段连接，然后再将各段连接起来。

（3）根据上述原则，作出必要修正，画出曲线的最后形式。

无论在画初步曲线还是画最后形式的曲线，当用曲线板连接各点，移动曲线板时，应注意在连接处是否有突出的变化。检查这些点连接得好坏，最方便的方法是用斜视法，即将眼睛靠近图纸，视线顺曲线看去，若接点处连接不好，可感觉到在连接处斜度有显著变化。如图 4-15 （a）、（b）代表同一数据，表面上看起来两图都很光滑匀整，但若用斜视法检查时，可发现图 4-15 （a）不符合要求。

6. 注解说明

在每一个图形下面，应将图形代表的意义清楚、准确地描写出来。如果图形是文章内容的一部分，应当注意：

（1）文章内的图、表是最容易引起读者注意的地方。

（2）如果紧接图、表有简要说明，可节约读者的阅读时间。

（3）包括在图形说明中的材料，在行文中可以略去。

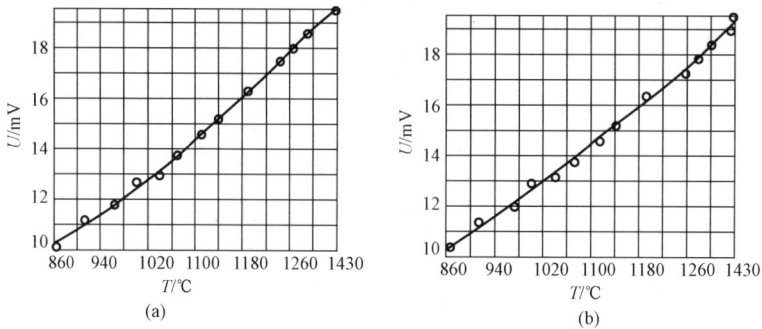

图 4 - 15   斜视检查法

(a) 不符合要求；(b) 符合要求

（4）当读者读完文章后，很想再知道图形所代表的数量关系。如果应当在说明内叙述的而未叙述，让读者重新去读全文，读者自然会感到不方便。

7. 数据的来源

凡数据来自已有文献，在说明内均应注明其来源。如果数据来自本人工作，则应注明作者姓名与日期（年、月、日）。

三、实验数据方程表示法

当一组实验数据用列表法或图形法表示后，常需要进一步用方程或经验公式表示。因为经验公式不仅形式紧凑，而且方便进行微分、积分或内插运算。

1. 经验公式的选择

一个理想的经验公式，一方面要求形式简单，所含任意常数不要太多，更重要的是能够准确地代表一组实验数据。换句话说，理想的经验公式就是能以尽量简单的形式满足必要的准确性。

对于一组实验数据，通常是先作图，然后根据经验和解析几何原理，分析推导经验公式的形式。然后代入实验数据经验公式的正确性，若经验公式不正确，则需另立新的公式来重新验证，直至获得满意结果为止。经验公式中最简单的是直线式，但实际数据未必都能用直线式表示。

图 4 - 16～图 4 - 21 为常见的几种方程式类型，以及当方程式中常数改变时所得各种不同类型的曲线。

验证某一特定类型公式能否正确代表一组实验数据，事先并不需要求出公式中的常数。凡公式中所含常数不多，如只有一个或两个常数时，用图解法求解最方便。在其他复杂的情况下，用列表法较为合适。

2. 图解试验法

图解试验法步骤如下：

（1）将 $f(x, y, a, b) = 0$ 的关系式写成函数 F_1 和 F_2 的直线式，F_1 和 F_2 中不含常数 a 和 b，即

$$F_1 = A + BF_2 \qquad\qquad (4 - 26)$$

其中，通常 F_1、F_2 其中一个含 x，另一个含 y，A、B 是 a、b 的函数。

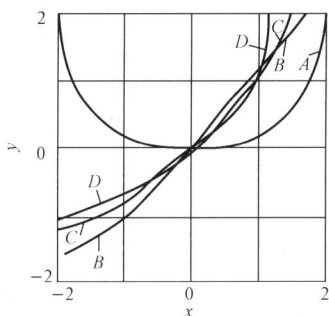

图 4-16　方程图（一）

A：$y=0.5x^2$；

B：$y=x+0.1x^2$；

C：$y=x+0.2x^2$；

D：$y=y/0.8-y/0.88$

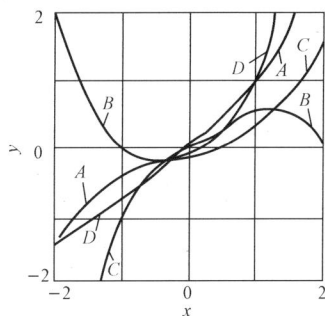

图 4-17　方程图（二）

A：$y=x/2+x^2/3+x^3/4$；

B：$y=x/2+x^2/3+x^3/4$；

C：$y=x/2+x^2/3+x^3/4$；

D：$y=x+0.2x^2+0.05x^3$

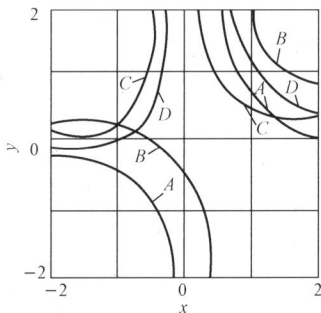

图 4-18　方程图（三）

A：$xy=0.5$；

B：$(x-0.5)(y-0.5)=0.5$；

C：$x^2y=0.5$；

D：$y=0.5(1/x+1/x^2)$

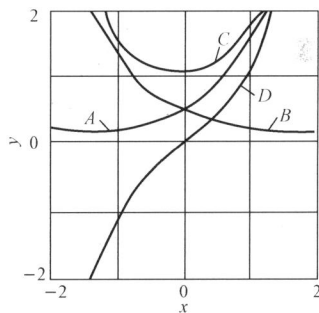

图 4-19　方程图（四）

A：$y=0.5e^x$；

B：$y=0.5e^{-x}$；

C：$y=0.5(e^x+e^{-x})$；

D：$y=0.5(e^x-e^{-x})$

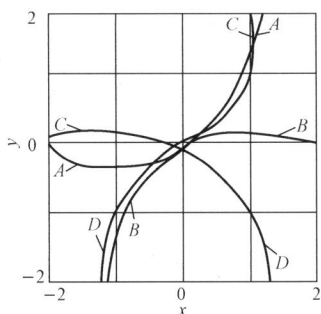

图 4-20　方程图（五）

A：$y=xe^x\times0.5$；

B：$y=0.5xe^{-x}$；

C：$y=0.5x^2e^x$；

D：$y=0.5x(e^x-e^{-x})$

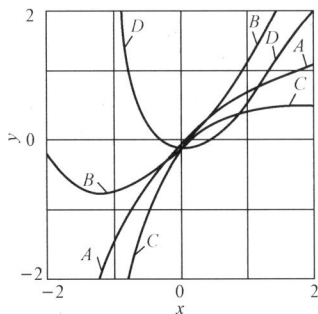

图 4-21　方程图（六）

A：$y=\ln x$；

B：$y=x\ln x$；

C：$y=1/x\ln x$；

D：$y=\left(x-\dfrac{1}{x}\right)\ln x$

（2）求出数对。如 4 对与 x、y 相对应的 F_1、F_2 的值。以选择 x、y 值相隔较远的 4 对值为宜。

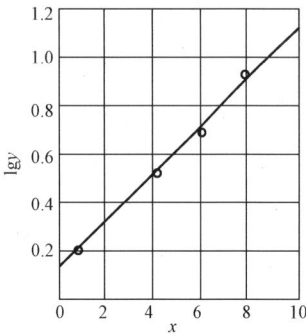

图 4-22　直线图

（3）以 F_1、F_2 作图。若所得图形为一直线，则证明原先选定的函数形式合适。

现用上述图解试验法说明表 4-2 所列数据是否可表示为

$$y = ae^{bx} \tag{4-27}$$

将式（4-27）写成式（4-26）的形式，得

$$\lg y = \lg a + (b\lg e)x \tag{4-28}$$

式（4-28）中 $\lg y$ 相当于式（4-26）中的 F_1，x 相当于 F_2，$\lg a$ 相当于 A，$b\lg e$ 相当于 B，以 $\lg y$ 与 x 作图，如图 4-22 中 4 个○所示，所得图形为一直线，故证明用式（4-27）代表表 4-2 中的数据是合适的。

表 4-2　　　　　　　　　　　函　数　值

x	1	2	3	4	5	6	7	8	9
y	1.78	2.24	2.74	3.74	4.45	5.31	6.92	8.85	10.97
$\lg y$	0.250	0.350	0.438	0.573	0.648	0.725	0.840	0.947	1.040
y_c^*	1.76	2.21	2.78	3.51	4.39	5.52	6.93	8.71	10.94

注　y_c^* 为根据式（4-26）计算所得的 y 值。

可以用图解法检验的含有两个常数的方程式有：$y=ax$；$y=a+bx$；$y=ab^x$；$y=ae^{bx}$；$y=ax^b$；$y=\dfrac{x}{a+bx}$；$y=e^{a+bx}$ 等类型。

3. 表差法

设一组实验数据可用一多项式表示，式中含有常数的项多于两个时，用表差法决定方程的次数较为合适。表差法的步骤如下：

（1）将实验数据作图。

（2）自图上根据定差 Δx，列出 x、y 的各对应值。

（3）根据 x、y 的观测值作出差值表。

（4）确定差值近似恒定的差级，此差级就是方程的次数。

举例说明表差法的原理和应用。设经验公式可用下式表示

$$y = a + bx + cx^2 + dx^3 \tag{4-29}$$

则有

$$y + \Delta y = a + b(x + \Delta x) + c(x + \Delta x)^2 + d(x + \Delta x)^3 \tag{4-30}$$

将式（4-30）展开并考虑到式（4-29），可得

$$\Delta y = (b\Delta x + c\Delta x^2 + d\Delta x^3) + (2c\Delta x + 3d\Delta x^2)x + 3d\Delta x \cdot x^2$$

因 Δx 为常数，故上式可写为

$$\Delta y = a' + b'x + c'x^2 \tag{4-31}$$

其中，a'、b'、c' 为新的常数，且

$$\Delta^2 y = a'' + b''x, \quad \Delta^3 y = a''' \tag{4-32}$$

式（4-32）说明，若 Δx 为常数，方程式中的 x 的最高次方为 3 时，三级表差值为常数；反之，若三级差表值为常数，则此组实验数据可用式（4-29）表示。

以 $y = a + be^{c'x}$ 为例，则有

$$y + \Delta y = a + be^{c'(x+\Delta x)}, \Delta y = be^{c'x}(e^{c'\Delta x} - 1)$$
$$\ln\Delta y = \ln[b(e^{c'\Delta x} - 1)] + c'\Delta x = b''$$

下面用实验的方法说明是否可以将一组实验数据表示成 $y = a + be^x$ 的形式。首先，将观测值 x、y 作图，得曲线如图 4-23 所示；其次，自曲线上按 Δx 为恒定值（如 $\Delta x = 1$），依次读取 x、y 的对应值，并将这些值列入表 4-3 中；然后依次求解 Δy、$\lg\Delta y$ 及 $\Delta\lg\Delta y$，并列入表 4-3 中，由表中的 $\Delta\lg\Delta y$ 的值可以看出，此值近似于常数，故该组实验数据可用式 $y = a + bx^x$ 来表示。

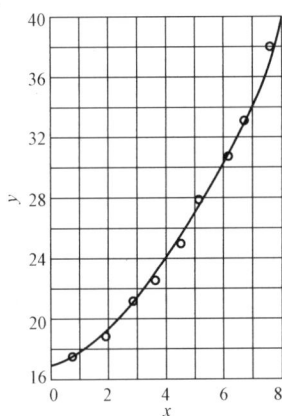

图 4-23　曲线值

表 4-3　　　　　　　　　实　验　数　据

观　测　值		自图上读取值		顺　序　差　值		
x	y	x	y	Δy	$\lg\Delta y$	$\Delta\lg\Delta y$
0.50	17.3	0	16.6			
1.75	19.0	1	17.9	1.3	0.114	0.090
2.75	21.0	2	19.5	1.6	0.204	0.097
3.50	22.5	3	21.5	2.0	0.301	0.079
4.50	25.1	4	23.9	2.4	0.380	0.097
5.25	28.0	5	26.9	3.0	0.477	0.091
6.00	30.3	6	30.6	3.7	0.568	0.085
6.50	33.0	7	35.1	4.5	0.653	0.103

4. 经验公式中常数的求解

经验公式中常数的求解方法很多，最常用的有直线图解法、选点法、平均法、最小二乘法等。

（1）图解法。凡给定公式可以直接描述成一条直线或经适当处理后能改为直线时，均可采用图解法。具体做法是先将 x、y 的各对应点画在直角坐标纸上，然后作一直线，使该直线尽可能靠近每一点。直线的经验公式可以表示为

$$y = mx + b$$

式中　m——直线的斜率，可由直角三角形的 $\Delta y / \Delta x$ 的比值来读出，但应注意 Δx 与 Δy 的距离应按笛卡尔坐标度量；

　　　b——直线在 y 轴上的截距，如图 4-24 所示。

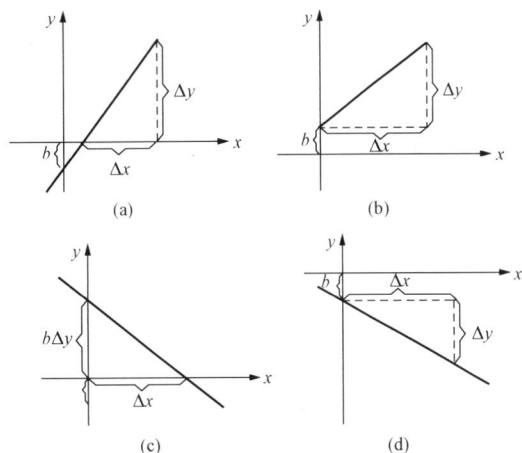

图 4-24　笛卡尔坐标图

　　图解法的精确度一般可达 $0.2\% \sim 0.5\%$，即所求常数的有效数字不超过 3 位时，图解法的精确度已足够满足需要。图解法中除描点时有误差外，求直线位置时也同样有误差。因此，这种方法总的精确度近于 0.5%。

　　[**例 4 - 7**]　由表 4 - 4 给出的 x、y 的一组对应值，用图解法求解直线 $y = b + mx$ 中的 b 与 m。

表 4 - 4　　　　　　　　　　　**例 4 - 7　数　据**

x	1	3	8	10	13	15	17	20
y	3.0	4.0	6.0	7.0	8.0	9.0	10.0	11.0

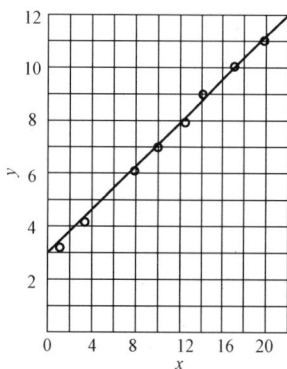

图 4 - 25　x、y 对应图

　　解　由图 4 - 25 可知

$$b = 2.73, m = \frac{\Delta y}{\Delta x} = \frac{11.09 - 2.13}{20.0 - 0} = 0.418$$

　　直线表达式为

$$y = 2.73 + 0.418x$$

　　上述直线的斜率，也可用解析几何中的其他方法求解，在此不再赘述。

　　当经验公式中含有常数的项多于 2 个时，首先应设法消去一个常数，然后再按二常数法处理。消去方法视方程的类型而定，如方程为

$$y = a + bx + cx^2$$

上式为抛物线方程，a 为抛物线在 y 轴上的截距。设所给数据接近 $x = 0$，或曲线 $y = f(x)$ 可移至 $x = 0$，从而可直接求解常数 a。令新变量 $y' = y - a$，上式可变换为

$$\frac{y'}{x} = b + cx$$

上式通过图解法，可求解常数 b、c。

　　如果 a 值不易求解，则可将坐标原点移至 (x_0, y_0)，此点确知为曲线所通过的点。在此新原点上，(x, y) 相当于 $(x - x_0, y - y_0)$。因曲线通过此点，故可得

$$y' = b'x' + c'x'^2 \tag{4 - 33}$$

$$\frac{y'}{x'} = b' + c'x' \tag{4 - 34}$$

其中，b' 和 c' 可由 $\dfrac{y'}{x'} = f(x')$ 由图解法求得，于是可得

$$c = c' \tag{4 - 35}$$

$$b = b' - 2c'x_0 \tag{4 - 36}$$

$$a = y_0 - b'x_0 + c'x_0^2 \tag{4 - 37}$$

　　对于具有 3 个常数的公式，图解法所得结果没有选点法精确度高，故不作详细讨论。

　　(2) 选点法。选点法又称联立方程法，设一组实验数据用方程表示时，式中含有 k 个常数，则由 k 个方程式联立即可求解 k 个常数的值。用选点法求解常数时，具体做法是先将实验数据范围内各 x、y 的对应值逐次代入公式内，根据常数的个数建立相应数量的方程，然后联立方程求解。如直线

$$y = mx + b$$

上式中只要分别代入两对数值，求解所得联立方程，即可求解 b、m。

当实验数据精确度很高时，选点法与图解法精确度相当。但由于选点法任意选点代入公式的缘故，由一组 k 对数值求得的常数与由另一组 k 对数值求得的常数不一致，且用图解法求解常数的有效数字通常较少。

[例 4 - 8]　根据表 4 - 5 数据，求解直线 $y=b+mx$ 中的常数。

表 4 - 5　　　　　　　　　　　　　　例 4 - 8 　数　据

x	1	3	8	10	13	15	17	20
y	3.0	4.0	6.0	7.0	8.0	9.0	10.0	11.0

解　选择表 4 - 5 中第 2 与第 7 两数值代入公式，得

$$\begin{cases} b + 3m = 4.0 \\ b + 17m = 10.0 \end{cases}$$

由此解得 $b=2.72$，$m=0.428$，故方程为

$$y = 2.72 + 0.428x$$

（3）平均法。平均法的原理为：在一组测量数据中，正负偏差出现的机会相等。因此在最佳曲线上，所有点与曲线偏差的代数和将为零。

设一方程内含有 k 个常数，用平均法求此 k 个常数的步骤如下：

1）将所测 n 对观测值代入方程内，得 n 个方程；

2）将此 n 个方程任意分为 k 组，使每组所含的方程的个数近似相同；

3）对每组方程各自进行相加，分别合并为一式，共得 k 个方程；

4）求解此 k 个联立方程，解得 k 个常数值。

[例 4 - 9]　设方程为

$$y = a + bx + cx^2$$

在实验中测得 6 对 x、y 值，将此 6 对 x、y 值代入上式，可得 6 个方程，即：$y_1 = a + bx_1 + cx_1^2$，$y_2 = a + bx_2 + cx_2^2$，$y_3 = a + bx_3 + cx_3^2$，$y_4 = a + bx_4 + cx_4^2$，$y_5 = a + bx_5 + cx_5^2$，$y_6 = a + bx_6 + cx_6^2$。

若将此 6 个方程分为 3 组，每组有 2 个方程，共有 15 种分组法，因此可得 15 组常数值。实验表明，将观测值按顺序代入，依次将方程等分为 k 组时，所得计算结果最精确。

[例 4 - 10]　设 $y=b+mx$，根据表 4 - 6 所列数据，求解式中常数 b、m。

表 4 - 6　　　　　　　　　　　　　　例 4 - 10 　数　据

x	1	3	8	10	13	15	17	20
y	3.0	4.0	6.0	7.0	8.0	9.0	10.0	11.0

解　将表中数据依次代入方程中，得下列 8 个方程：$b+m=3.0$，$b+3m=4.0$，$b+8m=6.0$，$b+10m=7.0$，$b+13m=8.0$，$b+15m=9.0$，$b+17m=10.0$，$b+20m=11.0$。

将前四式分为一组，后四式为另一组，各组求和即可得下列两个方程

$$4b+22m=22.0$$
$$4b+65m=38.0$$

解此联立方程，得

$$b=2.70,\quad m=0.420$$

代入原方程，得

$$y=2.70+0.420x$$

（4）最小二乘法。利用最小二乘法求常数时，需要先假设以下条件：

1）所有自变数的各给定值均无误差，因变量的值有测量误差。

2）最佳曲线为能使各点同曲线的偏差的平方和为最小。

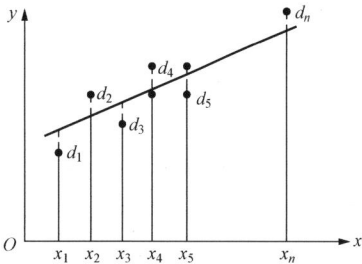

图 4 - 26　直线关系曲线

由于偏差的平方均为正数，故若平方和为最小，即意味着最佳曲线将为尽可能靠近这些点的曲线。图 4 - 26 为一直线关系式曲线，为便于说明，将偏差扩大了若干倍。图中偏差是根据假设 1）用曲线和点 y 坐标差表示，而不是用与曲线的垂直距离表示。

设有 n 对 x、y 值适合方程

$$y=b+mx$$

令 y' 代表当 b、m 已知时，根据 x 值计算的 y 值，则

$$y_1'=b+mx_1$$

测量值与曲线的偏差为

$$d_1=y_1-y_1'=y_1-(b+mx_1)$$
$$d_1=y_1-b-mx_1$$

令

$$Q=\sum d_i^2$$

则

$$Q=(y_1-b-mx_1)^2+(y_2-b-mx_2)^2+\cdots+(y_n-b-mx_n)^2 \qquad (4 - 38)$$

式中　x_n，y_n——测量中已固定的值；

　　b，m——常数。

为使式（4 - 38）的计算结果最小，由数学中求极值的方法可知

$$\frac{\partial Q}{\partial b}=0,\quad \frac{\partial Q}{\partial m}=0$$

将式（4 - 38）分别代入 $\frac{\partial Q}{\partial b}=0$ 和 $\frac{\partial Q}{\partial m}=0$ 可得

$$\frac{\partial Q}{\partial b}=-(y_1-b-mx_1)-2(y_2-b-mx_2)-\cdots-2(y_n-b-mx_n)^2=0$$

$$(y_1-b-mx_1)+(y_2-b-mx_2)+\cdots+(y_n-b-mx_n)=0$$

即

$$\sum y_i-nb-m\sum x_i=0 \qquad (4 - 39)$$

同理得

$$\frac{\partial Q}{\partial m} = -2x_1(y_1-b-mx_1) - 2x_2(y_2-b-mx_2) - \cdots - 2x_n(y_n-b-mx_n) = 0$$

即

$$\sum x_i y_i - b\sum x_i - m\sum x_i^2 = 0 \qquad (4-40)$$

式（4-39）和式（4-40）是用最小二乘法求直线方程中常数 b、m 的一般公式。将两式联立求解，可得

$$b = \frac{\sum xy\sum x - \sum y\sum x^2}{(\sum x)^2 - n\sum x^2} \qquad (4-41)$$

$$m = \frac{\sum x\sum y - n\sum xy}{(\sum x)^2 - n\sum x^2} \qquad (4-42)$$

若方程为

$$y = a + bx + cx^2$$

求解 a、b、c 的公式为

$$a\sum x_i^2 + b\sum x_i^3 + c\sum x_i^4 = \sum x_i^2 y_i$$

$$a\sum x_i + b\sum x_i^2 + c\sum x_i^3 = \sum x_i y_i$$

$$an + b\sum x_i + c\sum x_i^2 = \sum y_i$$

综上所述，与图解法、选点法、平均法相比，用最小二乘法求解的常数值最精确。但最小二乘法应用起来比较复杂，尤其是计算过程。另外，需要注意的是，当某一函数经过处理化为直线方程时，用最小二乘法所求得的常数，仅适用于新变量之间的关系式。如，当用 $\lg x$ 与 $\lg y$ 画图为一直线时，函数的形式为

$$y = kx^n$$

处理后的直线方程为

$$y = b + mx$$

由上式所求解的 b、m，仅适用于 $\lg x$ 与 $\lg y$ 的关系式，而不适用于 x 与 y 的关系式。

[**例 4-11**]　由表 4-7 中测量数据，应用最小二乘法求解直线方程 $y = b + mx$ 中的常数 b、m 的值。

表 4-7　　　　　　　　　　　　　例 4-11　数据

x	1	3	8	10	13	15	17	20
y	3.0	4.0	6.0	7.0	8.0	9.0	10.0	11.0

解　由表 4-7 中数据可得

$$\sum x = 87, \sum y = 58.0, \sum x^2 = 1257, \sum xy = 76.20, n = 8$$

将上述数据分别代入式（4-41）及式（4-42），有

$$b = \frac{762.0 \times 87 - 58.0 \times 1257}{87^2 - 8 \times 1257} = 2.66$$

$$m = \frac{87 \times 58.0 - 8 \times 762.0}{87^2 - 8 \times 1257} = 0.422$$

则该直线方程为

$$y = 2.66 + 0.422x$$

5. 各种方法可靠程度的比较

以上讨论的四种求解常数的方法，可根据其计算所得结果的或然误差来比较计算的可靠程度。或然误差定义为

$$\gamma = 0.6745 \sqrt{\frac{\sum d_i^2}{n-k}} \qquad (4-43)$$

$$d_i = y_i - y_i'$$

式中　d_i——观测值 y_i 与计算值 y_i' 的偏差；

　　　n——对应数值的数量；

　　　k——公式中常数的数量。

式（4-43）称为贝塞尔或然误差公式，表示误差落在 $\pm\gamma$ 范围之内的点应占 50%。

根据以上数据，应用四种常数求解方法所得的四个方程如下：

（1）图解法：$y=2.73+0.418x$。

（2）选点法：$y=2.72+0.428x$。

（3）平均法：$y=2.70+0.420x$。

（4）最小二乘法：$y=2.66+0.422x$。

可见，每一方程的常数均不相同，因此根据计算所得的偏差也不同。表4-8列出的是根据观测值，由各个公式计算出来的偏差值及偏差平方值。由式（4-43）可求解各种方法的或然误差。

表4-8　　　　　　　　　　四种方法计算的偏差值及偏差平方组

图解法	$\lvert d \rvert$	0.15	0.00	0.10	0.07	0.20	0.00	0.15	0.09
	d^2	0.0225	0.0000	0.0100	0.0049	0.0400	0.0000	0.0225	0.0081
选点法	$\lvert d \rvert$	0.15	0.00	0.14	0.00	0.28	0.14	0.00	0.28
	d^2	0.0225	0.0000	0.0196	0.0000	0.0784	0.0196	0.0000	0.0784
平均法	$\lvert d \rvert$	0.12	0.04	0.06	0.10	0.16	0.00	0.16	0.10
	d^2	0.0144	0.0016	0.0036	0.0100	0.0256	0.0000	0.0256	0.0100
最小二乘法	$\lvert d \rvert$	0.08	0.07	0.04	0.12	0.15	0.01	0.17	0.10
	d^2	0.0064	0.0049	0.0016	0.0144	0.0225	0.0001	0.0289	0.0100

图解法

$$\gamma = 0.6745 \sqrt{\frac{0.1080}{8-2}} = \pm 0.091$$

选点法

$$\gamma = 0.6745 \sqrt{\frac{0.2185}{8-2}} = \pm 0.13$$

平均法

$$\gamma = 0.6745 \sqrt{\frac{0.0908}{8-2}} = \pm 0.083$$

最小二乘法

$$\gamma = 0.6745 \sqrt{\frac{0.0888}{8-2}} = \pm 0.077$$

根据或然误差的定义，误差落在 $\pm \gamma$ 范围之内的点应占 50%，由各观测点可得由上述方法计算得出的误差落在 $\pm \gamma$ 内的比例如下：

（1）图解法：误差落在 ± 0.09 之间的占 50%。

（2）选点法：误差落在 ± 0.13 之间的占 37.5%。

（3）平均法：误差落在 ± 0.08 之间的占 37.5%。

（4）最小二乘法：误差落在 ± 0.08 之间的占 50%。

由以上计算结果可知，图解法、选点法、平均法、最小二乘法四种方法都符合要求。

四、列表及图解的微分法和积分法

实际工作中，常常遇到需要求解曲线的斜率或封闭曲线所包围的面积的问题。在数字中求函数的微分或积分时，函数的形式一般是已知，而在实际数据处理中，大多数情况函数的形式是未知的。下面介绍实际数据处理中，列表及图解的微分法和积分法。

1. 用切线法求解 $\dfrac{\mathrm{d}y}{\mathrm{d}x}$

切线法步骤如下：

（1）作曲线 $y = f(x)$。

（2）定出曲线上 x 处的切线或法线。

（3）切线的斜率计算式为

$$\frac{\mathrm{d}y}{\mathrm{d}x} = \frac{y_2 - y_1}{x_2 - x_1} \tag{4-44}$$

式中　(x_1, y_1)，(x_2, y_2)——切线上的两个点。

$\dfrac{\mathrm{d}y}{\mathrm{d}x}$ 随曲线变化可能很大，因此，必须严格按照作图规则去作曲线。特别重要的是，选择切点时，应当使所作的曲线尽量与 x 轴夹角接近 45°。另外，所选切线上的两点相距应尽量小，且在曲线与主坐标线相交的地方。

关于切线的画法，最简单的方法是在切点用直尺慢慢旋转，直至与曲线相切为止。此时主要靠经验，但经过长期练习，可以达到很高的精确度。

2. 用列表法求解 $\dfrac{\mathrm{d}y}{\mathrm{d}x}$

当列表数值足够精确时，列表法的精确度可高于图解法。

用列表法求解 $\dfrac{\mathrm{d}y}{\mathrm{d}x}$ 所用的公式，可由牛顿内插公式导出如下

$$y = y_0 + n\Delta y_0 + \frac{n(n-1)}{2!}\Delta^2 y_0 + \cdots$$

$$n = \frac{x - x_0}{\Delta x}$$

式中　(x_0, y_0)——靠近 (x, y) 的一点；

　　　　Δx——表差；

Δy_0，$\Delta^2 y_0$，$\cdots$——y 的一级差分，二级差分，$\cdots$

由

$$\frac{dy}{dx} = \frac{dy}{dn}\frac{dn}{dx} = \frac{dy}{dn}\frac{1}{\Delta x}$$

得

$$\frac{dy}{dx} = \frac{1}{\Delta x}\left[\Delta y_0 + (2n-1)\frac{\Delta^2 y_0}{2!} + (3n^2 - 6n + 2)\frac{\Delta^3 y_0}{3!} + \right.$$

$$\left. (4n^3 - 18n^2 + 22n - 6)\frac{\Delta^4 y_0}{4!}\cdots\right] \tag{4-45}$$

如果 Δx 为负，$x < x_0$，此时 Δy，$\Delta^3 y$，$\Delta^5 y$，…反号，$\Delta^2 y$，$\Delta^4 y$，…不变。

[例 4-12] 表 4-9 所列数据为 $y = f(x) = \lg x$ 的值，求解当 $x = 1.726$ 时 $\frac{dy}{dx}$ 的值。

解 设 $x_0 = 1.500$，$\Delta x = 0.500$，则

$$n = \frac{x - x_0}{\Delta x} = \frac{1.726 - 1.500}{0.500} = 0.452$$

代入式 (4-45) 得

$$\frac{dy}{dx}\bigg|_{x=1.726} = \frac{1}{0.500} \times \left[0.124\,94 + (2 \times 0.452 - 1) \times \left(\frac{-0.028\,03}{2}\right)\right] +$$

$$\left. (3 \times 0.452^2 - 6 \times 0.452 + 2) \times \frac{0.010\,30}{6} + \cdots\right]$$

$$= 2.000 \times (0.124\,94 + 0.001\,35 - 0.000\,17 - 0.000\,14 + \cdots)$$

表 4-9　　　　　　　　　　　例 4-12　数 据

x	y	Δy	$\Delta^2 y$	$\Delta^3 y$	$\Delta^4 y$	$\Delta^5 y$
1.0	0.000 00					
1.5	0.176 09	0.176 09				
2.0	0.301 03	0.124 94	−0.051 15			
2.5	0.397 94	0.096 91	−0.028 03	−0.023 12		
3.0	0.477 12	0.079 18	−0.017 73	−0.010 30	−0.012 82	
3.5	0.544 07	0.066 95	−0.012 23	0.005 50	−0.004 80	0.008 02
4.0	0.602 06	0.057 95	−0.008 96	0.003 27	−0.002 23	0.002 57
4.5	0.653 21	0.051 15	−0.006 84	0.002 12	−0.001 15	0.001 08
5.0	0.698 97					

[例 4-12] 所得最后计算结果与所取的项数有关，如取第一项：$\frac{dy}{dx} = 0.249\,88$，改正值为 0.001 74；前二项：$\frac{dy}{dx} = 0.252\,58$，改正值为 −0.000 96；前三项：$\frac{dy}{dx} = 0.252\,24$，改正值为 −0.000 62；前四项：$\frac{dy}{dx} = 0.251\,96$，改正值为 −0.000 34。

3. 用列表法求解 $\int y \mathrm{d}x$

用列表法求解 $\int y \mathrm{d}x$ 的方法很多，下面介绍常用的几种。

(1) 梯形法。设所求积分 $\int_{x_1}^{x_p} y \mathrm{d}x$ 可用图 4 - 27 中闭曲线 $x_1 A P x_p x_1$ 所围面积来表示，则除余数 $x_p - x_n$ 外，其余部分按等间距 Δx，在 x_1，x_2，x_3，$\cdots$，x_n 处将曲线的围面积分为 $(n-1)$ 个小面积，如图 4 - 27 所示。设每个小面积的曲线部分可当作直线，则面积 $x_1 A B x_2 x_1$ 可按梯形面积来计算，即 $\Delta x \dfrac{y_1 + y_2}{2}$，对每一个小梯形都这样处理，可得总面积为

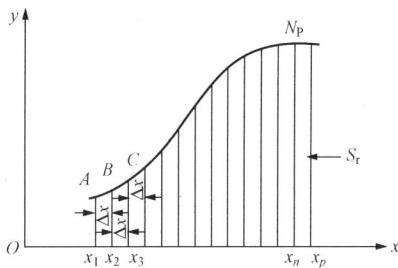

$$\int_{x_1}^{x_p} y \mathrm{d}x \approx \Delta x \left[\frac{1}{2}(y_1 + y_n) + \sum_{k=2}^{n-1} y_k \right] + \frac{1}{2}(x_p - x_n)(y_n + y_p) \tag{4 - 46}$$

显然，Δx 越小，用梯形法所求的结果越接近于积分值。但 Δx 越小，上式中 y 的项数就越多，计算越复杂，容易出错。另外，当数据为列表式时，x 的间距不能小于表的间距 Δx。

(2) 辛卜生法。辛卜生法的计算公式为

$$\int_{x_1}^{x_n} f(x) \mathrm{d}x \approx \frac{\Delta x}{6} \left[f(x_1) + f(x_n) + \frac{4}{6} \sum_{k=2}^{n-1} f(x_{2k-1}) + \frac{2}{6} \sum_{k=2}^{n-1} f(x_{2k}) \right] \tag{4 - 47}$$

其中，$x_k = x_1 + k \dfrac{\Delta x}{2}$，$\Delta x = \dfrac{x_n - x_1}{n - 1}$ 称为辛卜生公式。则总面积为

$$\int_{x_1}^{x_p} y \mathrm{d}x = \int_{x_1}^{x_p} f(x) \mathrm{d}x \approx \frac{\Delta x}{6} \Big[f(x_1) + f(x_n) + \frac{4}{6} \sum_{k=1}^{n-1} f(x_{2k-1}) +$$

$$\frac{2}{6} \sum_{k=1}^{n-1} f(x_{2n}) + \frac{1}{2}(x_p - x_n) f(x_n) + f(x_p) \Big] \tag{4 - 48}$$

(3) 龙贝法。龙贝法是在区间 $[x_1, x_p]$ 采用逐次分半的方法，且前一次分割得到的计算值在区间分半仍可利用。龙贝法的特点是计算有规律。

设区间等分数为 2^k，则龙贝法的计算公式为

$$\int_{x_1}^{x_p} f(x) \mathrm{d}x = \lim_{\substack{m \to \infty \\ k\text{固定}}} R_{m,k} = \lim_{\substack{m \to \infty \\ k\text{固定}}} R_{m,k} \tag{4 - 49}$$

其中，$R_{m,k}$ 由下列递推公式获得，即

$$R_{0,0} = \frac{x_p - x_1}{2} \left[f(x_1) + f(x_p) \right] = T_1$$

$$R_{0,k} = \frac{1}{2} T_{2^{k-1}} + \frac{x_p - x_1}{2^k} \sum_{i=1}^{2^{k-1}} f \left[x_1 + \frac{x_p - x_1}{2^k}(2i - 1) \right]$$

$$= \frac{x_p - x_1}{2^{k+1}} \left[f(x_1) + f(x_p) + 2 \sum_{i=1}^{2^{k-1}} f \left(x_1 + \frac{x_p - x_1}{2^k} i \right) \right]$$

则

$$R_{m,k} = \frac{4^m R_{m-1,k+1} - R_{m-1,k}}{4^m - 1} \tag{4-50}$$

[**例 4-13**]　试用梯形法和龙贝法计算下面的积分

$$\int_0^1 \frac{4}{1+x^2} \mathrm{d}x$$

这里 $y = f(x) = \dfrac{4}{1+x^2}$，$x_1 = 0$，$x_p = 1$，设将区间 $[0，1]$ 分成 8 等分，则 x 和 y 的对应值见表 4-10。

表 4-10　　　　　　　　　　　　例 4-13 中 x、y 的对应值

x	0	$\frac{1}{8}$	$\frac{1}{4}$	$\frac{3}{8}$	$\frac{1}{2}$	$\frac{5}{8}$	$\frac{3}{4}$	$\frac{7}{8}$	1
y	4	$\frac{256}{65}$	$\frac{64}{17}$	$\frac{256}{73}$	$\frac{16}{5}$	$\frac{256}{89}$	$\frac{64}{25}$	$\frac{256}{113}$	2

解　由梯形法可得

$$\begin{aligned}
\int_0^1 y\mathrm{d}x = \int_0^1 \frac{4}{1+x^2}\mathrm{d}x &\approx \Delta x \left[\frac{1}{2}(y_1 + y_n) + \sum_{k=2}^{n-1} y_k \right] \\
&= \frac{1}{8}\left[\frac{1}{2}(4+2) + \frac{256}{65} + \frac{64}{17} + \frac{256}{73} + \frac{16}{5} + \frac{256}{89} + \frac{64}{25} + \frac{256}{113} \right] \\
&= 3.138\ 988\ 495
\end{aligned}$$

下面用龙贝法计算积分值，计算步骤如下：

1) $R_{0,0} = \dfrac{1-0}{2}[f(0)+f(1)] = \dfrac{1}{2}(4+2) = 3$

2) 因 $f\left(\dfrac{1}{2}\right) = \dfrac{16}{5}$，$R_{0,1} = \dfrac{1}{2}\left[T_1 + f\left(\dfrac{1}{2}\right)\right] = 3.1$，则

$$R_{1,0} = \frac{4R_{0,1} - R_{0,0}}{4-1} = 3.133\ 333\ 333$$

3) $R_{0,2} = \dfrac{1}{2}R_{0,1} + \dfrac{1}{4}\left[f\left(\dfrac{1}{4}\right)+f\left(\dfrac{3}{4}\right)\right] = 1.55 + \dfrac{1}{4}\left(\dfrac{64}{17}+\dfrac{64}{25}\right) = 3.131\ 176\ 471$

$$R_{1,1} = \frac{4R_{0,2} - R_{0,1}}{4-1} = 3.141\ 568\ 627$$

$$R_{2,0} = \frac{4^2 R_{1,1} - R_{1,0}}{16-1} = 3.142\ 117\ 647$$

4) $R_{0,3} = \dfrac{1}{2}R_{0,2} + \dfrac{1}{8}\left[f\left(\dfrac{1}{8}\right)+f\left(\dfrac{3}{8}\right)+f\left(\dfrac{5}{8}\right)+f\left(\dfrac{7}{8}\right)\right] = 3.138\ 988\ 496$

$$R_{1,2} = \frac{4R_{0,3} - R_{0,2}}{4-1} = 3.141\ 592\ 503$$

$$R_{2,1} = \frac{16R_{1,2} - R_{1,1}}{16-1} = 3.141\ 590\ 95$$

$$R_{3,0} = \frac{64R_{2,1} - R_{2,0}}{64-1} = 3.141\ 585\ 786$$

5) 可以继续算出

$$R_{0,4} = 3.140\ 941\ 614，\quad R_{1,3} = 3.141\ 592\ 655$$

$$R_{2,2} = 3.141\ 592\ 665, \quad R_{3,1} = 3.141\ 592\ 643$$

因为

$$|R_{3,1} - R_{2,2}| = |3.141\ 592\ 643 - 3.141\ 592\ 665| < 0.000\ 000\ 1$$

可以认为已足够精确，所以

$$\int_0^1 \frac{4}{1+x^2} \mathrm{d}x \approx R_{3,1} = 3.141\ 592\ 643$$

而准确值为

$$\int_0^1 \frac{4}{1+x^2} \mathrm{d}x = 4\arctan x \Big|_0^1 = \pi = 3.141\ 592\ 654$$

由上述计算结果可知，用梯形法计算积分时的误差为 0.83%，而用龙贝法计算时误差为 $3/10^9$。在相同的等分数下，用龙贝法的精确度比用梯形法要高得多。

以上介绍的等距内插求积分的法则中，辛卜生法和龙贝法为计算简单，便于在电子计算机上实现（都有标准程序），精确度也相当高。

第三节　测量仪表与仪器

一、测量仪表的组成及分类

常用电工技术测量仪表的种类很多，其主要作用都是将被测量变换成仪表活动部分的偏转角位移或数字显示。

为了将被测量变换成角位移或数字显示，电气测量仪表通常由测量机构和测量线路两部分组成。

测量线路的作用是将被测量（如电压、电流、功率等）变换成测量机构可以直接测量的电磁量。如电压表的附加电阻、电流表的分流器电路等都是测量线路。测量机构是测量仪表的核心部分，通过测量机构实现指针式仪表的偏转角位移及数字仪表的显示。

测量仪表的组成框图如图 4-28 所示。

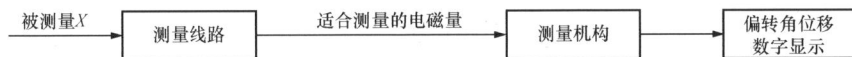

图 4-28　测量仪表组成框图

电工技术测量仪表的分类有如下几种：

（1）根据电气测量仪表的工作原理分类。主要有下列几种：磁电系，电动系，感应系，整流系，静电系，热电系，电子式指针系，电子式数字系。

（2）根据被测量的名称（或单位）分类。如电流表（安培表、毫安表、微安表），电压表（伏特表、微伏表），功率表（瓦特表），绝缘电阻表（兆欧表），欧姆表，电能表（瓦时表），相位表（或功率因数表），频率表可分为以及多种用途的仪表，如万用表，电压、电流表（伏安表）等。

（3）根据使用方式分类。可分为开关板式与可携式仪表。开关板式仪表通常固定安装在开关板或某一装置上，一般误差较大，价格较低；可携式（实验室用）仪表一般准确度较高，价格较贵。

（4）根据测量仪表工作电流的种类分类。可分为直流仪表、交流仪表、交直流两用仪表。

此外，按测量仪表的准确度等级可分为 0.1、0.2、0.5、1.0、1.5、2.5、5 共 7 级，按仪表对电场磁场的防御能力可分为Ⅰ、Ⅱ、Ⅲ、Ⅳ共 4 级，按仪表的使用条件可分为 A、B、C 三组。

本书将以指针式电工仪表和数字式电工仪表分类介绍几种电工测量仪表。

二、指针式电工仪表

（一）指针式电工仪表的测量机构及工作原理

指针式仪表的测量机构可分为两部分：活动部分及固定部分。用以指示被测量数值的指针或光标指示器安装在活动部分。测量机构的主要作用如下。

1. 产生转动力矩

要使指针式仪表的指针转动，在测量机构内必须有转动力矩作用在仪表的活动部分上。转动力矩一般是由磁场和电流（或铁磁材料）的相互作用产生（静电系仪表则由电场力形成），而磁场的建立可以利用永久磁铁，也可以利用通有电流的线圈。

常用的几种指针式电工仪表的转动力矩的产生方式如下：

（1）磁电系仪表。由固定的永久磁铁的磁场与通有直流电流的可动线圈间的相互作用产生转动力矩。

（2）电磁系仪表。由通有电流的固定线圈的磁场与铁片相互作用（或处在磁场中的两个铁片的相互作用）产生转动力矩。

（3）电动系仪表。由通有电流的固定线圈的磁场与通有电流的可动线圈相互作用产生转动力矩。

（4）感应系仪表。由通有交流电流的固定线圈与在可动铝盘中所感应的电流相互作用产生转动力矩。

转动力矩 M 的大小通常是被测量 x 与偏转角位移 α 的函数，即

$$M = F_1(x,\alpha) \tag{4-51}$$

2. 产生反作用力矩

如果一个指针式电工仪表仅有转动力矩作用在活动部分上，则不管被测量为何值，活动部分都会偏转到满刻度位置，直到不能再转动为止，因而无法指示被测量的大小。正如秤杆需要秤砣以平衡重物才能称东西的道理一样，在指示仪表的测量机构内也必须有反作用力矩作用在仪表的活动部分上，反作用力矩 M_α 的方向与转动力矩相反，而大小是仪表活动部分偏转角位移 α 的函数，即

$$M_\alpha = F_2(\alpha) \tag{4-52}$$

测量被测量时，转动力矩作用在仪表活动部分上，使活动部分发生偏转，同时反作用力矩也作用在活动部分上，且随着偏转角的增大而增大，当转动力矩与反作用力矩相等时，指针就停止在某一刻度，该刻度即为被测量数值。

在电气测量指示仪表中产生反作用力矩的办法有：

（1）利用机械力。利用游丝变形后具有的恢复原状的弹力产生反作用力矩在仪表中应用得很多（详见"磁电系仪表"部分内容）。此外，还可以利用悬丝或张丝的扭力产生反作用力矩。仪表的活动部分在使用悬丝或张丝支撑后，不再需要转轴和轴承，消除了其中的摩擦影响，使仪表测量机构的性能得到了很大改善，目前应用广泛。

（2）利用电磁力。与利用电磁力产生转动力矩的原理一样，可以利用电磁力产生反作用力矩，构成比率表（或称流比计）一类仪表。如磁电系比率表构成兆欧表，电动系比率表构成相位表及频率表等。

此外，还可以用在磁场中导体的涡流作用产生反作用力矩，如感应系仪表中的反作用力矩正是根据该原理获得。

3. 产生阻尼力矩

理论上，在指示仪表中，当转动力矩和反作用力矩相等时，仪表指针应静止在某一平衡位置，但由于仪表活动部分具有惯性，不能立刻静止下来，而是围绕平衡位置左右摆动，造成读数困难。为了缩短指针摆动时间，必须使仪表活动部分在运动过程中受到一个与运动方向相反的力矩的作用，该力矩通常称为阻尼力矩，其作用是使仪表活动部分很快地静止在最后的平衡位置上。产生阻尼力矩的装置称为阻尼器。

电气测量指示仪表中常用的阻尼器有：

（1）空气阻尼器。利用仪表活动部分在运动过程中带动阻尼箱内的阻尼翼片运动时受到空气的阻力作用来产生阻尼力矩。

（2）感应阻尼器。利用仪表的活动部分在运动中带动金属阻尼翼片切割永久磁铁的磁力线产生阻尼力矩。

在测量仪表的测量机构中，转轴和轴承之间还存在摩擦力矩，该力矩的方向和活动部分的运动方向相反，大小也不是恒定。因此，摩擦力矩将影响活动部分的稳定偏转位置，是测量仪表基本误差的来源之一。

由于产生转动力矩的方法和机构不同，从而产生了各种不同类型的测量仪表，如电磁系、磁电系、电动系等。

（二）磁电系仪表

磁电系仪表在电工测量指示仪表中占有极其重要的地位，应用广泛，如：用于直流电路中测量电流和电压；加上整流器时，用来测量交流电流和电压；加上变换器时，用于多种非电量（如磁量、温度、压力等）的测量；采用特殊结构时，还可以制成检流计，用来测量极其微小的电流。

1. 磁电系仪表的结构与基本工作原理

磁电系仪表通常又称动圈式仪表，是一种利用载流可动线圈在固定的永久磁铁磁场中受作用力而工作的仪表。图4-29所示为磁电系测量机构的一种结构形式。图中，永久磁铁、磁轭、极掌和圆柱铁芯组成固定磁路。由于极掌和圆柱形铁芯加工和安装同心，因此，它们之间所形成的气隙是均匀的。气隙中将得到很强的辐射状的均匀磁场。

安放在气隙中的动圈是一个用绝缘细导线绕制的矩形线圈。一些动圈会用铝材作骨架。

两盘游丝的盘绕方向相反，内端和轴固接，外端固定在支架上。在磁电系仪表中，

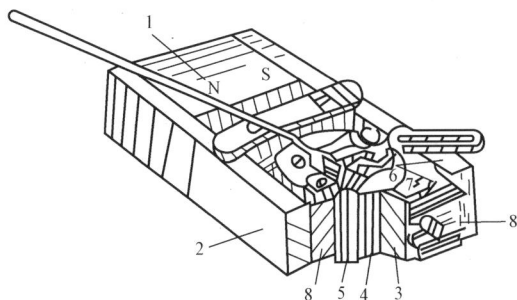

图4-29　磁电系仪表测量机构

1—永久磁铁；2—磁轭；3—极掌；4—圆柱铁芯；
5—动圈；6—游丝；7—平衡锤；8—磁分路

游丝不但用来产生反作用力矩，并且还可以通过游丝向线圈引入和导出电流。

在转轴上装有平衡锤，可以调节可动部分的机构平衡，使可动部分的重心落到转轴上，否则会造成不平衡误差。

磁分路是由软铁制成，横跨在极掌的侧面。移动磁分路的位置可以改变磁分路的磁通，从而在一定范围内改变工作气隙中的磁感应强度。

当动圈中通过电流 I 时，动圈与磁场方向垂直的导线受到电磁力作用，电磁力大小为

$$F = NBlI \tag{4-53}$$

式中　N——动圈的匝数；

B——气隙磁场的磁感应强度；

l——处在磁场内与磁场方向垂直的动圈长边部分的长度。

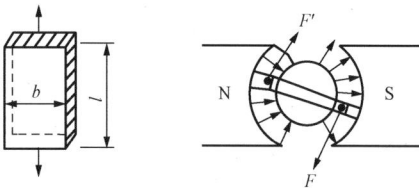

图 4 - 30　动圈示图

由图 4 - 30 可见，电磁力使动圈转动，其转动力矩为

$$M = 2F \frac{b}{2} = NBlIb = NBSI \tag{4-54}$$

$$S = lb$$

式中　b——动圈的宽度；

S——近似等于动圈的面积。

在转动力矩的作用下，动圈按一定的方向转动，旋紧或放松游丝，使反作用力矩增加，当反作用力矩和转动力矩相等时，有

$$M_\alpha = M$$

若指针偏转角为 α，则游丝产生的反作用力矩 M_α 为 $M_\alpha = W_\alpha$，即

$$W_\alpha = NBSI$$

所以

$$\alpha = \frac{NBS}{W}I = S_I I \tag{4-55}$$

$$S_I = \frac{NBS}{W}$$

式中　S_I——磁电系测量机构对电流的灵敏度；

α——仪表可动部分的偏转率；

W——游丝的弹性系数。

磁电系仪表一旦制作完成，其 N、B、S 及 W 即为一定，S 是一个常数，所以偏转角 α 与通入线圈的电流成正比。磁电系测量机构可以用来测量电流，如果此电流与外加电压成正比，也可以用来测量电压。

2. 磁电系电流表

上述磁电系测量机构可做成电流表，直接用来测量电流。但由于动圈的导线很细，电流又需要经过游丝，所以允许通过的电流很小，一般在几十微安至几十毫安范围内，通常只用来做检流计、微安表和小量限的毫安表。

为了扩大磁电系测量机构的量限，以测量较大的电流，可以采用与动圈并联电阻的方法，使大部分电流从并联电阻中流过，而动圈只流过其允许通过的电流。该并联电阻称为分流电阻和分流器，用 R_S 表示，如图 4 - 31 所示。图中，R_g 为测量机构内阻。

并联分流电阻 R_S 后，测量机构中的电流 I_g 与被测量电流 I 成比例关系。因为

$$I_g R_g = I \frac{R_g R_S}{R_g + R_S}$$

所以

$$I_g = \frac{R_S}{R_g + R_S} I \qquad (4 - 56)$$

图 4 - 31　并联分流电阻电路

由式（4 - 56）可见，磁电系测量机构中的电流 I_g 与被测量电流 I 成正比，电流表可以直接按扩大量限后的电流作出刻度，而分流电阻 R_S 计算式为

$$\frac{R_g + R_S}{R_S} = \frac{I}{I_g} = n \qquad (4 - 57)$$

所以

$$R_S = \frac{1}{n-1} R_g$$

$$n = \frac{I}{I_g}$$

式中　n——量限扩大倍数。

式（4 - 57）说明，将磁电系测量机构的量限扩大成几倍的电流表时，分流电阻应为磁电系测量机构内阻 R_g 的 $1/(n-1)$。

在磁电系测量仪表中采用不同大小的分流电阻，便可以制作成多量限电流表。图 4 - 32 为具有两个量限的电流表的内部电路。分流电阻用锰铜丝绕制，其温度系数很小，对铜的热电势低，可以在一定温升范围内保证足够的准确度。

3. 磁电系电压表

磁电系测量机构的角位移 α 与电流成正比，而测量机构的电阻一定时，α 又与其两端的电压成正比，将测量机构和被测量电压并联时，即可测量电压，但由于磁电系测量机构内阻不大，允许通过的电流又小，因此测量电压的范围也很小（毫伏级）。为了测量较高的电压，可采用一只较大的电阻与测量机构串联，该电阻称为分压电阻，用 R_d 表示，如图 4 - 33 所示。

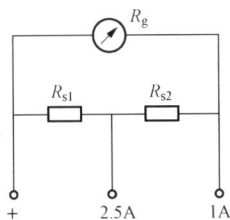

图 4 - 32　多量程限流电流表内部电路

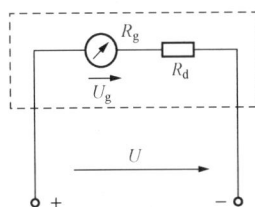

图 4 - 33　串联分压电阻电路

串联附加电阻后，通过磁电系测量机构的电流为 $I_g = U/(R_g + R_d)$，与被测电压 U 成正比，仪表的偏转可以直接指示被测电压，并按扩大量限后的电压值做出刻度。

附加电阻的大小可以根据扩大量限的要求来选择。因为

$$\frac{U}{U_g} = \frac{R_g + R_d}{R_g} = m$$

所以

$$R_d = (m-1)R_g \qquad (4-58)$$
$$m = U/U_g$$

式中　m——电压量限的扩大倍数。

式（4-58）说明，将磁电系测量机构的量限扩大成 m 倍的电压表，需要串联的附加电阻应为磁电系测量机构内阻 R_g 的（$m-1$）倍。

电压表也可以制作成多量限，只要按照式（4-58）的要求串联几个不同的附加电阻即可。其内部电路如图 4-34 所示。

用电压表测量电压时，电压表内阻越大，对被测电路的影响越小。电压表各量限的内阻与相应电压量限的比值为常数，通常在电压表上标明，单位为 Ω/V，是电压表的一个重要参数。如量限为 30V 的电压表，内阻为 15 000Ω，则该电压表内阻参数可表示为 500Ω/V。

图 4-35 为内磁式磁电系仪表结构示意图。

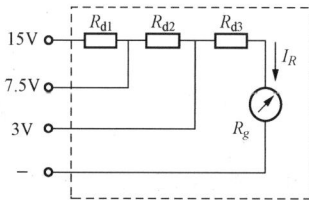

图 4-34　多量限压电电压表内部电路

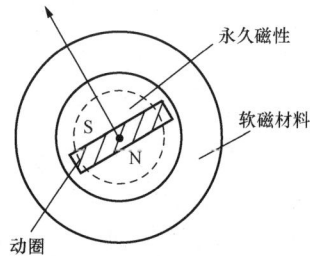

图 4-35　内磁式磁电系仪表结构示意图

4. 磁电系仪表的主要优缺点

磁电系仪表的主要优点如下：

（1）准确度高。可达 0.1～0.05 级。

（2）灵敏度高。因为磁电系测量机构内部的磁场很强，动圈只需要通过很小的电流，就能产生足够大的转动力矩。如 AC—9 型悬丝支承光标指示的磁电系检流计的满刻度偏转电流约为 450×10^{-10} A。

（3）受外界磁场及温度影响小。

（4）功率消耗小。磁电系电压表的内阻很高，通过仪表的电流很小，电压量限一定时，电压表的功率消耗就很小；对于磁电系电流表而言，由于电流表的内阻很小，电流量限一定时，电流表的功率消耗就很小。

（5）磁电系电流表、电压表的刻度均匀，读数方便。

磁电系仪表的主要缺点如下：

（1）过载能力差。因为被测电流通过游丝和动圈，游丝和动圈的导线都很细，若电流过载，容易引起游丝过热而产生弹性系数变化或动圈损坏。

（2）不能直接测量交流量。需加装整流元件。

（三）电磁系仪表

电磁系仪表是测量交流电流与交流电压最常用的一种仪表，在实验室和工程实际中应用广泛。

　　利用一个或几个载流线圈的磁场对一个或几个铁磁体（如铁片）作用的测量机构所构成的仪表称为电磁系仪表，其可动部分一般是铁片，铁片由软磁材料制成。

　　1. 电磁系仪表的结构与工作原理

　　常用的电磁系仪表的测量机构有吸引型和排斥型两种。

　　(1) 吸引型。如图 4-36 所示，吸引型电磁系仪表测量机构由固定线圈和偏心地装在转轴上的软铁片组成。转轴上还装有指针、阻尼器和产生反作用力矩的游线。

当电流通过线圈时，产生的磁场使可动铁片磁化，并对铁片产生吸引力，从而产生转动力矩，使铁片偏转，带动指针，指示被测电流的大小。当线圈中的电流方向改变时，线圈磁场的极性改变，被磁化的软铁片的极性也同时改变，线圈对软铁片仍相互吸引，软铁片转动的方向不变，如图 4-37 所示。可见，吸引型电磁系仪表测量机构可以直接测量交流电流和电压。

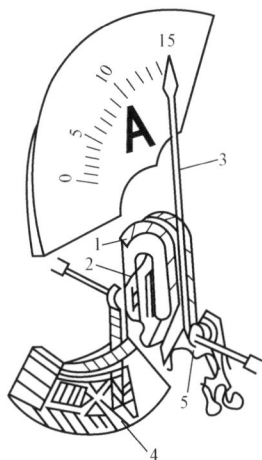

图 4-36　吸引型电磁系仪表测量机构

1—固定线圈；2—软铁片；3—指针；

4—阻尼器；5—游线

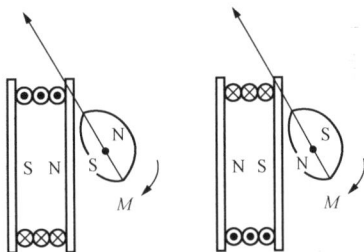

图 4-37　吸引型线圈磁场示意图

　　(2) 排斥型。排斥型电磁系仪表测量机构如图 4-38 所示。固定部分包括线圈和固定在线圈内壁的软铁片，可动部分包括固定在转轴上的铁片以及游丝、指针、阻尼片。当电流通过线圈时，两个铁片同时被磁化，且铁片同一侧的极性相同，如图 4-39 (a) 所示，从而互相排斥，使动铁片带动指针一起转动，指示出被测电流的大小。当线圈中的电流方向改变时，线圈磁场方向改变，两个铁片被磁化的极性同时改变，如图 4-39 (b) 所示，两铁片仍互相排斥，从而使可动铁片转动的方向不变。可见，排斥型电磁系仪表同样可直接用来测量交流电流和电压。

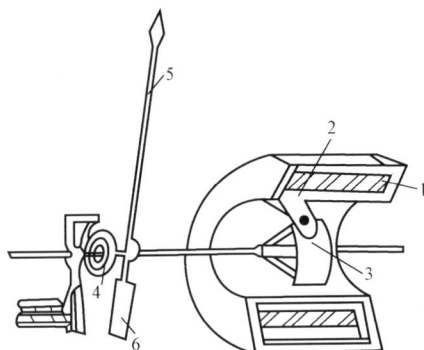

图 4-38　排斥型电磁系仪表测量机构

1—线圈；2—软铁片；3—铁片；4—游丝；

5—指针；6—阻尼片

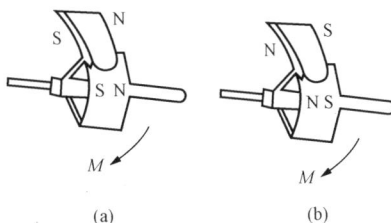

(a)　　　　　　(b)

图 4-39　排斥型线圈磁场示意图

　　电磁系仪表测量机构的作用原理是利用载流回路的电磁能量。由电路原理可知，载流线圈的能量可表示为

$$W = \frac{1}{2}LI^2$$

式中　I——线圈中的电流；

　　　　L——线圈的电感。

由此可得电磁系仪表测量机构的转动力矩为

$$M = \frac{\mathrm{d}W}{\mathrm{d}\alpha} = \frac{1}{2}I^2\frac{\mathrm{d}L}{\mathrm{d}\alpha} \tag{4-59}$$

　　因为电磁系仪表的反作用力矩由游丝产生，所以反作用力矩为

$$M_a = D\alpha \tag{4-60}$$

式中　D——弹性系数，即游丝的反作用力矩系数，由游丝的弹性决定。

　　当转动力矩和反作用力矩相等时，指针稳定在某一平衡位置，即有

$$\frac{1}{2}I^2\frac{\mathrm{d}L}{\mathrm{d}\alpha} = D\alpha$$

由此得

$$\alpha = \frac{1}{2D}I^2\frac{\mathrm{d}L}{\mathrm{d}\alpha}$$

由上式可知，在直流情况下，电磁系测量机构可动部分的偏转角与电流的平方成比例，且与自感随偏转角的变化率 $\mathrm{d}L/\mathrm{d}\alpha$ 有关。

　　如果在电磁系仪表测量机构的线圈中通入交流电流 i，则转矩随时间变化，但其符号总为正，此时瞬时转矩为

$$M_t = \frac{1}{2}i^2\frac{\mathrm{d}L}{\mathrm{d}\alpha}$$

　　由于电磁系仪表测量机构的可动部分具有较大的转动惯量，来不及跟随转矩的瞬时值改变发生偏转，而是按平均转矩 M_{av} 偏转，即

$$M_{av} = \frac{1}{T}\int_0^T M_t\mathrm{d}t = \frac{1}{2}\frac{\mathrm{d}L}{\mathrm{d}\alpha}\frac{1}{T}\int_0^T i^2\mathrm{d}t = \frac{1}{2}I^2\frac{\mathrm{d}L}{\mathrm{d}\alpha}$$

式中　I——交流电流的有效值。

　　当可动部分处于平衡位置时，其偏转角为

$$\alpha = \frac{1}{2D}I^2\frac{\mathrm{d}L}{\mathrm{d}\alpha} \tag{4-61}$$

由上式可知，在交流情况下，电磁系仪表的偏转角与被测电流有效值的平方成比例，同时与动铁片转动时固定线圈电感的变化率 $\dfrac{\mathrm{d}L}{\mathrm{d}\alpha}$ 有关，因为电感与线圈匝数的平方成正比，即

$$L = k_L N^2$$

式中　N——线圈匝数；

　　　　k_L——比例系数，与线圈、铁芯的形状、尺寸及其相互之间的位置有关，所以

$$\frac{\mathrm{d}L}{\mathrm{d}\alpha} = N^2\frac{\mathrm{d}k_L}{\mathrm{d}\alpha}$$

　式（4-61）可改写为

$$\alpha = \frac{1}{2D}(IN)^2\frac{\mathrm{d}k_L}{\mathrm{d}\alpha} \tag{4 - 62}$$

由式（4 - 62）可知，偏转角 α 与安匝数（NI）的平方成比例，如果 $\frac{\mathrm{d}k_L}{\mathrm{d}\alpha}$ 为常数，则电磁系仪表的刻度与流过测量机构的电流的有效值的平方成正比。实际上，$\frac{\mathrm{d}k_L}{\mathrm{d}\alpha}$ 随偏转角变化，可利用其变化来改善刻度特性，使标尺刻度在有效工作部分尽量趋于均匀。

2. 电磁系电流表和电压表

（1）电磁系电流表。电磁系仪表的结构是各种电工测量指示仪表测量机构中最简单的一种。根据其作用原理，可以将固定线圈直接串联在被测电路中制成电流表来测量电流。由于被测电流不通过可动部分和游丝，因而可以制成直接测量大电流的电流表。

电磁系电流表不采用分流器。这是因为一方面它可以直接通过大电流，另一方面，采用分流器后，将使测量机构的内部压降和仪表的功率消耗大大增加，因此这类仪表常用固定线圈分段串、并联的方法来改变量限。图 4 - 40 所示为双量限电流表改变量限的示意图。图中，固定线圈被分为两个匝数（N_1 和 N_2）相等、导线截面积大小也一样的绕组。其中，图 4 - 40（a）所示为两个绕组串联，电流量限为 I_m，总安匝数为 $I_m(N_1+N_2)$；图 4 - 40（b）所示为两个绕组并联，电流量限被扩大一倍，即 $2I_m$，但总安匝数不变。

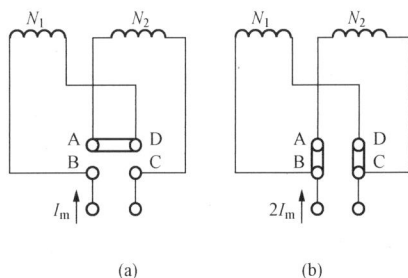

图 4 - 40　串、并联限流电磁系电流表
内部电路
（a）两绕组串联；（b）两绕组并联

（2）电磁系电压表。电磁系电压表中的固定线圈是用细的绝缘导线绕制，由于流进线圈的电流很小，为了获得足够的磁场，线圈的匝数需要很多，但量限的扩大并非单纯采用增加线圈匝数的方法，因为线圈的感抗和电阻太大时，将造成很大的频率误差和温度误差。为此，电磁系电压表仍用串联附加电阻的方法扩大量限。

电磁系仪表的主要优缺点如下：

1）结构简单，造价低廉。

2）过载能力强。这是由于电磁系仪表的被测电流不通过游丝和可动部分的结果。

3）交、直流两用，但主要用于交流测量。

4）标尺刻度不均匀。由于电磁系仪表的偏转角与被测电流的平方呈线性关系，因此造成标尺刻度不均匀。

5）易受外磁场影响。因为电磁系仪表内部磁场很弱，外磁场对其影响很大；所以电磁系仪表都采取防御外磁场影响的措施，即采用磁屏蔽和无定位结构。所谓无定位结构，就是将测量机构的线圈分成两部分且反向串联，当线圈通电时，两线圈产生的磁场方向相反，外磁场的作用总是互相抵消，但转矩相加。

6）频率影响。由于固定线圈的匝数较多。感抗将随频率的变化而变化，从而给读数带来影响，因此在使用时要注意仪表规定的频率范围。

电磁系仪表在非正弦交流电路中同样能测量电流或电压的有效值。但当非正弦电流或电压的谐波频率太高时，测量误差较大，可在测量线路上采取某些措施，以补偿频率的影响。

由上可知，电磁系仪表由于具有结构简单、过载能力强等优点，得到了广泛应用。目前，电磁系仪表主要用来制成交流电压表、电流表，特别是开关板式交流电压表、电流表。

近几年，由于新材料、新工艺的发展以及设计的改进，0.2 级和 0.5 级电磁系仪表已被广泛使用，国外已生产出 0.1 级的电磁系仪表。

（四）电动系仪表

电动系仪表是一种利用载流的可动线圈和载流的固定线圈之间的作用力而工作的仪表。与电磁系仪表相比，电动系仪表的最大特点在于由活动线圈代替了可动铁片，因此基本上消除了磁滞和涡流的影响，使仪表的准确度得到了提高。此外电动系仪表有固定和活动两套线圈，从而可以测量功率、功率因数等。

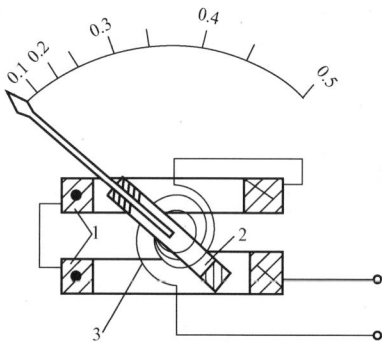

图 4-41　电动系测量机构
1—定圈；2—动圈；3—游丝

1. 电动系仪表的结构和工作原理

最简单的电动系测量机构的原理结构如图 4-41 所示。电动系仪表有两个线圈，即固定线圈（简称定圈）和活动线圈（简称动圈）。动圈与转轴固接在一起。转轴上装有指针。定圈分成两部分，彼此平行排列。从而使得两个线圈之间的磁场比较均匀。反作用力矩由游丝产生。

当定圈通过电流 I_1 时，在定圈中就形成了磁场（磁感应强度为 B_1）。当动圈中通过电流 I_2 时，将在定圈磁场中受到电磁力 F 的作用而产生转动力矩，如图 4-42（a）所示，使得仪表的活动部分发生偏转，直到转动力矩与游丝所产生的反作用力矩互相平衡时才停止，指针指示读数。

如果电流 I_1 的方向和 I_2 的方向同时改变，如图 4-42（b）所示，则电磁力 F 的方向不会改变。也就是说，动圈所受到转动力矩的方向不会改变。因此电动系仪表能够用于交流。

当电动系仪表连接在直流电路时，在没有铁磁物质存在的情况下，作用在仪表的活动部分的力矩与相互作用的两线圈中电流的乘积有关，即

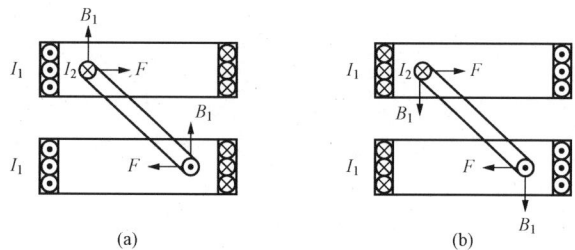

图 4-42　电动系仪表转动力矩示意图

$$M = k_a I_1 I_2$$

式中　k_a——与偏转角 α 有关的一个系数。

电动系仪表的反作用力矩由游丝产生，当动圈偏转角为 α，游丝的反作用系数为 D 时，反作用力矩 $M_\alpha = D\alpha$，根据 M 与 M_α 的平衡条件

$$M = M_\alpha$$

可求得

$$\alpha = \frac{k_a}{D} I_1 I_2 = k_\alpha I_1 I_2 \tag{4-63}$$

当电动系仪表连接在交流电路时，作用在活动部分的力矩随电流的改变而发生变化。力

矩的瞬时值为

$$M_i = k_a i_1 i_2$$

由于仪表可动部分具有惯性，来不及随力矩瞬时值的改变而变化。因此，其偏转角 α 的大小取决于瞬时转动力矩在一个周期内的平均值。

当电流为正弦交流时，设

$$i_1 = I_{1m}\sin\omega t, \quad i_2 = I_{2m}\sin(\omega t - \varphi)$$

其中，φ 为 i_1 和 i_2 两电流间的相位差角，则

$$M_t = k_a I_{1m}\sin\omega t \cdot I_{2m}\sin(\omega t - \varphi)$$
$$= k_a I_{1m} I_{2m} \cdot \frac{1}{2}\big[\cos\varphi - \cos(2\omega t - \varphi)\big]$$
$$= k_a I_1 I_2 \cos\varphi - k_a I_1 I_2 \cos(2\omega t - \varphi)$$

上式中第一项为一常数项，不随时间变化；第二项以电流频率的两倍频率随时间 t 作正弦变化。任一个正弦量或余弦量在一个周期内的平均值为零。因此，力矩在一个周期内的平均值等于第一项，即平均力矩为

$$M_{av} = K_a I_1 I_2 \cos\varphi \tag{4-64}$$

式中 I_1，I_2——通过定圈和动圈的电流有效值；

φ——I_1、I_2 之间的相位差角。

根据平衡条件 $M_{av}=M_a=D_\alpha$，可求得

$$\alpha = \frac{K_a}{D}I_1 I_2 \cos\varphi = K_a I_1 I_2 \cos\varphi \tag{4-65}$$

综上所述，当电动系仪表用于交流电路时，其可动部分偏转角不仅与通过两线圈的电流有关，而且同两电流之间的相位角的余弦成正比。

2. 电动系电流表及电压表

(1) 电动系电流表。将电动系测量机构中的定圈和动圈串联构成的电动系电流表如图 4-43 所示虚线框内电路。已知 $I_1 = I_2 = I$，$\varphi = 0$，$\cos\varphi = 1$，由式（4-65）可得

$$\alpha = k_a I^2 \tag{4-66}$$

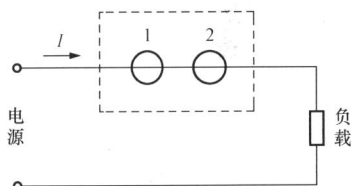

图 4-43 电动系电流表
1—定圈；2—动圈

由上式可知，电动系电流表可动部分的偏转角与被测电流的平方有关。因此，电动系电流表标尺的分度是不均匀的。

由上述方式构成的电动系电流表只能用来测量 0.5A 以下的电流，这是因为被测电流要通过游丝，而且绕制动圈的导线也很细。如果要测量较大的电流，通常是将动圈和定圈并联，或用分流器将动圈分流。

电动系电流表通常制成两个量限。图 4-44（a）为 D2-A 型电流表的电路原理图，其量限为 0～2.5～5A。量限的改变通过定圈两部分的串联换接以及改变与动圈并联的分流电阻实现。其两个量限的线路图如图 4-44（b）、（c）所示。

电动系电流表的定圈和动圈都有一定的电感，它们之间也存在互感，当被测电流的频率不同时，将会产生频率误差。为了使电动系电流表能适应较宽频率范围的测量，通常在与动

圈串联的一部分电阻上并联一个电容器 C，以补偿由于频率变化所造成的误差。如图 4-44 中各电容器 C 即为频率补偿电容。

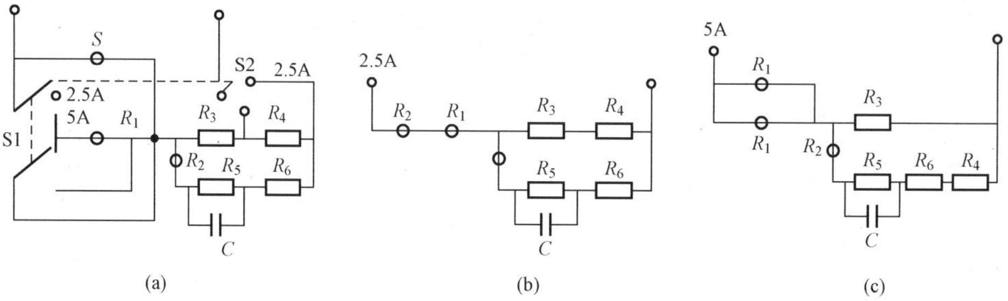

图 4-44　并联电容器频率补偿电路

(a) 电路原理图；(b) 量限线路图（一）；(c) 量限线路图（二）

R_1—定圈两部分电阻；R_2—动圈电阻；$R_3 \sim R_6$—分流电阻；S1—定圈串并联换接开关；

S2—电阻换接开关；C—频率补偿电容

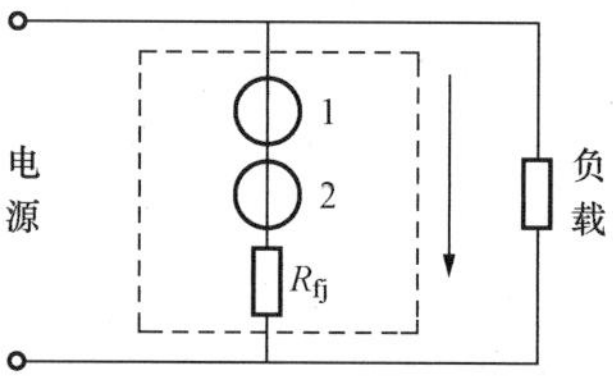

图 4-45　电动系电压表

(2) 电动系电压表。图 4-45 中所示虚线框电路表示电动系电压表，它由定圈和动圈与附加电阻 R_{fj} 串联构成。

利用改变附加电阻 R_{fj} 可以得到多量限的电压表。当附加电阻一定时，通过测量机构的电流与仪表两端的电压 U 成正比。由式（4-66）可得

$$\alpha' \propto k_\alpha U^2 \tag{4-67}$$

由此可知，电动系电压表可动部分的偏转角 α 与电压平方有关。所以，电动系电压表标尺也是不均匀的。

为了使电动系电压表能适应较宽频率范围的测量，一般在附加电阻上也并联一个电容器 C，以补偿由于频率变化造成的误差。

3. 电动系仪表的技术特性

综上所述，电动系仪表具有以下优点：

1）准确度高。因为电动系仪表内没有铁磁物质，故其准确度可以高达 0.1～0.05 级。

2）可以交、直流两用。对于非正弦交流电路同样适用。

3）能构成多种线路、测量多种参数，如电压、电流、功率、频率、相位差等。

电动系仪表具有以下缺点：

1）仪表的读数比较容易受外磁场的影响。这是因为其本身由固定线圈所建立的磁场较弱的缘故。因此，在一些精密度较高的仪表中，设有磁屏蔽装置，有的则改变结构，采用无定位结构，以消除外界磁场对测量结果的影响。

2）仪表本身消耗的功率比较大。与电磁系仪表一样，电动系电流表的内阻较大，而电压表的内阻较小。

3）仪表的过载能力小。因为活动线圈中的电流由游丝引导，如果过载，则游丝易于烧断或变质。

4）刻度不均匀。在标尺的起始部分读数极不准确。一些仪表标尺的起始部分有一黑点标记，表明在此标记刻度以下不能使用。

　　根据电动系仪表的技术特性，电动系电流表和电压表适用于实验室作交、直流两用仪表，或作交流标准仪表之用。

　　仪表表面标志符号含义见表 4 - 11。

表 4 - 11　　　　　　　　　　　仪表表面标志符号含义

仪表表盘上标志符号	型号	仪表系列	应用范围及仪表用途
∩	C	磁电系	直流电表，流比表等。A，V，Ω，MΩ，检流计等
≠	T	电磁系	一般交（直）流实验室用表，盘式表等。A，V，Hz，$\cos\varphi$ 等，适用工作频率 10～80Hz
甴	D	电动系	一般工频交（直）流实验室用表。A，V，W，Hz，$\cos\varphi$，同步表，0.2 级交流标准表
 ÷	Q	静电系	高电压测量用表（交直流电压），V，象限表等
⊙	G	感应系	工频交流电能计量，交流电能表
 ∩	L	带变换器的磁电系整流式	万用电表。A，V，Ω，$\cos\varphi$，Hz 和万用表
 ∩	E	带变换器的磁电系热电式	高频电路用表。A，V，W 等，最高适用频率可达 1MHz 以上
 ∩	z	带变换器的磁电系电子式	弱电线路用表。V，阻抗测量等

（五）调压变压器

　　调压变压器用来调变交流电压的大小（禁止用于调变直流电压）。调压变压器实际上是一个自耦变压器，线圈绕制在一个圆筒形的铁芯上，线圈抽头排列为"1"、"2"、"3"。输入电压为 110V 时，接在抽头"1"、"2"两端钮上；输入电压为 220V 时，接在"1"、"3"两端钮上。输出电压可变，由端钮"4"、"5"输出，端钮"4"和端钮"1"实际上是同一点，端钮"5"接在滑动电刷与手柄上，可改变滑动电刷位置，滑动电刷（实际上是手柄）按顺时针旋转，输出电压范围为 0～250V。需要指出的是，调压变压器手柄下方刻度盘的读数并不准确，准确的输出电压必须另由电压表测量。

　　使用调压变压器前，必须知道电源电压，正确选择输出端钮。如误将 220V 电压接入"1"、"2"两端钮将导致调压变压器烧坏，同时，禁止将电源电压接在输出端钮上。使用完毕后，应将手柄旋置"0"位，以免下次应用时，输出电压过高而发生危险。

　　调压变压器的原理及说明如图 4 - 46 所示。

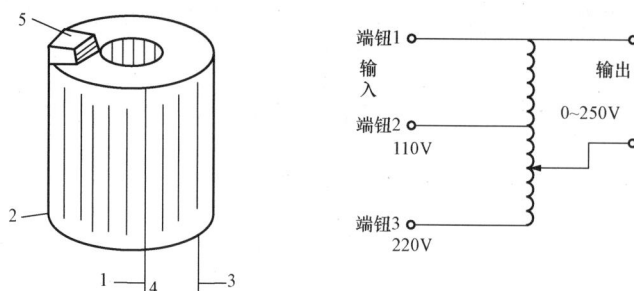

图 4 - 46　调压变压器原理

1、4—端钮 1、4；2—端钮 2；3—端钮 3；5—端钮 5

（六）D_{33}—W 型三相瓦特表

1. 用途

D_{33}—W 型三相瓦特表是电动系双元件携带式指示电能表，用于频率为 45～65Hz 的交流三相电路，测量有功功率。

D_{33}—W 型三相瓦特表工作条件为：环境温度 0～+40℃，相对湿度不大于 85%。还有一种供热带地区使用的 D_{33}—W—T 型三相瓦特表，其工作条件为：环境温度 −10～+50℃，相对湿度不大于 98%。

2. 基本技术特性

（1）准确度为 1.0 级。

（2）串联电路的额定电流为单流限，有六种规格：0.5、1、2、2.5、5、10A。

（3）并联电路的额定电压为三量限，有下列三种规格：75/150/300V；100/200/400V；150/300/600V。

（4）串联电路的直流电阻值见表 4 - 12。

表 4 - 12　　　　　　　　　　仪表串联电路的直流电阻值

额定电流/A	A 相直流电阻值/Ω	C 相直流电阻值/Ω
0.5	4.4	4.4
1	1.1	1.1
2	0.28	0.28
2.5	0.24	0.24
5	0.06	0.06
10	0.015	0.015

（5）仪表并联电路的额定电流为 20mA，各量限的直流电阻值见表 4 - 13。

（6）仪表的工作位置为水平方向。

（7）仪表的阻尼时间不大于 4s。

（8）仪表的标尺全长不小于 130mm。

（9）当周围气温自额定值改变至规定的工作温度范围内的任一温度时，由此所引起仪表指示值的改变，换算为温度每改变 10℃时，不超过 1.0%，热带型仪表不超过 ±0.8%。

表 4-13　　　　　　　　　　　　**仪表并联电路的直流电阻值**

额定电流/A	A 相直流电阻值/Ω	C 相直流电阻值/Ω
75/150/300	3750/7500/15 000	3750/7500/15 000
100/200/400	5000/10 000/20 000	5000/10 000/20 000
150/300/600	7500/15 000/30 000	7500/15 000/30 000

（10）由于 5 奥斯特外磁影响，指示值的改变不超过 ±1.0%。

（11）仪表电路和外壳的绝缘试验电压：交流 50Hz，2kV，1min。

（12）外形尺寸：295mm×230mm×215mm。

（13）质量：5kg。

3. 结构及内部线路

D_{33}—W 型仪表为空气电动系结构。如图 4-47 所示，D_{33}—W 型仪表具有两组独立的固定磁场线圈系统和两个可动元件系统，装在同一个支架上，但相互隔离。仪表实际上相当于两个单相瓦特表，两个可动元件刚性地连接在一起，并带动同一指针。仪表的测量机构采用双层高层磁率材料制成的屏蔽，以减小外来磁场的影响。上、下两个系统之间具有隔离屏蔽，使两个系统相互之间的影响极小。此外，固定线圈之间具有静电屏蔽，可减小静电影响。仪表的可动部分用轴尖和弹簧内宝石轴承支承，不但减小了偏转时的摩擦，而且使仪表具有良好的抗振性能。仪表使用刀形指针，并在刻度板下装有消除视差的反光镜，可以减小仪表的读数误差。

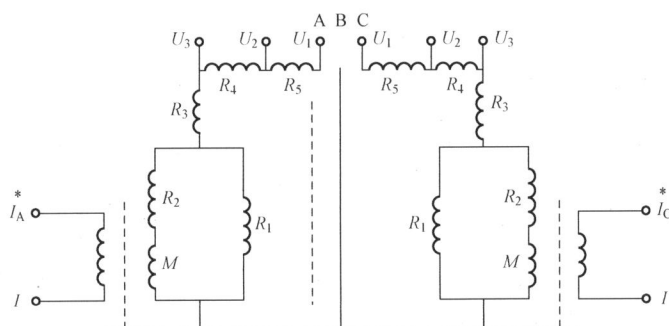

图 4-47　D_{33}—W 型仪表原理结构

M—可动线圈；$R_1 \sim R_5$—电阻仪表

4. 使用注意事项

（1）使用时应放置在水平位置，并尽可能远离电流导线或强磁场，以免使仪表产生附加误差。

（2）使用前应先利用表盖上的零位调节器将指针调整到零位。

（3）按图 4-48 接入线路。

（4）测量较大功率，且仪表需要和电流互感器一起使用时，应按图 4-49 接入线路，此时实际功率为仪表指示值与电流互感器倍率的乘积，测量误差为仪表误差和互感器误差之和。

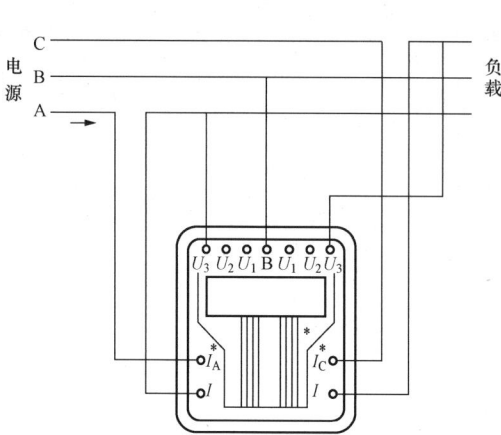

图 4 - 48　D_{33}—W 型仪表接线

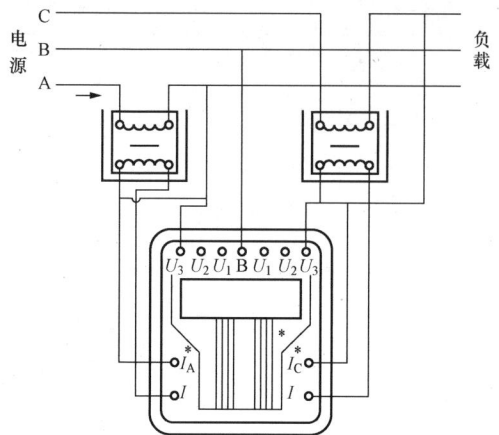

图 4 - 49　D_{33}—W 型仪表与电流互感器接线

（5）仪表的指示值计算式为

$$P = Cd$$

式中　P——功率，W；

　　　C——仪表常数即刻度每格所代表的瓦特数；

　　　d——仪表指针偏转格数。

各种额定电流及额定电压时的仪表常数见表 4 - 14。

表 4 - 14　　　　　　　　　　　各种额定电流及额定电压时的仪表常数

额定电流/A ＼ 额定电压/V	75	150	300	600	100	200	400
0.5	0.5	1	2	4	1	2	4
1	1	2	4	8	2	4	8
2	2	4	8	16	4	8	16
2.5	2.5	5	10	20	5	10	20
5	5	10	20	40	10	20	40
10	10	20	40	80	20	40	80

三、数字万用表

　　传统的指针式万用表已有近百年的发展历史，虽经不断改进，仍远远不能满足电子与电工测量的需要。近 30 年，随着电子技术的迅速发展，各种数字万用表已相继问世。特别是进入 20 世纪 80 年代以后，随着单片 CMOS A - D 转换器的广泛应用，新型袖珍式数字万用表迅速得到推广和普及，显示出强大的生命力。数字万用表具有很高的灵敏度和准确度，显示清晰直观，功能齐全，性能稳定，过载能力强，便于携带，在许多情况下正逐步取代指针式万用表。与此同时，具有高分辨率和高准确度的智能化数字万用表，也竞相进入电子市场。

　　习惯上，将连续变化的物理量称作模拟量，如图 4 - 50（a）所示。指针式万用表的指针偏转可随时间连续变化，并与输入量保持一一对应关系，故称为模拟式万用表。其测量原理是将被测电量（U、I、R 等）都转换成直流电流信号，使磁电式表头的指针偏转某一角度。

数字量则不随时间连续变化，如图 4-50（b）所示。数字万用表就是采用数字化测量技术，将被测电量转换成电压信号，并以数字的形式（不连续、离散的形式）加以显示。数字万用表通过断续的方式进行测量。通常，显示结果只反映出在本次采样期内被测量的大小。在数值上是一系列离散值。

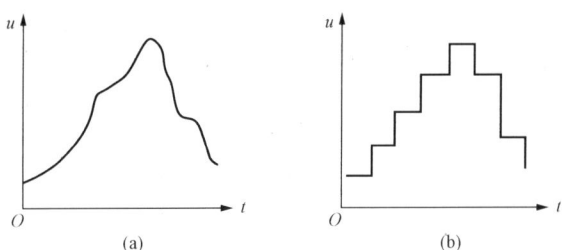

图 4-50　测量对比图
（a）模拟量；（b）数字量

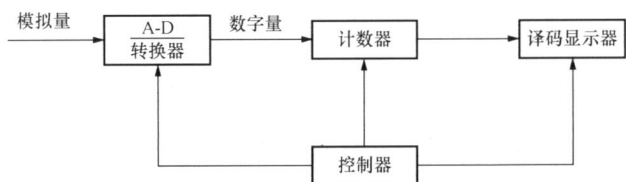

图 4-51　数字万用表原理框图

数字万用表是在直流数字电压表（DVM）的基础上扩展而成。DVM 的简单原理如图 4-51 所示，主要由 A-D 转换器、计数器、译码显示器和控制器等组成。在此基础上，利用交流—直流（AC-DC）转换器、电流—电压（I-U）转换器、电阻—电压（Ω-V）转换器，将被测电量转换成直流电压信号，从而构成了一块数字万用表。

图 4-52 所示为 $3\frac{1}{2}$ 位袖珍式液晶显示数字万用表的原理框图。该仪表采用 7016 型单片 CMOS A-D 转换器，由 9V 叠层电池供电。在 7106 的外部增加十几个阻容元件，即可构成一块直流数字电压表。它具有自动调零功能，整机无需手动调零，还能够自动显示极性。测量直流电压时，被测电压经过分压器衰减成 200mV 以下的电压，然后送至 7106 的输入端；测量交流电压时，被测先衰减成 200mV 以下的电压，再经 AC-DC 转换器变成直流电压。测量直流电流和交流电流时，通过分流器将电流信号转为电压信号，所不同的是交流电流还需经过 AC-DC 转换器。通常采用比例法测量电阻，电路简单而测量准确度较高。由于显示值与被测电阻值呈线性关系，因此不存在指针式万用表非线性刻度带来的误差。

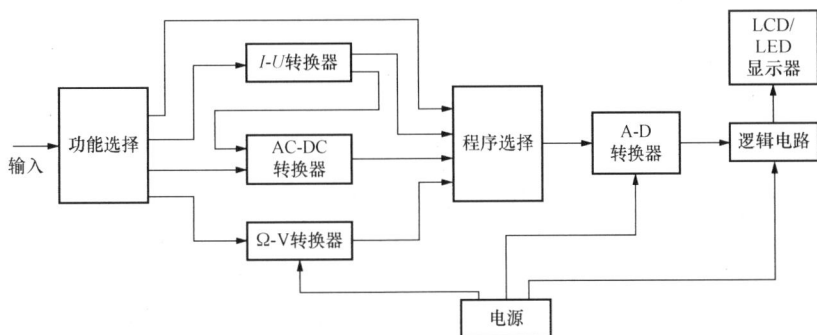

图 4-52　数字万用表原理框图

数字万用表的显示位数一般为 4~8 位，若最高位不能显示从 0~9 的所有数字，即称为"半位"，记作"1/2"位。如袖珍式数字万用表共有 4 个显示单元，习惯上称为 $3\frac{1}{2}$ 位（读作"三位半"）数字万用表。同样，具有 8 个显示单元的 DMM，则称为 $7\frac{1}{2}$ 位数字万用表。少数数字万用表，如 DF－8，没有半位，全是整位。

四、示波器的原理

（一）示波管的结构原理

普通示波管的基本结构如图 4-53 所示。它包括三部分：电子枪、偏转系统和显示部分。上述示波器组成部分整个密封在玻璃壳内，成为大型的电真空器件。就其用途而言，示波管是将电信号变成光信号的转换器。

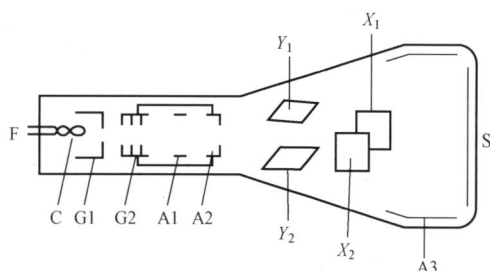

图 4-53　示波器基本结构

1. 电子枪

电子枪的作用是发射电子并形成很细的高速电子束。电子枪由灯丝 F、阴极 C、栅极 G1、前加速极 G2、第一阳极 A1 和第二阳极 A2 组成。其中，灯丝用于加热阴极；阴极是一个表面涂有氧化物的金属圆筒，在灯丝加热下发射电子；栅极是一个顶端有小孔的圆筒，套在阴极外边，其电位比阴极低，对阴极发射出的电子起控制作用，只有初速较大的电子才能穿过栅极顶端小孔射向荧光屏，初速较小的电子则折回阴极，如果栅极电位足够低，就会使电子全部返回阴极，因此调节栅极电位可以控制射向荧光屏的电子流密度，从而改变亮点的辉度。如果用外加信号控制栅、阴极间电压，则可使亮点辉度随信号强弱而变化，这种工作方式称为辉度调制。

第一阳极 A1 是一个与阴极同轴的比较短的金属圆筒，A1 的电位远高于阴极；第二阳极 A2 也是与阴极同轴的圆筒，其电位高于 A1；前加速极 G2 位于 G1 与 A1 之间，与 A2 相连，对电子束有加速作用。

由 G1、G2、A1 及 A2 组成一个电子束控制系统，如图 4-54 所示。它对电子束有聚焦作用，改变第一阳极 A1 的电位（即面板上的"聚焦"旋钮）及第二阳极电位（即面板或仪器板上的"辅助聚焦"旋钮），使电子束在荧光屏上聚成小亮点，以保证显示波形的清晰度。

电子束的聚焦原理是：电子自阴极射出后，在栅极负电位作用下朝轴向运动，在栅极圆筒末端附近形成一个交叉点 F_1。

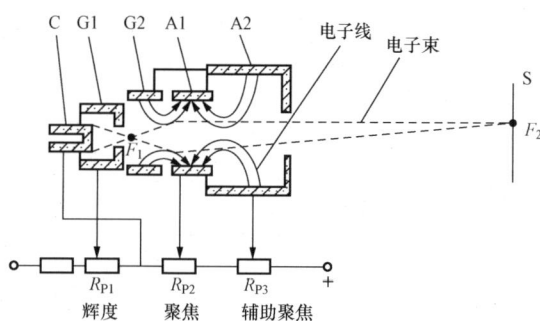

图 4-54　电子束控制系统

电子离开栅极顶端小孔后，由于互相排斥又散开。当进入由 G2、A1、A2 所形成的静电场时，由于其电力线方向是由 G2 与 A2 分别指向 A1，而且有一定的曲率。高速运动着的电子，受到此电场作用后，便向轴线聚拢。如果 A1 与 G2、A2 上的电位调节合适，电子束恰好聚焦在荧光屏 S 中心点 F_2 处,原理类似于由两个透镜所组成的光学系统。为了使光束正好聚于一点,必须调节两透镜之间的距离,示波管则是通过调节 A1 与 G2、A2 之间的电位差(调节图 4-54 中 R_{P2}、R_{P3})来实现。

前加速极 G2 还起隔离作用,减弱 A1 的电场对栅极的作用,以免在调节聚焦时影响光点辉度。G2 内装有隔板,可以截获偏离轴线过远的电子。A2 顶部中心处有一小孔,从而使电子束具有较细的截面,以利于电子束聚焦。

第一阳极 A1 内部没有隔板,不截获电子,流过它的电流几乎为零。所以在调节辉度改变电子流密度时,不会引起 A1 电位改变,从而避免了调节辉度对聚焦的影响。因此称具有这种电子枪结构的示波管为无阳极电流型示波管。

2. 偏转系统及电子束偏转规律

图 4-53 中,在第二阳极的后面,由两对相互垂直的偏转板组成偏转系统。Y 轴偏转板在前(靠近第二阳极),X 轴偏转板在后。两对板间各自形成静电场,分别控制电子束在垂直方向与水平方向的偏转。

电子束在偏转电场作用下的运动规律可用图 4-55(a)及式(4-68)来说明。

$$y \approx \frac{Ll}{2dU_{A2}}U_y \text{(cm)} \tag{4-68}$$

式中　l——偏转板长度,cm;

　　　L——偏转板右侧边缘至荧光屏之间的距离,cm;

　　　d——两偏转板之间的距离,cm;

　　U_{A2}——第二阳极与阴极间的电压,V;

　　　U_y——加于 Y 轴两偏转板间的电压,V。

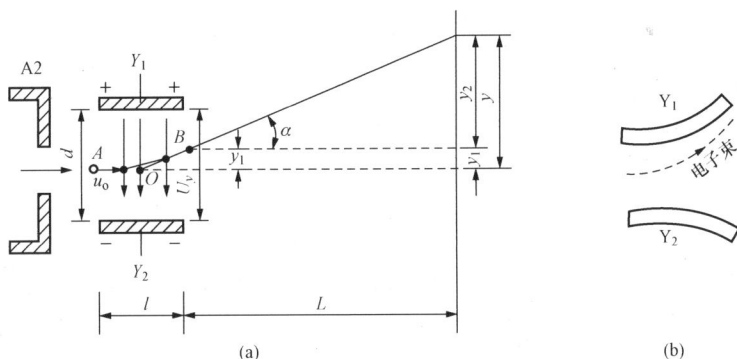

图 4-55　电子束在偏转电场中的运动

式(4-68)中,L、l、d 均为常数,当亮点聚焦调整好后,U_{A2} 基本不变,则荧光屏上的亮点偏转距离 y 与加于偏转板上的电压 U_y 成正比。设

$$S_y = \frac{2dU_{A2}}{Ll} \text{(V/cm)} \tag{4-69}$$

则

$$y = \frac{1}{S_y}U_y, \quad S_y = \frac{U_y}{y} \tag{4-70}$$

式中　S_y——示波管 Y 轴偏转灵敏度,表示亮点在荧光屏上偏转 1cm 所需加于偏转板上的

电压值，此值越小表示灵敏度越高。偏转灵敏度是与外加偏转电压大小无关的常数。

　　Y 轴偏转系统的频带宽度也是一项重要参数，主要由偏转回路的寄生电抗及电子通过偏转系统的渡越时间决定。

　　电子通过偏转板需要一定的时间（1～5ns），导致波形前沿失真。由于寄生电抗及电子渡越时间的存在，使偏转系统频带的上限频率受到限制，如 13SJ50J 型示波器 $f_h \approx$ 100MHz，直接影响示波器的频率特性。

　　X 轴偏转板也有灵敏度的数值，其计算式为

$$S_x = \frac{U_x}{X} \tag{4-71}$$

　　考虑到偏转板边缘电场不均匀的影响，式（4-69）及式（4-70）应作适当修正。为了增大电子束偏转角，避免偏转板右侧边缘对电子束的阻碍，通常采用弯折形偏转结构，如图 4-55（b）所示。

　　由式（4-69）可知，要提高偏转灵敏度，需要延长偏转板长度及其至荧光屏的长度 L，减小板间距离 d 及第二阳极电压 U_{A2}。

　　降低 U_{A2}，减小电子通过偏转板间的速度，有利于提高灵敏度，但会减弱亮点辉度。为此，在荧光屏与偏转系统之间设置后加速极，提高电子射向荧光屏的速度，从而增加亮点辉度，上述系统称为先偏转后加速系统。

高灵敏度示波管的结构如图 4-56 所示。图中，A3 为后加速极，接 10～15kV 以上高压。为了避免电子束突然遇到高压电场而产生散焦现象或图像失真，采取逐渐加速的方法。图中采用具有一定电阻的螺旋形石墨带，形成连续的分压器，使电位均匀分布。

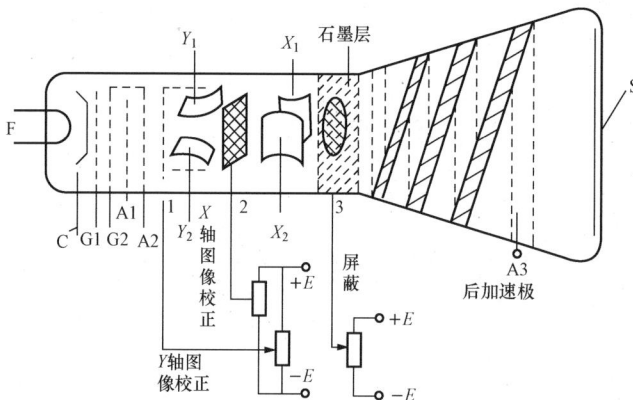

图 4-56　高灵敏示波管结构

图 4-56 中有 3 个网状屏蔽极，1、2 用于图像校正，调节屏蔽网上的电压使电子正好打在荧光屏中心位置，并且具有消除两对偏转板间交叉干扰、屏蔽外界电磁场的作用。屏蔽极 3 可以避免后加速电场对 X 轴偏转板工作的影响。

　　高灵敏度示波管的灵敏度比普通示波管高 5～10 倍。如，13SJ50J 型示波管 $S_y = 2～$ 3.6V/cm（普通管 $S_y = 25～37$V/cm），欲偏转 10cm，需要在偏转板上加约 20V 电压，从而有利于配合晶体管放大电路，减小放大电路的增益，扩展频带宽度。高灵敏度示波管在晶体管化的示波器中得到了广泛应用。

　　3. 荧光屏

　　荧光屏一般为圆形曲面或矩形平面，其内壁沉积有磷光物质，形成荧光膜。荧光屏在受到电子轰击后，将其动能转化成光能，形成亮点。当电子束随信号电压偏转时，亮点的移动轨迹便形成了信号的波形。

当电子束停止作用后，荧光膜仍保留一段发光过程。激励过后，亮点辉度下降到原始值的 10% 所延续的时间称为余辉时间，其中，$10\mu s \sim 1ms$ 为短余辉，$1ms \sim 0.1s$ 为中余辉，$0.1 \sim 1s$ 为长余辉。显示高频信号的示波器宜采用短余辉管；观察生物及自动控制等缓慢信号的超低频示波器宜采用长余辉管；一般用途的示波器均采用中余辉管。

采用不同的荧光物质，有不同的发光颜色。考虑到人眼对黄、绿色比较敏感，所以常采用发出黄或绿色光的荧光物质。

电子打在荧光屏上，只有少部分能量转化为光能，大部分则变成热能。所以不应当使亮点长时间停留在一处，以免荧光粉损坏而形成斑点。

在荧光屏的内侧，还有一层薄薄的铝膜（小于 $1\mu m$），高速电子可以穿过。铝膜有反光作用，可以提高辉度，并且有利于荧光屏散热。又因铝膜与后加速极电源相连，可以吸收荧光屏受电子轰击时发射的二次电子，以免二次电子束的运动产生影响。

圆形荧光屏承受压力的性能较好，但屏幕利用率不高，线性度较差。荧光屏中间比较平整的部分称为有效面积，屏幕直径为 13cm 的示波管，有效面积约为 $6cm \times 6cm$。而矩形荧光屏比较平整，有效面积大。使用示波器时应尽量使波形映现在有效面积内。

为了测量波形的高度或宽度，在荧光屏的外边加一块用有机玻璃制成的外刻度片，标有垂直和水平方向的刻度，并且易于更换。但是波形与刻度片不在同一平面上，会造成较大的视差。另一种是内刻度线，分度刻在荧光屏玻璃内侧，以消除视差，准确度较高。

（二）示波管波形显示原理

1. 电子束沿 u_y 与 u_x 作用的合成方向运动

因为电子束沿垂直和水平两方向的运动方向互相独立，打在荧光屏上亮点的位置取决于同时加在垂直和水平偏转板上的电压。当示波管的两对偏转板上不加任何信号时（或两对板分别为等电位），则亮点打在荧光屏的中心位置。

若仅在 Y 轴偏转板加上一个随时间变化的电压 u_y，如正弦波电压，则电子束沿垂直方向运动，其轨迹为一条垂线；若仅在 X 轴偏转板上加正弦波电压 u_x，则电子束沿水平方向运动，轨迹为一条水平线；在 Y 轴和 X 轴同时加同一正弦波电压时（即 $u_y = u_x$），如图 4-57 所示，按二者合成作用结果，其轨迹为一条斜线。斜线的两个端点分别对应偏转电压正、负半周的峰值。如果所加信号的频率为 15Hz 以上，这时由于人眼视觉暂留，及荧光屏的余辉时间所致，光点的轨迹形成一条亮线。可见上述几种情况都不能显示被测电压信号 u_y 的波形。为了显示 u_y 的波形，必须

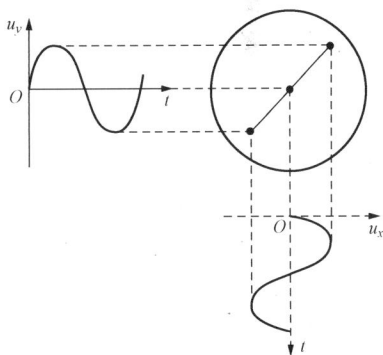

图 4-57　示波管波形显示原理

在 Y 轴偏转板加 u_y 信号的同时，在 X 轴偏转板加随时间线性变化的扫描电压（锯齿波电压）。

2. 扫描—时间基准

在 X 轴偏转板加线性扫描电压时，电子束在屏幕上按时间沿水平方向展开，形成时间基线，理想的锯齿波电压波形如图 4-58（a）所示。当仅在 X 偏转板加锯齿波电压时，亮点沿水平方向作等速移动，当扫描电压达到最大值（U_m）时，亮点也达到最大偏转，然后

从该点迅速返回到起始点，若扫描电压重复变化，则在屏幕上就显示一条水平亮线，上述过程称为扫描。在 X 偏转板有扫描电压作用的同时，在 Y 偏转板加被测信号电压，就可以将其波形显示在荧光屏上。这样，电子束就可以随着输入电压的变化而形成图形，如图 4 - 58（b）所示。

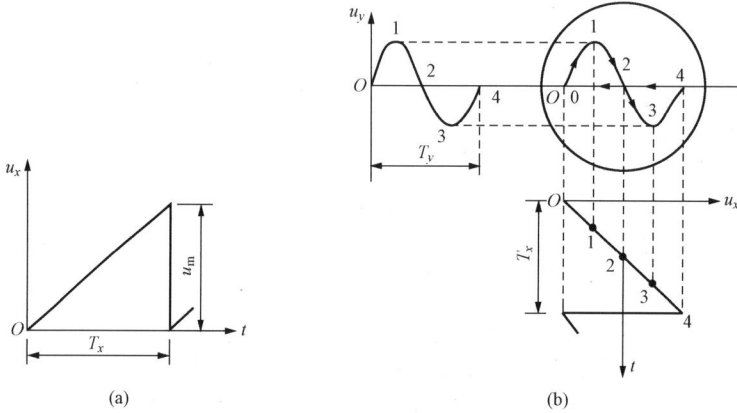

图 4 - 58   扫描—时间基准

(a) 锯齿波电压波形；(b) 电压变化形成图

图 4 - 58 中，u_y 的周期为 T_y，如果扫描电压 u_x 的周期 $T_x = T_y$，在 u_y 及 u_x 的共同作用下，亮点的轨迹刚好为一条与 u_y 相同的正弦曲线。亮点从 O 点经 1、2、3 至 4 点的移动为正程，从 4 点迅速返回到 O 点的移动为回程，图 4 - 58（b）中的回程时间设为零。

由于扫描电压 u_x 随时间作线性变化（$u_x = k_1 t$），屏幕的 x 轴就转换成了时间轴。亮点在水平方向偏移的距离为

$$x = \frac{1}{S_x} u_x = \frac{1}{S_x} k_1 t = kt \qquad (4 - 72)$$

可见，x 的大小可以代表时间长短。

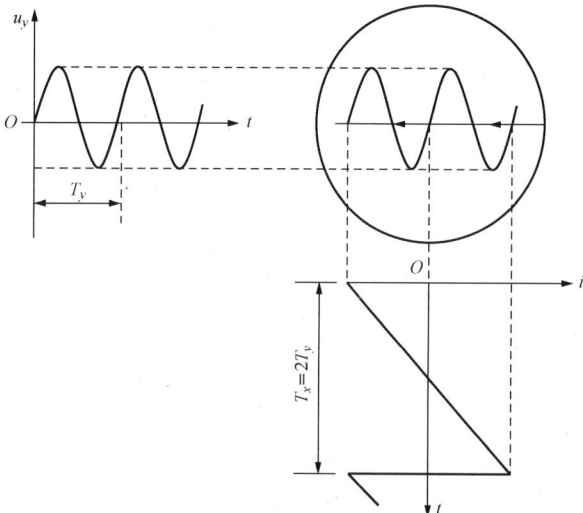

图 4 - 59   波形显示过程（$T_x = 2T_y$）

3. 同步概念

如果 $T_x = 2T_y$，则波形显示过程如图 4 - 59 所示。可以观察到一个稳定的图像。

由图 4 - 59 可见，欲增加显示波形的周期个数，需增加扫描电压 u_x 的周期，即降低 u_x 的扫描频率。这在使用示波器时应当有意识地进行调节。荧光屏上显示波形的周期个数为

$$n = \frac{T_x}{T_y} \qquad (4 - 73)$$

上述情况 T_x 均为 T_y 的整数倍。图 4 - 60 所示为 $T_x = \frac{7}{8} T_y$ 时

的波形情况。设 u_y 为周期性的正弦波电压，u_x 为周期性的锯齿波电压，第一个扫描周期显示出 0～4 点之间的曲线，并在 4 点迅速跳到 4′点；再开始第二个扫描周期，显示出 4′～8 点之间的曲线；第三个扫描周期显示出 8′～10 点之间的曲线。图中所显示的波形不稳定，即每次显示的波形不重叠，好像波形向右跑动一样。如果 $T_x = 1\frac{1}{8}T_y$，则波形向左跑动，这是在调节过程中经常出现的现象。产生这种波形左右跑动的原因是 T_x 与 T_y 不成整数倍，形成每次扫描起始点不一致所引起的。

由此可见，为了在屏幕上获得稳定的图像，T_x（包括正程和回程）与 T_y 必须成整数倍关系，即 $T_x = nT_y$，以保证每次扫描起始点都对应信号电压 u_y 的相同相位点，这种过程称为同步。

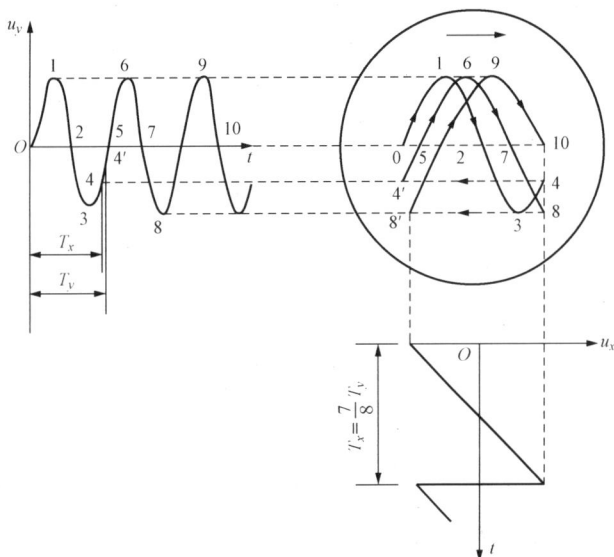

图 4 - 60　7/8 周期显示

总之，示波器实质上是一个快速的 x-y 描绘仪。亮点在荧光屏上所描绘的图形反映了被测信号随时间的变化过程。当其多次重现时可以构成稳定的图像。如果配以照相机等设备则可以记录波形。

（三）电子示波器的组成

电子示波器是利用示波管将电信号波形转换成人眼能直接观察图像的电子仪器。示波器描绘波形的"笔"是惯性极小的电子束，记录电子束运动轨迹的"纸"是荧光屏。为了使这支"笔"描绘出被测量的波形，还必须有一套完整的电路。

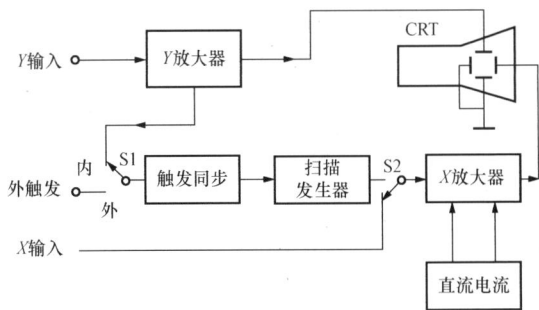

1. 示波器的结构

就通用示波器而言，其结构一般包括图 4 - 61 所示六大部分。其中，Y 放大器用于放大被观测的信号，控制电子束的垂直偏转；扫描发生器用于产生锯齿波电压，经 X 放大器使电子束形成水平扫描，当不需要扫描时，由开关 S2 转换到 X 输入端，放大 X 轴输入信号；触发同步电路使波形稳定。当由被测信号实现同步时，开关 S1 置"内"处，当需外接同步信号时，S1 置"外"处。

图 4 - 61　示波器结构

2. 主要技术性能

为了正确选择和使用示波器，必须了解以下五项示波器的主要性能指标：

（1）频率响应。加至示波器输入端（包括 Y 轴和 X 轴，不加说明时指 Y 轴）的信号在屏幕上所显示图像的幅值对应中频段频率显示幅值下降 3dB 的范围，即上限频率 f_h 与下限频率 f_i 之差。一般情况下 $f_h \gg f_i$，所以频率响应可用上限频率 f_h 来表示。如 SBM—10A 型示波器 $f_h = 300\mathrm{MHz}$。f_h 越大越好。

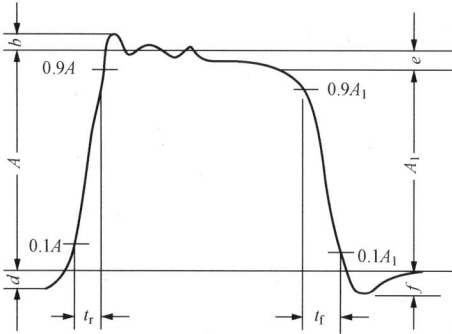

图 4 - 62　示波器时域响应曲线

（2）时域响应。表示放大电路在方波脉冲输入信号作用下的过渡特性。用上升时间、下降时间、上冲、下冲、预冲及下垂等参数表示。图 4 - 62 所示为在输入标准矩形脉冲情况下，荧光屏上显示的典型波形。图中，上升时间 t_r 是正脉冲波的前沿从基本幅值 A 的 10% 上升到 90% 所需的时间；下降时间 t_f 为正脉冲波的后沿从下垂后幅值 A_1 的 90% 下降到 10% 所需的时间。

上冲 S_0 为脉冲波前沿的上冲量 b 与 A 之比的百分数，即

$$S_0 = \frac{b}{A} \times 100\% \qquad (4 - 74)$$

下冲 S_n 为脉冲波后沿的下冲量 f 与 A 之比的百分数，即

$$S_n = \frac{f}{A} \times 100\% \qquad (4 - 75)$$

预冲 S_p 为脉冲波阶跃之前的预冲量 d 与 A 之比的百分数，即

$$S_p = \frac{d}{A} \times 100\% \qquad (4 - 76)$$

下垂 δ 为脉冲波平顶部分倾斜幅度 e 与 A 之比的百分数，即

$$\delta = \frac{e}{A} \times 100\% \qquad (4 - 77)$$

示波器说明书上只给出上升时间 t_r 及上冲 S_0 的数值。由于示波器中的放大器是线性网络，放大器的频带宽 f_B 与上升时间 t_r 之间有确定的内在联系：$f_B t_r \approx 350$，当频带宽度已知时，可以计算上升时间为

$$t_r \approx \frac{350}{f_B} \qquad (4 - 78)$$

其中，f_B、t_r 的单位分别为 MHz、ns，且 $f_B = f_h$。例如 SBM—10A 型示波器 $f_h = 30\mathrm{MHz}$，上升时间为 $t_r \approx \frac{350}{f_h} = \frac{350}{3 \times 10^6} \approx 12\mathrm{ns}$。$t_r$ 越小越好。

上述的频率响应和时域响应，在相当大程度上决定了示波器可以观测的信号最高频率值（指周期性连续信号）或脉冲信号的最小宽度。

3. 偏转灵敏度

示波器的偏转灵敏度是指输入信号在无衰减情况下，亮点在屏幕上偏转单位长度所需信号电压的峰—峰值，反映示波器观察微弱信号的能力。其值越小，偏转灵敏度越高。如 SBM—10A 型示波器 Y 轴的最高偏转灵敏度 $S_y = 10\mathrm{mV/cm}$。

一般示波器的灵敏度为每厘米若干毫伏的数量级。

4．输入阻抗

示波器的输入阻抗由在示波器输入端测得的直流电阻值 R_i 和并联的电容值 C_i 分别表示。R_i 值越大、C_i 值越小越好。如 SBM—10A 型示波器的 $R_i = 11M\Omega$，$C_i = 33pF$。当接入探极时，$R_i' = 100M\Omega$，$C_i' < 10pF$。

输入阻抗使用者提供了示波器输入电路对被测电路产生影响的依据。

5．扫描速度

示波器的扫描速度是指无扩展情况下，亮点在屏幕 X 轴方向扫描时移动单位长度所需要的时间。

扫描速度越高，表明示波器能够展开高频信号或窄脉冲信号波形的能力越强。反之，为了观测缓慢变化的信号，则要求示波器具有较低的扫描速度。所以示波器扫描速度的范围越宽越好。如 SBM—10A 型示波器的扫描速度范围为 $0.05\mu s/cm$。

（四）电子示波器的种类

根据用途和特点，示波器一般分为以下五类：

（1）通用示波器。采用单束示波管组成的示波器，包括单踪型（单束管与电子开关组成）。

（2）多束示波器（也称多线示波器）。采用多束示波管组成的示波器，在荧光屏上显示的每个波形都由单独的电子束所产生。

以上两类示波器根据 y 通道的频带宽度 f_B 又分为四种类型，即简易示波器（$f_B < 500kHz$）、低频示波器（$f_B = 0.5 \sim 1MHz$）、普通示波器（$f_B = 5 \sim 60MHz$）、宽带示波器（$f_B > 60MHz$）。

（3）取样示波器。将高频信号以取样的方式转换成低频信号，然后再用类似通用示波器的方式进行显示。取样示波器用于观察 300MHz 以上的高频信号及脉宽为几个纳秒的窄脉冲信号。

（4）记忆与存储示波器。记忆与存储示波器是一种具有存储信息功能的示波器，可以将周期现象或缓慢信号长时间地保留在屏幕上或存储于电路中，供分析、比较用。一般将利用记忆示波管实现存储功能的示波器称为记忆示波器，利用半导体数字存储示波器的示波器称为数字存储示波器。

（5）特殊示波器。特殊示波器是指能满足特殊用途或具有特殊装置的专用示波器。如高压示波器等。

第五章　常用仪器仪表简介

第一节　示　波　器

一、面板功能简介

模拟示波器型号很多，不可能一一列举，这里简单介绍一下 YB4320/20A/40/60 型双踪示波器。其面板如图 5-1 所示。

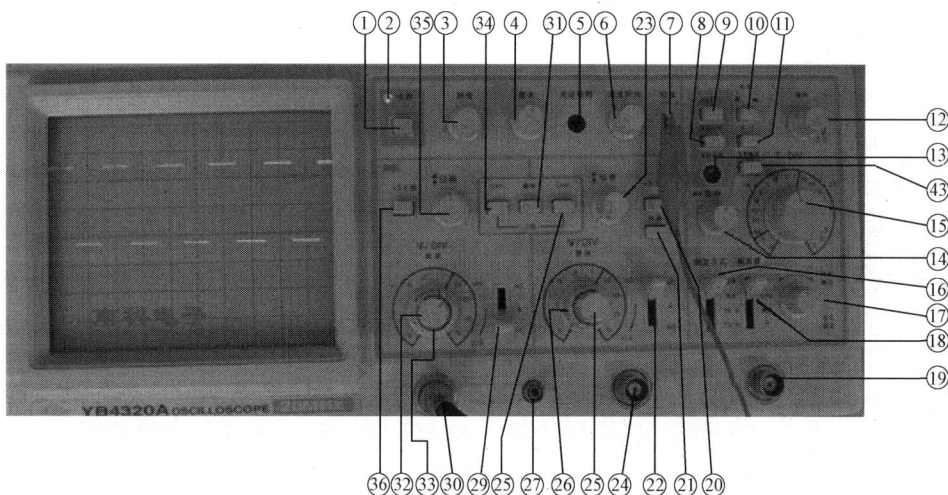

图 5-1　YB4320/20A/40/60 型双踪示波器面板图

图 5-1 中，根据示波器各旋钮、开关的功能，可分为电源及示波管控制系统、垂直系统、水平方向部分及触发四部分，下面进行详细说明。

1. 电源及示波管控制系统

示波器用交流电源插座，该插座下端装有保险丝管。

①电源开关（Power）。按键弹出即为"关"位置；按键按下为"开"位置。

②电源指示灯。电源接通时，指示灯亮。

③亮度旋钮（Intrnsity）。顺时针方向旋转，亮度增强。

④聚焦旋钮（Focus）。调节光迹及波形的清晰度。

⑤光迹旋转旋钮（Trace Rotation）。调节光迹与水平刻度线平行。

⑥刻度照明旋钮（Scale Illum）。调节屏幕刻度亮度。

2. 垂直系统

㉚：通道 1 输入端 [CH1 Input（X）]。垂直方向输入。在 X-Y 方式时输入端信号为 X 信号。

㉒、㉙：交流－接地－直流耦合选择开关（AC-GND-DC）。选择垂直放大器的耦合

方式。其中，交流（AC）：垂直输入端由电容来耦合；接地（GND）：放大器的输入端接地；直流（DC）：垂直放大器输入端与信号直接耦合。

㉖、㉝：衰减开关（Volt/DIV）。选择垂直偏转灵敏度的调节。若使用的是 10：1 探头则计算值为幅值×10。

㉕、㉜：垂直微调旋钮（Variable）。垂直微调旋钮用于连续改变电压偏转灵敏度。该旋钮在正常情况下，应位于顺时针方向旋到底的位置。将旋钮逆时针方向旋到底时，垂直方向的灵敏度下降至 2.5 倍以上。

⑳、㊱：CH1×5 扩展、CH2×5 扩展（CH1×5MAG，CH2×5MAG）。按下"×5"扩展键，垂直方向的信号扩大 5 倍，最高灵敏度为 1mV/div。

㉓、㉟：垂直移位（Position）：调节光迹在屏幕中的垂直位置；垂直工作方式按钮（VERTICAL MODE）：垂直方向的工作方式选择。

㉞：通道 1 选择（CH1）。屏幕上仅显示 CH1 的信号。

㉘：通道 2 选择（CH2）。屏幕上仅显示 CH2 的信号。

㉞、㉘：双踪选择（Dval）。同时按下"CH1"和"CH2"按钮，屏幕上将会出现双踪并自动以断续或交替方式同时显示 CH1 和 CH2 的信号。

㉛：叠加（ADD）。显示 CH1 和 CH2 输入电压的代数和。

㉑：CH2 极性开关（Invet）。按此开关时 CH2 显示反相电压值。

3. 水平方向部分

⑮：扫描时间因数选择开关（Time/div）。共 20 挡，在 $0.1\mu s/div \sim 0.2s/div$ 范围选择扫描速率。

⑪：X-Y 控制键。选择 X-Y 工作方式时，垂直偏转信号接入 CH2 输入端，水平偏转信号接入 CH1 输入端。

㉓：通道 2 垂直移位键（Position）。控制通道 2 信号在屏幕中的垂直位置，当工作在 X-Y 方式时，该键用于 Y 方向的移位。

⑫：扫描微调控制键（Varible）：该旋钮以顺时针旋转到底时为校准位置，扫描由 Time/div 开关指示。该旋钮逆时针方向旋转到底时，扫描减慢 2.5 倍以上。正常工作时，该旋钮位于校准位置。

⑭：水平移位（Position）。调节轨迹在水平方向移动。顺时针方向旋转，光迹右移；逆时针方向旋转，光迹左移。

⑨：扩展控制键（MAG×5，MAG×10 仅限 YB4360 型示波器）。按下按键，扫描因数 ×5 扩展或×10 扩展。扫描时间（Time/div）开关指示数值的 1/5 或 1/10。如用×5 扩展时，$100\mu s/div$ 为 $20\mu s/div$。部分波形的扩展：将波形尖端移至水平尺寸的中心，按下×5 或×10 扩展按键，波形将扩展 5 倍或 10 倍。

⑧：ALT 扩展按钮（ALT—MAG）。按下按键，扫描因数×1、×5 或×10 同时显示。此时要将放大部分移至屏幕中心，按下 ALT—MAG 键。扩展后的光迹可由光迹分离控制键（见图中"13"）移位距×1 光迹 1.5div 或更远的地方，同时使用垂直双踪方式和水平 ALT—MAG 可在屏幕上同时显示 4 条光迹。

4. 触发（Tric）

⑱：触发源选择开关（Source）。选择触发信号源。其中，内触发（INT）：CH1 或

CH2 上的输入信号为触发信号；通道 2 触发（CH2）：CH2 上的输入信号为触发信号；电源触发（Line）：电源频率为触发信号；外触发（EXT）：外部信号为触发信号，用于特殊信号的触发。

⑬：交替触发（ALT Trig）。在双踪交替显示时，触发信号交替来自两个 Y 通道，此方式可用于同时观察两路不相关的信号。

⑲：外触发输入插座（EXT Input）。外部触发信号的输入。

⑰：触发电平旋钮（Trig Level）。调节被测信号在某一电平触发同步。

⑩：触发极性按钮（Slope）。触发极性选择，用于选择信号的上升沿和下降沿触发。

⑯：触发方式选择（Trig Mode）。其中，自动（Auto）：自动扫描方式时，扫描电路自动进行扫描。在没有信号输入或输入信号没有被触发同步时，屏幕上仍然可以显示扫描基线；常态（Norm）：有触发信号才能扫描，否则屏幕上无扫描线显示。当输入信号频率低于 20Hz 时，用常态触发方式。

㊶：Z 轴输入连接器（后面板）（Z Axts Input）。Z 轴输入端。加入正信号时，辉度降低；加入负信号时，辉度增加。常态下，$5U_{\text{P-P}}$ 的信号能产生明显的辉度调节。

㊴：通道 1 输出（CH1 Output）。通道 1 信号输出连接器，可用于频率计数器输入信号。

⑦：校准信号（CAL）。电压幅值为 $0.5U_{\text{P-P}}$、频率为 1kHz 的方波信号。

㉗：接地柱（⊥）。接地端。

二、模拟示波器使用方法

模拟示波器是科研单位和实验室常用的一种观测电信号波形的仪器，可用于时域信号的测量，包括电信号的波形、周期、相位、幅值、矩形波的上升时间和下降时间等物理参数。现将其基本使用方法简单介绍如下：

1. 通电

使用前应先通电预热。通电步骤如下：

（1）先确认所用市电电压为 198～242V，确保所用熔丝为指定型号。

（2）断开电源开关，将电源开关弹出即为"关"位置，将电源线接入。

（3）设定各控制键在以下相应位置。亮度：顺时针方向旋转到底；聚焦：中间；垂直移位：中间（×5）键弹出；垂直方式：CH1；触发方式：自动；触发源：内；触发电平：中间；时间/格：$0.5\mu s/\text{div}$；水平位置：×1（×5MAG、×10MAG）均弹出。

（4）准备工作完毕，才可接通电源开关，大约 15s 后，出现扫描光迹。

2. 聚焦及辉度调节

为了测试准确，需要进行聚焦及辅助聚焦调节，将焦点调成最圆、最细的点。通过调节"辉度"、"聚焦"、"标尺亮度"等控制旋钮将示波器扫描线调到最佳状态。步骤如下：

（1）调节"垂直位移"旋钮，使光迹移至荧光屏观测区域的中央。

（2）调节"辉度"旋钮，将光迹的亮度调至所需要的程度。

（3）调节"聚焦"旋钮，使光迹清晰。

3. 垂直偏转因数选择（Volts/div）和微调

单位输入信号作用下，光点在屏幕上偏移的距离称为偏移灵敏度，适用于 X 轴和 Y 轴。灵敏度的倒数称为偏转因数。垂直灵敏度的单位为 cm/V、div/mV 或 div/V，垂直偏转因数的单位为 V/cm、mV/cm 或 V/div、mV/div。实际上因习惯用法和测量电压读数的方便，有时也将偏转因数当作灵敏度。

双踪示波器中每个通道各有一个垂直偏转因数选择波段开关，一般按 1、2、5 方式在 5mV/div～5V/div 范围内分为 10 挡。波段开关指示值代表荧光屏上垂直方向每一格的电压值，如波段开关置于 1V/div 挡时，如果屏幕上信号光点移动一格，则代表输入信号电压变化 1V。

每个波段开关上往往还有一个小旋钮，用于微调每挡垂直偏转因数。将该小旋钮沿顺时针方向旋到底，处于校准位置，此时垂直偏转因数值与波段开关所指示值一致。逆时针旋转该小旋钮，能够微调垂直偏转因数。需要注意的是，垂直偏转因数微调后，会造成与波段开关的指示值不一致。许多示波器具有垂直扩展功能，当微调旋钮被拉出时，垂直灵敏度将扩大若干倍（偏转因数缩小若干倍）。例如，若波段开关指示的偏转因数为 1V/DIV，采用×5 扩展状态时，垂直偏转因数为 0.2V/div。

4. 时基选择（Time/div）和微调

时基选择和微调的使用方法与垂直偏转因数选择和微调类似。时基选择通过一个波段开关实现，按 1、2、5 方式将时基分为若干挡，波段开关的指示值代表光点在水平方向移动一格的时间值，如在 1μs/div 挡，光点在屏上移动一格代表时间值为 1μs。

"微调"旋钮用于时基校准和微调。沿顺时针方向旋到底为校准位置，此时屏幕上显示的时基值与波段开关所示的标称值一致。逆时针旋转旋钮，对时基微调，旋钮拔出后处于扫描扩展状态，通常为×10 扩展，即水平灵敏度扩大 10 倍，时基缩小到 1/10。如在 2μs/div 挡，扫描扩展状态下荧光屏上水平一格代表的时间值为 2μs×(1/10)＝0.2μs。

5. 输入通道选择

输入通道至少有三种选择方式：通道 1（CH1）、通道 2（CH2）和双通道（Dual）。选择通道 1 时，示波器仅显示通道 1 的信号；选择通道 2 时，示波器仅显示通道 2 的信号；选择双通道时，示波器同时显示通道 1 和通道 2 的信号。测试信号时，首先要将示波器的"地"与被测电路的"地"连接在一起。根据输入通道的选择，将示波器探头插到相应的通道插座上，示波器探头上的"地"与被测电路的"地"连接在一起，示波器探头接触被测点。示波器探头上有一个双位开关，该开关拨至"×1"位置时，被测信号无衰减地送至示波器，从荧光屏上读出的电压值是信号的实际电压值；该开关拨至"×10"位置时，被测信号衰减为 1/10，然后送至示波器，从荧光屏读出的电压值乘以 10 即为信号的实际电压值。

6. 输入耦合方式

输入耦合方式有三种选择：交流（AC）、地（GND）和直流（DC）。当选择"地"时，扫描线显示出示波器"地"在荧光屏上的位置。直流耦合用于测定直流信号绝对值和观测极低频信号。交流耦合用于观测交流和含有直流成分的交流信号。在数字电路实验中，一般选择"直流"方式，以便观测信号的绝对电压值。

7. 触发源（Source）选择

要使屏幕上显示稳定的波形，则需将被测信号本身或与被测信号有一定时间关系的触发信号加到触发电路。触发源选择确定触发信号由何处供给。通常有三种触发源：内触发（INT）、电源触发（Line）和外触发（EXT）。

（1）内触发。使用被测信号作为触发信号，是经常使用的一种触发方式。由于触发信号本身是被测信号的一部分，在屏幕上可以显示出非常稳定的波形。双踪示波器中通道 1 或者通道 2 都可以选作触发信号。

（2）电源触发。使用交流电源频率信号作为触发信号，该方法在测量与交流电源频率有关的信号时有效，特别在测量音频电路、闸流管的低电平交流噪声时更为有效。

（3）外触发。使用外加信号作为触发信号，外加信号从外触发输入端输入。外触发信号与被测信号间应具有周期性的关系。由于被测信号没有用作触发信号，所以何时开始扫描与被测信号无关。

正确选择触发信号对波形显示的稳定、清晰有很大关系。如在数字电路测量中，对一个简单的周期信号而言，选择内触发可能好一些；而对于一个复杂的周期信号，且存在一个与其存在周期关系的信号时，选用外触发可能更好。

8. 触发耦合（Coupling）方式选择

触发耦合方式选择的目的是为了触发信号的稳定、可靠。触发信号到触发电路的耦合方式有多种，下面介绍常用的几种触发耦合方式。

（1）AC 耦合。又称电容耦合。只允许用触发信号的交流分量触发，触发信号的直流分量被隔断。通常在不考虑直流分量时使用这种耦合方式，以形成稳定触发，但是如果触发信号的频率小于 10Hz，会造成触发困难。

（2）直流耦合（DC）。不隔断触发信号的直流分量。当触发信号的频率较低或者触发信号的占空比很大时，使用直流耦合较好。

（3）低频抑制（LFR）触发时，触发信号经过高通滤波器后加到触发电路，触发信号的低频成分被抑制；高频抑制（HFR）触发时，触发信号通过低通滤波器加到触发电路，触发信号的高频成分被抑制。此外还有用于电视维修的电视同步（TV）触发。

上述触发耦合方式有各自的适用范围，需要在使用中仔细体会。

9. 触发电平（Level）和触发极性（Slope）

触发电平调节又称同步调节，其作用是使扫描与被测信号同步。电平调节旋钮调节触发信号的触发电平，一旦触发信号超过由旋钮设定的触发电平时，扫描即被触发。顺时针旋转旋钮，触发电平上升；逆时针旋转旋钮，触发电平下降。当触发电平旋钮调至电平锁定位置时，触发电平将自动保持在触发信号幅度之内，不需要电平调节就能产生一个稳定的触发。当信号波形复杂，使用电平旋钮不能稳定触发时，可用释抑（Hold Off）旋钮调节波形的释抑时间（扫描暂停时间），使扫描与波形稳定同步。

触发极性开关用来选择触发信号的极性。拨至"＋"位置时，在信号增加的方向上，当触发信号超过触发电平时就产生触发；拨至"－"位置时，在信号减少的方向上，当触发信号超过触发电平时就产生触发。

触发极性和触发电平共同决定触发信号的触发点。

10. 扫描方式（SweepMode）选择

扫描方式有自动（Auto）、常态（Norm）和单次（Single）三种扫描方式。

（1）自动。当无触发信号输入或触发信号频率低于 50Hz 时，扫描为自动方式。

（2）常态。当无触发信号输入时，扫描处于准备状态，没有扫描线。触发信号到来后，触发扫描。

（3）单次。单次按钮类似复位开关。单次扫描方式下，按单次按钮时扫描电路复位，此时准备好（Ready）灯亮。触发信号到来后产生一次扫描。单次扫描结束后，准备灯灭。单次扫描用于观测非周期信号或者单次瞬变信号，往往需要对波形拍照。

11. 校准

示波器在用于测量信号之前，必须先进行校准。具体操作为：通道设置好后，将示波器探头衰减置于"×1"挡，并插进指定通道 CH1 或 CH2，示波器钩子钩住校准信号接柱，经反复调幅度开关"V/div"和扫描开关"Time/div"，最终出现 1V/1kHz 信号，则校准成功，可用示波器去测未知信号源。

12. 观察及测量各种信号

（1）测试波形。将函数信号发生器的输出端接至示波器的"Y轴输入"端，观察正弦、方波、三角波等波形。调节示波器有关旋钮，使荧光屏上出现稳定的波形。

（2）电压测量。将"V/div"微调置于"CAL"位置，即可进行电压的定量测量。用探头"×1"位置进行测量时，其电压值计算式为

$$电压值 = "V/div"设定值 × 信号纵坐标显示格数(div) \qquad (5-1)$$

式（5-1）中没有考虑探头的衰减问题。如果不用探头"×1"位置而用"×10"位置测量时，相当于将输入的被测电压先缩小 10 倍再测量，所以测量读数方法虽然与"×1"挡一样，但实际值却是读数值的 10 倍。

1）直流电压测量。测量过程为：将 Y 轴输入耦合选择开关置于"⊥"，电平置于"自动"，屏幕上形成一水平扫描基线，将"V/div"与"Time/div"置于适当位置，且"V/div"的微调旋钮置于校准位置，调节 Y 轴位移，使水平扫描基线处于荧光屏上标的某一特定基准（0V）。①将"扫描方式"开关置"自动"位置，选择"扫描速度"使扫描光迹不发生闪烁的现象；②将"AC-GND-DC"开关置于"DC"位置，且将被测电压加到输入端。扫描线的垂直位移即为信号的电压幅度。若扫描线上移，则被测电压相对"地"电位为正；如果扫描线下移，则该电压相对"地"电位为负。电压值可由式（5-1）求解。例如，将探头衰减比置于"×10"位置，垂直偏转因数（V/div）置于"0.5V/div"，微调旋钮置于"CAL"位置，所测得的扫描光迹偏高 5div。由式（5-1）可知，被测电压应为：$0.5(V/div) × 5div × 10 = 25V$，测量三次直流电压值，取其平均值。

2）交流电压测量。调节"V/div"切换开关到合适位置，以获得一个易于读取的信号幅值，然后由图 5-2 所示图形读出该幅值并进行计算。

测量叠加在直流电压上的交流电压时，可将"AC-GND-DC"开关置于"DC"位置，即可测出所包含的直流分量值。如果仅需测量交流分量，则将该开关置于"AC"位置。按上述方法测得的值为峰—峰值电压（U_{P-P}）。正弦波信号电压有效值为

$$U = \frac{\sqrt{2}}{4} U_{P-P} \qquad (5-2)$$

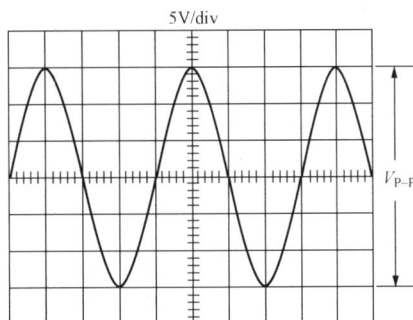

图 5-2 交流电压测量

测量三次交流电压值，取平均值 $\overline{U}_{P-P}$，由式（5-2）计算其有效值。例如，将探头衰减比置于"×1"位置，垂直偏转因数（V/div）置于"5V/div"位置，微调旋钮置于"CAL"校正位置，所测得的波形峰—峰值为 6div（见图 2-41 所示），则 $U_{P-P} = 5V/div × 6div =$

30V，电压有效值为式

$$U = \frac{30}{2\sqrt{2}} = 10.6(\text{V}) \tag{5-3}$$

（3）时间测量。时间测量时，先将"Time/div"微调旋钮置于"CAL"校准位置，调好波形，则信号波形两点间的时间间隔为

两点间的时间间隔 ="Time/div"设定值×两点间横坐标所占格数(div)　　(5-4)

示波器上有一"5倍扩展"旋钮，按下该旋钮可将波形拉宽5倍，所以测试波形时如果该旋钮被按下，则所测时间读数值除以5才是实际时间值。

1）脉冲宽度测量方法如下：①调节脉冲波形的垂直位置，使脉冲波形的顶部和底部距刻度水平线的距离相等，如图5-3所示；②调节"Time/div"开关到合适位置，使扫描信号光迹易于观测；③读取上升沿和下降沿中点之间的距离，即脉冲沿与水平刻度线相交的两点之间的距离，然后用公式计算脉冲宽度。

图5-3中，"Time/div"设定在10μs/div位置，则脉冲宽度为

$$t_a = 10(\mu s/div) \times 2.5 div = 25\mu s \tag{5-5}$$

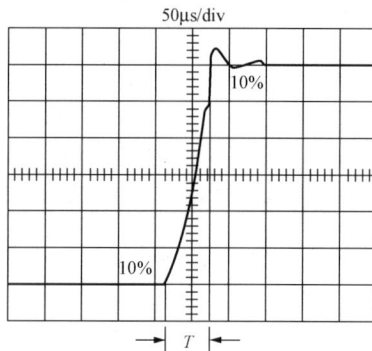

2）脉冲上升（或下降）时间的测量方法如下：①调节脉冲波形的垂直位置和水平位置，测量方法同脉冲宽度测量方法，如图5-4所示；②在图5-4中，读取上升沿10%～90%U_m所经历的时间t_r，则有

$$t_r = 50(\mu s/div) \times 1.1 div = 55\mu s \tag{5-6}$$

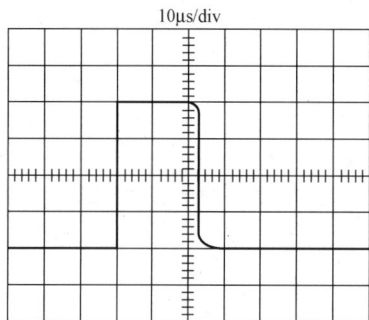

图5-3　脉冲宽度测量　　　　　图5-4　上升（或下降）时间测量

3）频率测量。频率测量方法有两种。

a. 由时间公式求解输入周期 T（单位为 s），然后求解信号频率，计算式为

$$f = \frac{1}{\text{周期}} = \frac{1}{T}(\text{Hz}) \tag{5-7}$$

b. 数出有效区域中10div内重复的周期数 n（单位为 s），然后计算信号频率，计算式为

$$f = n/[(\text{Time/div}) \text{设定值} \times 10 div] \tag{5-8}$$

当 n 很大（30～50）时，方法b的精确度高于方法a，该精确度与扫描速度的设计精度大致相等。但当 n 较小时，由于小数点以下难以数清，因此会导致较大的误差。如方波器的"Time/div"设定在"10μs/div"位置上时，测得的波形如图5-5所示。

图5-5中，10div内重复周期数 $n=40$，则该信号频率为

$$f = \frac{40}{10(\mu s/\text{div}) \times 10\text{div}} = 400\text{kHz} \qquad (5-9)$$

4）相位测量。两个信号之间相位差的测量可以利用函数的双踪显示功能进行。图 5-6 所示为双踪示波器显示的两个具有相同频率的超前和滞后的正弦波信号。此时，"触发源"开关必须置于与超前信号相连接的通道，同时调节 "Time/div" 开关，使显示的正弦波波形大于一个周期，如图 5-6 中，一个周期占 6div，则 1div 刻度代表波形相位 60°，故相位差为

$$\varphi = (\text{div})\,\text{数} \times 2\pi / \text{div} / \text{周期} = 1.5 \times 360°/6 = 90° \qquad (5-10)$$

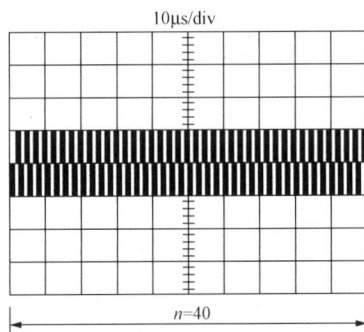

图 5-5 频率测量

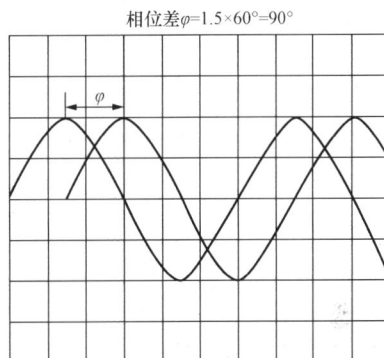

图 5-6 相位测量

（4）观察利萨育图。将按钮 "X-Y" 按下，此时由 "CH1" 端口输入 X 轴信号，其偏转灵敏度仍按该通道的垂直偏转因数开关指示值读取，从 "CH2" 端口输入 Y 轴信号，此时示波器就工作在 X-Y 显示方式。

在示波器 X 轴和 Y 轴同时输入正弦信号时，光点的运动为两个相互垂直谐振动的合成，若其频率比值 $f_x : f_y$ 为整数时，合成轨迹是一个封闭的图形，称为利萨育图。利萨育图的图形与两信号的频率比和相位差都有关系，其中，利萨育图与两信号的频率比关系为

$$\frac{f_y}{f_x} = \frac{n_x}{n_y} \qquad (5-11)$$

式中 n_x、n_y——利萨育图的外切水平线的切点数和外切垂直线的切点数，如图 5-7 所示。

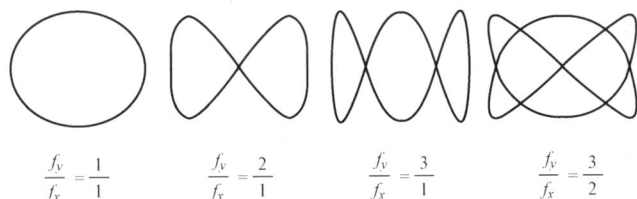

$$\frac{f_y}{f_x} = \frac{1}{1} \qquad \frac{f_y}{f_x} = \frac{2}{1} \qquad \frac{f_y}{f_x} = \frac{3}{1} \qquad \frac{f_y}{f_x} = \frac{3}{2}$$

图 5-7 利萨育图

因此，若 f_x、f_y 中有一个已知，观察它们形成的利萨育图，即可得到外切水平线和外切垂直线的切点数之比，从而得出另一个信号的频率。实验时，X 轴输入某一频率的正弦信号作为标准信号，Y 轴输入一待测信号，调节 Y 轴信号的频率，分别得到三种不同的 $n_x:n_y$ 的利萨育图，计算出 f_y，读出 Y 轴输入信号发生器的频率 f_y。

第二节　功率函数信号发生器

一、概述

功率函数器是一种具有高稳定度、多功能等特点的函数信号发生器。信号产生部分采用大规模单片函数发生器电路，能产生正弦波、方波、三角波、斜波、脉冲波、线性扫描和对数扫描波形，同时对各种波形均可实现扫描功能，采用单片机对仪器的各项功能进行智能化管理，输出信号的频率、幅值由 LED 显示，其余功能则由发光二极管指示，用户可以直观、准确地了解到仪器的使用状况。

信号发出器的机箱设计采用塑料面框、金属结构，外形设计典雅、坚固，操作方便，性能可靠，可广泛应用于教学实验和工矿企业、科研机构。功率函数发生器所带功率放大器不但可以提供足够的电功率，而且还可以在各种容性、感性负载下有稳定、可靠的输出。

二、主要技术特性

（1）频率范围：$0.3Hz\sim3MHz$；分 7 挡，5 位 LED 显示功率输出：$1Hz\sim200kHz$。

（2）波形：正弦波；三角波；方波；正向或负向脉冲波；正向或负向锯齿波；对称度调节范围：$80:20\sim20:80$。

（3）正弦波。失真：$\leqslant1\%$（$10Hz\sim100kHz$）；频率响应：频率 $<100kHz$：$\leqslant\pm0.5dB$；频率$\geqslant100kHz$：$\leqslant\pm1dB$。

（4）方波前、后沿：$\leqslant100ns$；功率输出：$\leqslant1\mu s$。

（5）TTL 输出。电平：高电平$\geqslant2.4V$，低电平$\leqslant0.4V$，能驱动 20 只 TTL 负载；上升时间：不大于 30ns。

（6）输出。阻抗：$(1+10\%)\ \Omega$；幅值：不小于 $20U_{p-p}$（空载），3 位 LED 显示；衰减：20、40、60dB，直流偏置：$0\sim\pm10V$，可调；幅度显示误差：$\pm10\%\pm2$ 个字（输出幅值值大于最大输出幅值 $1/10$ 时）。

（7）功率输出：频率范围 $1Hz\sim200kHz$；幅值：不小于 $20U_{p-p}$；输出功率：不小于 5W。

（8）VCF 输入。输入电压：$-5\sim0V$；最大压控比：大于 1 频程；输入信号：DC1kHz。

（9）扫频。方式：线性、对数；速率：$5s\sim10ms$；宽度：大于 1 频程；扫描输出幅值：$7U_{p-p}$；扫描输出阻抗：600Ω。

（10）频率计。测量范围：$10Hz\sim20MHz$；输入阻抗：$1MW/20pF$；灵敏度：100mVrms；最大输入：150V（AC+DC）（按下输入衰减）；输入衰减：20dB；滤波器截止频率：约 100kHz；测量误差：不大于 $3\times10^{5}\pm1$ 个字。

（11）电源适应范围。电压：$220\ (1\pm10\%)$ V；频率：(50 ± 2) Hz；功率：35V·A。

（12）工作环境。温度：$0\sim40\text{℃}$；湿度：小于 90%RH；大气压力：$86\sim104kPa$。

（13）尺寸：$280mm\times255mm\times100mm$（长×宽×高）。

（14）质量：3kg。

三、工作原理

功率函数信号发生器工作原理框图如图 5-8 所示。

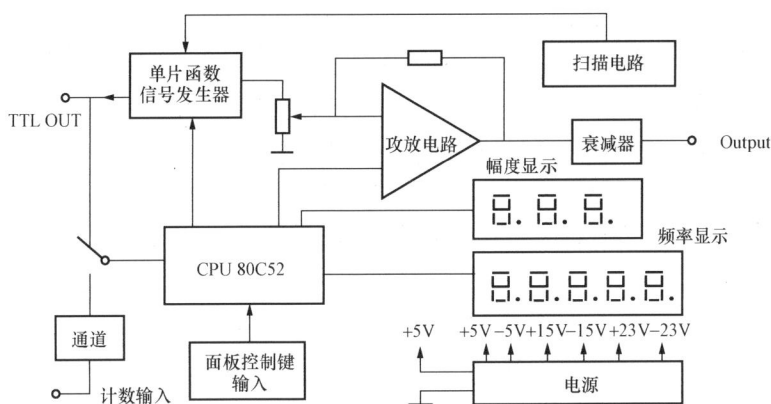

图 5-8 功率函数信号发生器工作原理

1. 波形发生电路

波形发生电路由 MAX038 函数发生器及频率、占空比控制电路组成，波形的选择由单片机控制。

2. 单片机智能控制电路

单片机智能控制电路由单片机 80C52、面板按键输入、频率和幅值显示器及其他各种控制信号的输出及指示电路组成。其主要功能是控制输出信号的波形，测量输出信号或外部输入信号的频率并显示，显示输出波形的幅值。

3. 频率计数通道

频率计数通道电路由宽带放大器及方波整形器组成，其主要功能是外测频率时对于信号的放大整形。

4. 功率放大器

为了功率放大电路采用双通道形式，整个电路具有倒相特性，用于保证功率放大电路具有非常高的压摆率和良好的稳定性。

5. 电源

本机采用 ±23、±15、$\pm5V$ 和 $+5V$ 四组电源。$\pm23V$ 电源供功率放大器使用；±15、$\pm5V$ 电源供波形发生电路使用；$+5V$ 电源主要供单片机智能控制电路使用。

四、结构特性

功率函数信号发生器采用全金属结构，外形新颖美观，体积小，结构牢固，电路元件分别安装在两块印制电路板上，各调整元件均置于明显位置。当仪器进行调整、维修时，拧下后面框下部的两个螺钉，拆去上、下盖板即可。

五、使用与维护

1. 面板标志说明及功能（如表 5-1、图 5-9 所示）

表 5-1　　　　　　　　　　　　面板标志说明及其功能

序号	面板标志	名称	功　　能
1	POWER	电源开关	按下按键，机内电源接通，整机工作。按键释放为关掉整机电源
2	△	频率范围选择	按下按键，频率倍乘将从低到高变化，当所需频段的指示灯亮时，释放按键即可。与"20"配合选择输出信号频率

序号	面板标志	名称	功　　能
3	▽	频率范围选择	按下按键，频率倍乘将从高到低变化，当所需频段的指示灯亮时，释放按键即可。与"20"配合选择输出信号频率
4		波形选择	按下按键可选择正弦波、三角波、方波，同时与此对应的指示灯亮。与"16"、"18"配合使用可选择正向或负向斜波，正向或负向脉冲波
5	DC OFFSET	直流偏置	输出信号直流偏置控制按钮，指示灯亮有效。直流偏置调节范围为 $-10\sim+10\mathrm{V}$（输出波形幅值为 $5U_{\mathrm{p-p}}$）
6		直流偏置调节旋钮	当直流偏置控制指示灯亮时，调节旋钮可以改变波形的直流偏置
7	MODE	扫频选择对数/线性/外扫描	扫频方式选择按钮，按下按键可分别选择对数扫频、线性扫频，以及外接扫频
8	SPEED	扫描速率	扫描速率调节旋钮，调节旋钮用以改变扫描速率
9		输出衰减	按下按键，可选择输出信号幅度的衰减量，分别为 0、20、40、60dB，同时与此相对应的指示灯亮
10	OUTPUT	电压输出	函数波形信号输出端，阻抗为 50Ω，最大输出幅值为 $20U_{\mathrm{p-p}}$
11	TTL OUT	TTL输出	TTL电平的脉冲信号输出端，输出阻抗为 50Ω
12	AMPLITUDE	输出幅度调节	函数波形信号输出幅度调节旋钮，与"9"配合，用于改变输出信号的幅值
13	OUTPUT	功率输出	功率信号输出端，最大输出功率为 5W，当输出信号频率高于 200kHz 时，无信号输出，同时红色发光二极管亮
14	EXT ATT20dB LPF	内接/外测 衰减 低通 滤波器	频率计的内测、外测选择按键，计数选择外测时，当输入信号幅度较大时，按一下此键，ATT20dB 指示灯亮有效；再按一下则 LPF 灯亮（带内衰减，截止频率约为 100kHz）；若输入端无信号，约 20s 后，频率计显示为 0
15	WIDTH	扫频宽度	扫频宽度调节旋钮，当仪器处于扫频状态时调节该旋钮，用以调节扫频宽度
16		输出信号幅值显示	显示输出信号幅度的峰—峰值（空载）。若负载阻抗为 50Ω 时，负载阻抗值应为显示值的 1/2。当需要输出幅值小于幅值电位器置于最大时的 1/10，建议使用衰减器。$U_{\mathrm{p-p}}$，$mU_{\mathrm{p-p}}$ 输出电压幅值的峰—峰值指示，灯亮有效
17		对称度调节旋钮	当对称度控制指示灯亮时，调节旋钮可以改变波形的对称度
18	SYMMETRY	对称度	对称度控制按钮，指示灯亮时有效，对称度调节范围为 20：80～80：20
19		频率显示	显示输出信号的频率，或外测频率信号的频率。GATE 灯闪烁时，表示频率计正在工作，当输入信号的频率高于 20MHz 时 OV.FL 灯亮。Hz、kHz 为频率单位指示，灯亮有效
20		频率调节	频率调节按钮，顺时针调节使输出信号的频率提高，逆时针调节则反之

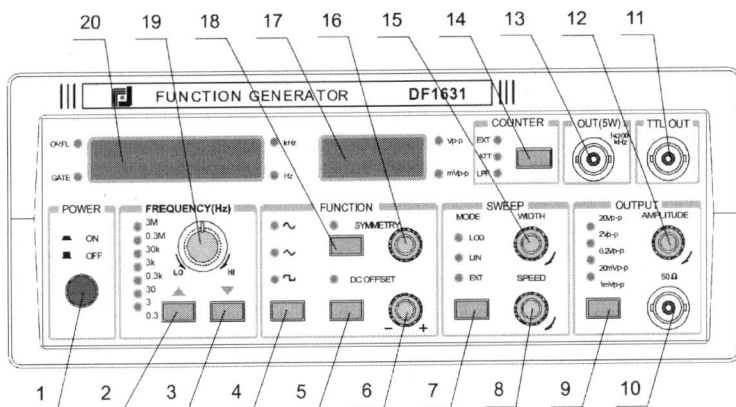

图 5-9　前面板示意图

2. 后面板各部分名称及作用（见图 5-10）

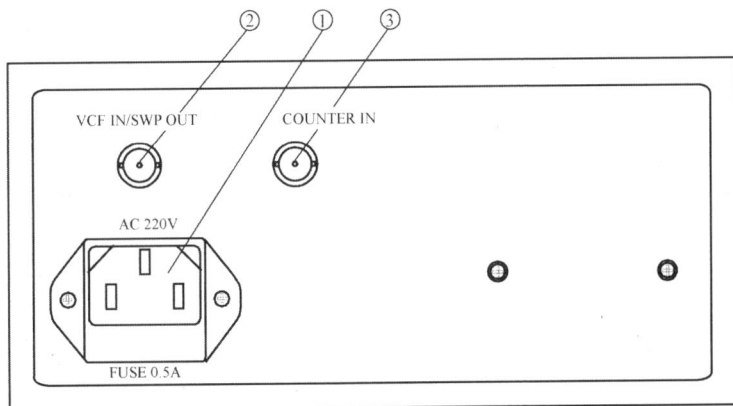

图 5-10　后面板示意图

①：电源插座：交流市电 220V 输入插座。同时带有熔丝，熔丝容量为 0.5A。

②：VCF IN/SWP OUT 端子；外接电压控制频率输入端，输入电压为 0～-5V；扫描信号输出端，当扫频方式选择为对数或线性时，扫描信号在此端子输出。

③：COUNTER IN：外测频率信号输入端。

3. 维护与校正

功率函数信号发生器在规定条件下可连续工作，由于采用大规模集成电路，校正相对比较方便，为保持良好性能，建议每三个月左右校正一次，校正内容及顺序如下：

（1）校失真。将仪器输出幅值旋至最大，波形选择正弦波，频率为 1kHz，将输出接至失真度计，调节 RP102，使失真度符合技术要求。

（2）校输出幅值。输出接示波器，在校失真状态，测量此时的输出幅值峰—峰值，调节 RP601，使指示值与输出幅值符合技术要求。

（3）校频率。将频率计置于外接，将外部标准振荡器的 10MHz 信号输入到外接计数器端口，调节 C607 使 LED 显示 9999.9kHz。将标准振荡器的幅值调至 100mVrms，调节 RP401，使 LED 稳定显示 9999.9kHz。

（4）故障排除。故障排除应在熟悉仪器工作原理的情况下进行，根据故障现象按工作原理初步分析出故障电路的范围，先排除直观故障，然后再以必要手段对故障电路进行静态、动态检查，查出确切故障后再进行处理，使仪器恢复正常工作。

第三节　双路直流稳压电源

一、概述

YB1700 系列直流稳压电源具有外形美观、使用方便、稳压、稳流等优点，可任意进行串联或并联，纹波小，精度高，稳定性好。

二、主要技术指标

1. YB1731AYB 型双路稳压电源

（1）1731A 2A。输出：0～30V/0～2A，双路。

（2）YB1731A 3A。输出：0～30V/0～3A，双路。

（3）YB1731A 5A。输出：0～30V/0～5A，双路。

2. YB1732AYB 型三路稳压电源

（1）1732A 2A。输出：主路、从路：0～30V/0～2A；固定输出：5V/2A。

（2）YB1732A 3A。输出：主路、从路：0～30V/0～3A；固定输出：5V/3A。

（3）YB1732A 5A。输出：主路、从路：0～30V/0～5A；固定输出：5V/5A。

3. YB1733A/C 型四路稳压电源

（1）1733A 2A。输出：主路：0～30V/0～2A；从路：5V/2A；固定输出：12V/2A。

（2）YB1733A 3A。输出：主路：0～30V/0～3A；从路：5V/3A；固定输出：12V/3A。

三、面板介绍

YB1700 系列直流稳压电源面板如图 5-11 所示。其操作面板说明如下：

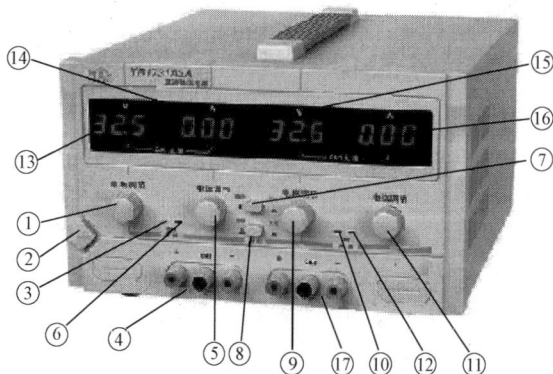

图 5-11　YB1700 系列直流稳压电源面板示意图

①：电源开关（Power）。电源开关按键弹出为"关"位置；开关按下电源接通。

②：电压调节旋钮（Voltage）。主路电压调节旋钮，顺时针调节，电压由小变大；逆时针调节，电压由大变小。

③：恒压指示灯（C.V.）。当主路处于恒压状态时，该指示灯亮。

④：输出端口（CH1）。主路（CH1）输出端口。

⑤：电流调节旋钮（Current）。主路电流调节旋钮，顺时针调节，电流由小变大；逆时针调节，电流由大变小。

⑥：恒流指示灯（C.C.）。主路恒流指示灯，当主路处于恒流状态时，该指示灯灯亮。

⑦：电源独立、组合控制开关。此开关弹出，两路可分别独立使用。按下按键，电源进入跟踪状态。

⑧：电源串联、并联选择开关。串联跟踪：开关"⑦"按下，开关"⑧"弹出。此时调节主电源电压调节旋钮"②"，从路输出电压严格跟踪主路输出电压，使输出电压最高可达两路电压的额定值之和；并联跟踪：开关"⑦"、"⑧"同时按下。此时调节主电源电压调节旋钮"②"，从路输出电压严格跟踪主路输出电压；调节主电源电流调节旋钮"⑤"，从路输出电流跟踪主路输出电流，使输出电流最高可达两路电流的额定值之和。

⑨：电压调节旋钮（Voltage）。从路电压调节旋钮，顺时针调节，电压由小变大；逆时针调节，电压由大变小。

⑩：恒压指示灯（C.V）。从路恒压指示灯，当从路处于恒压状态时，该指示灯亮。

⑪：电流调节旋钮（Current）。从路电流调节旋钮，顺时针调节，电流由小变大；反之，电流由大变小。

⑫：恒流指示灯（C.C）。从路恒流指示灯。

⑬：显示窗口。主路（CH1）电压显示窗口。

⑭：显示窗口。主路（CH1）电流显示窗口。

⑮：显示窗口。从路（CH2）电压显示窗口。

⑯：显示窗口。从路（CH2）电流显示窗口。

⑰：输出端口（CH2）。从路（CH2）输出端口。

四、使用方法

1. 通电

在打开电源开关前，先检查面板上的开关是否处于指定位置，包括：

（1）电源（POWER）：应为弹出状态。

（2）电压调节旋钮（VOLTAGE）：中间位置。

（3）电流调节旋钮（CURRENT）：中间位置。

（4）跟踪开关（TRACK）：弹出位置。

然后将电源线插入后面板上的交流插孔，设定好各个控制键后，打开电源。

2. 使用

（1）调节电压调节旋钮，观察窗口显示的电压值变化情况。顺时针调节，指示值由小变大；逆时针调节，指示值由大变小。

（2）双路（CH1、CH2）输出端口应有输出。

（3）固定5V输出端口应有5V输出。

（4）双路（CH1、CH2）输出可调电源的独立使用。将开关"⑰"和"⑱"分别置于弹起位置（即■位置），则

1）可调电源作为电压源时：首先应将稳流调节旋钮"⑤"和"⑪"顺时针调节到最大，然后打开电源开关"①"，并调节电压调节旋钮"②"和"⑨"，使从路和主路输出直流电压至所需要的电压值，此时稳压状态指示灯"③"和"⑩"发光。

2）可调电源作为电流源使用时：打开电源开关"①"后，先将稳压调节旋钮"②"和"⑨"顺时针调节到最大，同时将稳流调节旋钮"⑤"和"⑪"逆时针调节到最小，然后连接所需负载，顺时针调节旋钮"⑤"和"⑪"，使输出电流至所需要的稳定电流值。此时稳压状态指示灯"③"和"⑩"熄灭，稳流状态指示灯"⑥"和"⑫"发光。

作为电压源使用时，电流调节旋钮"⑤"和"⑪"一般应该调至最大。但本电源也可任

意设定限流保护点。设定办法为：打开电源，逆时针将稳流调节旋钮"⑤"和"⑪"调到最小，然后短接正、负端子，并顺时针调节稳流调节旋钮"⑤"和"⑪"，使输出电流等于所要求的限流保护点的电流，限流保护点即设定完成。

（5）双路（CH1、CH2）输出可调电源的串联使用。将开关"⑦"按下（即█位置），开关"⑧"弹起，此时，调节主电源电压调节旋钮"②"，从路的输出电压严格跟踪主路输出电压，使输出电压最高可达两路电压的额定值之和。

在两路电源处于串联状态时，两路输出电压由主路控制，但两路的电流调节仍然独立。因此，在两路串联时应注意电流调节旋钮"⑪"的位置，若旋钮"⑪"置于逆时针到底的位置或从路输出电流超过限流保护点，此时，从路的输出电压将不再跟踪主路的输出电压。所以一般两路串联时应将旋钮"⑪"顺时针旋到最大。

（6）双路（CH1、CH2）输出可调电源的并联使用。

3. 注意事项

（1）将直流稳压电源置于合适的环境，注意散热与通风且避免强烈的撞击。

（2）使用之前检查电压、电流及熔丝是否符合要求。

（3）通电前检查开关是否归位，输出是否短接。

（4）使用中注意接线问题，不允许有任何短路情况发生，以免损坏电源。

第四节　数字万用表

一、概述

VC890D™/VC890C+™系列仪表是一种性能稳定、用电池驱动的高可靠性数字万用表。仪表采用 25mm 字高 LCD 显示器，读数清晰，使用方便。

VC890D™/VC890C+™系列仪表可用来测量直流电压和交流电压、直流电流和交流电流、电阻、电容、二极管、温度等参数以及通断测试。整机以双积分 A - D 转换为核心，是一台性能优越的工具仪表，是实验室、工厂、无线电爱好者及家庭的理想工具。

二、特性

1. 一般特性

（1）显示方式：LCD 液晶显示。

（2）显大显示：$1999\left(3\frac{1}{2}\right)$ 位自动极性显示。

（3）测量方式：双积分式 A - D 转换。

（4）采样速率：约 3 次/s。

（5）最大共模电压：DC/AC 500V 有效值。

（6）过量程显示：最高位显"1"。

（7）低电压显示："⊏−　+⊐" 符号出现。

（8）工作环境：0～40℃，相对湿度＜80％。

（9）储存环境：−10～50℃，相对湿度＜80％。

（10）电源：一只 9V 电池（NEDA1604/6F22 或同等型号）。

（11）体积：155mm×90mm×48mm（长×宽×高）。

(12) 质量：约 270g（包括 9V 电池）。

2. 技术特性

(1) 准确度：$\pm(a\% \times$读数＋字数)，保证准确度环境温度：(23 ± 5)℃，相对湿度 $<75\%$。

(2) 性能：见表 5-2。

表 5-2 　　　　　　　　　　　　　　　　　**性　　能**

功能及符号 ＼ 型号	VC890D™	VC890C＋™
直流电压（DCV）	▲	▲
交流电压（ACV）	▲	▲
直流电流（DCA）	▲	▲
交流电流（ACA）	▲	▲
电阻	▲	▲
通断 ▶—•))	▲	▲
电容	▲	▲
温度		▲

注　"▲"表示该表有此功能。

(3) 技术指标：见表 5-3～表 5-10。

表 5-3 　　　　　　　　　　　　　　　　　**直 流 电 压**

量程 ＼ 准确度	型号 $\left(3\frac{1}{2}位\right)$		分辨力
	VC890D™	VC890C＋™	
200mV			100μV
2V	$\pm(0.5\%+3d)$		1mV
20V			10mV
200V			100mV
1000V	$\pm(0.8\%+5d)$		1V

注　输入阻抗：所有量程均为 10MΩ；过载保护：200mV 量程为 250V 直流或交流峰值，其余为 1000V 直流或交流峰值。

表 5 - 4　　　　　　　　　　　　　**交 流 电 压**

量程/V	准确度　　　　　型号 $\left(3\dfrac{1}{2}位\right)$		分辨力/mV
	VC890D™	VC890D+™	
2			1
20		*	10
200	$\pm(0.8\%+5d)$		100
700	$\pm(1.2\%+5d)$		

注　"＊"表示该表无此量程。输入阻抗：10MΩ；过载保护：1000V 直流或交流峰值；频率响应：200V 以下量程为 40～400Hz；700V 以下量程为 40～200Hz；显示：正弦波有效值（平均值响应）。

表 5 - 5　　　　　　　　　　　　　**直 流 电 流**

量程	准确度　　　　　型号 $\left(3\dfrac{1}{2}位\right)$		分辨力
	VC890D™	VC890C+™	
20mA	$\pm(1.2\%+3d)$		10μA
200mA	$\pm(1.5\%+3d)$		100μA
10A	$\pm(2.0\%+5d)$		10mA

注　最大输入压降：200mV；最大输入电流：10A（不超过 15s）；过载保护：0.2V/250V，10A/250V 速熔熔丝。

表 5 - 6　　　　　　　　　　　　　**交 流 电 流**

量程	准确度　　　　　型号 $\left(3\dfrac{1}{2}位\right)$		分辨力
	VC890D™	VC890C+™	
20mA	$\pm(1.2\%+5d)$		10μA
200mA	$\pm(1.5\%+5d)$		100μA
10A	$\pm(2.0\%+8d)$		10mA

注　最大测量压降：200mV；最大输入电流：10A（不超过 15s）；过载保护：0.2A/250V，10A/250V 速熔熔丝；频率响应：40～200Hz；显示：正弦波有效值（平均值响应）。

表 5-7　　　　　　　　　　　　　　　　电　　阻

量程 \ 准确度	型号 $\left(3\frac{1}{2}位\right)$		分辨力
	VC890D™	VC890C+™	
200Ω	$\pm$（0.8%＋5d）		0.1Ω
2kΩ			1Ω
20kΩ	$\pm$（0.8%＋3d）		10Ω
200kΩ			100Ω
2MΩ			1kΩ
20MΩ	$\pm$（1.2%＋8d）		10kΩ

注　①开路电压：小于 0.7V；过载保护：250V 直流或交流峰值。②注意事项：在使用 200Ω 量程时，应先将表笔短路，测得引线电阻，然后在实测中减去该电阻值。③警告：为了安全，在电阻量程禁止输入电压值！

表 5-8　　　　　　　　　　　　　　　　电　　容

量程 \ 准确度	型号 $\left(3\frac{1}{2}位\right)$		分辨力
	VC890D™	VC890C+™	
20nF	$\pm$（4.0%＋10d）		10pF
200nF			100pF
20μf			10nF

注　过载保护：36V 直流或交流峰值。

表 5-9　　　　　　　　　　　　　　　　温　　度

量程/℃ \ 准确度	型号 $\left(3\frac{1}{2}位\right)$	分辨力/℃
	VC890C+™	
－40～1000	$\pm$（0.75＋3d）＜400℃ $\pm$（1.5%＋15d）≥400℃	1

注　传感器：镍铬-镍硅热电偶。

表 5-10   **二 极 管 及 通 断 测 试**

型　号	量　程	显示值	测试条件
VC890™ 系列	▷⊦	二极管正向压降	正向直流电流约 1mA，反向电压约 3V
	•)))	蜂鸣器发声长响，测试两点阻值小于 70Ω	开路电压约 3V

注　①过载保护：250V 直流或交流峰值。②警告：为了安全，在此量程禁止输入电压值！

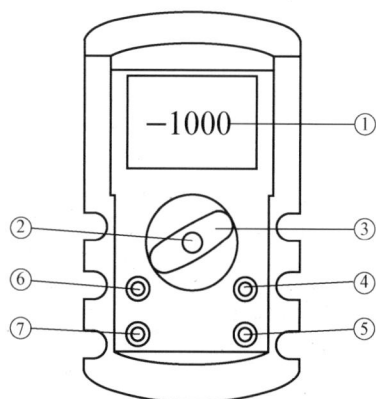

图 5-12　面板示意图

三、使用方法

1. 操作面板说明

操作面板如图 5-12 所示。

①：液晶显示器。显示仪表测量的数值。

②：保持开关。按下此开关，仪表当前所测数值被保持，显示器上出现"H"符号，再次按下，"H"符号消失。退出保持功能状态。

③：旋钮开关。用于改变测量功能及量程。

④：电压、电阻测试插座。

⑤：公共地。

⑥：电容及温度测试插座。小于 200mA 电流测试插座。

⑦：10A 电流测试插座。

2. 直流电压测量

（1）将黑表笔插入"COM"插孔，红表笔插入"VΩ"插孔。

（2）将量程开关转至相应的 DCV 量程上，然后将测试表笔跨接在被测电路上，红表笔所接该点的电压与极性显示在屏幕上。

注意：

（1）如果事先对被测电压范围没有概念，应将量程开关转至最高挡位，然后根据显示值转至相应挡位上。

（2）若在高位显示"1"，表明已超过量程范围，必须将量程开关转至较高挡位。

（3）输入电压切勿超过 1000V，否则将损坏仪表电路。

（4）测量高电压电路时，人体千万注意避免触及高压电路。

3. 交流电压测量

（1）将黑表笔插入"COM"插孔，红表笔插入"VΩ"插孔。

（2）将量程开关转至相应的 ACV 量程上，然后将测试表笔跨接在被测电路上。

注意：

（1）如果事先对被测电压范围没有概念，应将量程开关转至最高的挡位，然后按显示值转至相应挡位。

（2）若在高位显示"1"，表明已超过量程范围，必须将量程开关转至较高挡位。

（3）输入电压切勿超过 700V，否则将损坏仪表电路。

（4）测量高电压电路时，人体千万注意避免触及高压电路。

4. 直流电流测量

（1）将黑表笔插入"COM"插孔，红表笔插入"mA"插孔（最大为 200mA）或"10A"插孔（最大为 10A）。

（2）将量程开关转至相应的 DCA 量程上，然后将仪表串联接入被测电路中，被测电流值及红表笔所接该点的电流和极性将同时显示在液晶屏上。

注意：

（1）如果事先对被测电流范围没有概念，应将量程开关转至最高挡位，然后按显示值转至相应挡位。

（2）若 LCD 显示"1"，表明已超过量程范围，必须将量程开关调高一挡。

（3）最大输入电流为 200mA 或 10A（视红表笔插入位置而定），过大的电流会将熔丝熔断。测量时仪表若无读数，则应检查相应的熔丝是否完好。

5. 交流电流测量

（1）将黑表笔插入"COM"插孔，红表笔插入"mA"插孔（最大为 200mA）或"10A"插孔（最大为 10A）。

（2）将量程开关转至相应的 ACA 量程上，然后将仪表串联接入被测电路中。

注意：

（1）如果事先对被测电流范围没有概念，应将量程开关转至最高挡位，然后按显示值转至相应挡位。

（2）若 LCD 显示"1"，表明已超过量程范围，必须将量程开关调高一挡。

（3）最大输入电流为 200mA 或 10A（视红表笔插入位置而定），过大的电流会将熔丝熔断，测量时仪表若无读数，则应检查相应的熔丝是否完好。

6. 电阻测量

（1）将黑表笔插入"COM"插孔，红表笔插入"VΩ"插孔。

（2）将量程开关转至相应的电阻量程上，将测试表笔跨接在被测电阻上。

注意：

（1）如果电阻值超过所选的量程值，则 LCD 会显示"1"，此时应将开关转高一挡，当测量电阻值超过 1MΩ 时，读数需经几秒后才能稳定，这在测量高电阻时属正常现象。

（2）当输入端开路时，显示器将显示过载情形。

（3）测量在线电阻时，需要确认被测电路所有电源已关断而所有电容都已完全放电才可进行。

（4）绝对禁止在电阻量程输入电压（尽管仪表在电阻量程上有电压防护功能）！

7. 电容测量

将被测电容插入"C"插口，将量程开关置于相应的电容量程上。

注意：

（1）若被测电容超过所选量程的最大值，LCD 将只显示"1"，此时应将量程开关转高一挡。

（2）在将电容插入"C"插口前，LCD 显示值可能尚未归零，残留读数会逐渐减小，但不会影响测量结果，可不必理会。

（3）测试电容前，应对电容充分放电，以防止损坏仪表。

8. 二极管及通断测试

（1）将黑表笔插入"COM"插孔，红表笔插入"VΩ"插孔（注意红表笔极性为"+"）。

（2）将量程开关置于"➤▸ ·)) "挡，并将表笔连接至待测试二极管，仪表读数为二极管正向压降的近似值。

（3）将表笔连接至待测线路的两点，如果内置蜂鸣器发声，则两点之间的电阻值低于 70Ω。

9. 温度测量

测量温度时，将热电偶传感器的冷端（自由端）插入温度测试座中，热电偶的工作端（测温端）置于待测物上面或内部，直接从显示器上读取温度值，读数单位为℃。

10. 数据保持

按下保持开关，当前数据就会保持在显示器上。

四、仪表保养

VC890D™/VC890C+™系列数字万用表属精密仪表，使用者不要随意更改电路。使用过程中，需要注意以下问题：

（1）不要将高于 1000V 的直流电压或高于 700V 的交流电压接入数字万用表。

（2）不要在电阻量程测量电压值。

（3）仪表电池没有装好或后盖没有上紧时，不可进行测试工作。

（4）在更换电池或熔丝前，请将测试表笔从测试点移开，并关闭电源开关。

（5）当 LCD 显示" ⊟+ "符号时，应更换电池，步骤如下：拧出后盖上电池门的螺钉，退下电池门，更换 9V 电池虽然任何标准的 9V 电池都可使用，但为延长使用时间，最好使用碱性电池；装上电池门，上紧螺钉。更换熔丝时，请使用规格型号相同的熔丝。

第五节　毫　伏　表

一、概述

毫伏表属通用型电压表，适用于 $30\mu V\sim300V$、$5Hz\sim2MHz$ 交流信号电压有效值测量，广泛应用于工厂、学校和科研单位。

DF2173B 型毫伏表为单通道单针毫伏表，测量准确度高，输入阻抗高，且有监视输出功能，可作放大器使用。

二、技术参数

（1）电压测量范围：$100\mu V\sim300V$。

（2）电压刻度：1、3、10、30、100、300mV，1、3、10、30、100、300V。

（3）dB 刻度：$-60\sim+50$dB（0dB=1V）。

（4）电压测量误差：≤5%满刻度（400Hz）。

（5）频率响应：DF2173B 型：$100Hz\sim100kHz$，±5%；$10Hz\sim1MHz$，±8%。

（6）输入阻抗：$1M\Omega$，45pF。

（7）最大输入电压：≤AC 450V。

（8）噪声：输入端良好短路时，低于满刻度值的5％。

（9）监视输出：开路输出电压：0.1V（满刻度时）≤5％；输出阻抗：600Ω；频率响应：50Hz～200kHz，±3dB（400Hz基准）；失真系数：<3％（输入量程1V挡）。

（10）电源：220（1±10％），（50±2）Hz。

（11）外形尺寸：280mm×155mm×216mm（长×宽×高）。

（12）质量：2.5kg。

（13）工作环境：环境温度：0～+40℃；环境湿度：≤90％；大气压力：86～104kPa。

三、工作原理

毫伏表由输入保护电路、前置放大器、衰减控制器、放大器、表头指示放大电路、监视输出放大器及电源组成。当输入电压过大时，输入保护电路工作，有效地保护了场效应管。衰减控制器用来控制各挡衰减的开通，使仪器在各量程挡均能高准确度地工作。监视输出功能可使本仪器作放大器使用。直流电压由集成稳压器产生。

四、使用方法

（1）前后面板控制说明如图5-13所示。前后面板上各作用件功能如下：

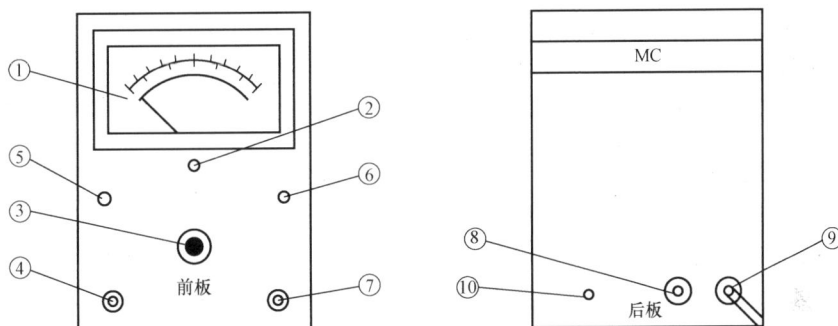

图5-13　DF2173B型毫伏表前后面板控制说明

①：表头。

②：机械零位调整。

③：量程开关。

④：通道输入。

⑤：电源开关。

⑥：电源指示灯。该开关置于"┴"（接地符号）时，输入信号地与外壳接通，置于"⊥"时，输入信号地与外壳处于高阻状态。

⑦：监视输出端。

⑧：熔丝座。

⑨：电源线（或电源插座）。

⑩：接地端。

（2）通电前，先调整电表指针的机械零位。

（3）接通电源，按下电源开关，发光二极管点亮，仪器立刻工作。但为了保证性能稳定，可预热10min后使用，开机后10s内指针无规则摆动数次属正常现象。

（4）先将量程开关置于适当量程，再加入测量信号。若测量电压未知，应将量程开关置于最高挡，然后逐级减小量程。

（5）当输入电压在任一量程挡指示为满度值时，监视输出端的输出电压为 0.1V。

（6）测量高电压时，输入端黑柄鳄鱼夹必须接在"地"端。

五、维护与校正

（1）为了保证仪器正常工作，使用半年后应对仪器进行维护和校正。

（2）仪器应在正常工作条件下使用，不允许在日光曝晒、强烈振动及空气中含有腐蚀性气体的场合下使用。

（3）读数指示校正。将量程开关置于"1mV"挡，输入 1mV 标准信号，此时电压表应指示在满度值上，其误差在±3％范围内即为合格，若超过误差可适当调整 R_{P1}，使表头指示符合技术要求。其余各"mV"挡级一般不需校正，若有超过误差的现象，则调整相应的衰减挡级电阻即可。再将量程开关置于"3V"挡，输入 3V 标准信号，调节电阻器 R_2 及电容器 C_2，使电压准确度及频率响应均符合技术要求。

（4）监视输出校正。将量程开关置于"100mV"挡，输入 100mV 标准信号，此时电压表指示在满度值上，测量监视输出端，输出电压应为 0.1V，若超过误差可调正 R_{43}，使其符合技术要求。

（5）故障排除。排除故障应在熟悉电路原理的基础上进行，首先检查直流稳压电源（+15V）是否正常，然后可用示波器观察后面板的监视输出来确定故障产生的部位。若监视输出是无信号或信号失真，则故障在前置放大或监视输出放大电路；若监视输出正常而表头工作不正常，则表头放大电路发生故障。总之，仪器故障应从输入到输出逐级检查，发现哪一级发生故障，应更换对应晶体管和阻容元件。

附录　部分集成电路引脚排列

1. 74LS 系列

部分 74LS 系列集成电路的引脚排列如附图 1～附图 28 所示。

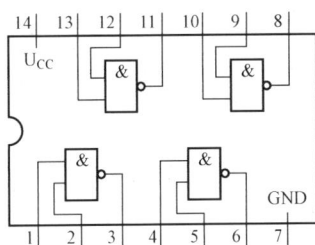

附图 1　74LS00 四 2 输入与非门

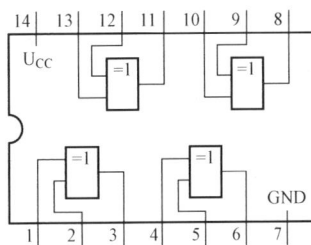

附图 2　74LS86 四 2 输入异或门

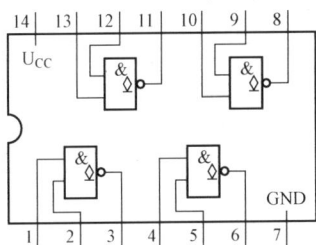

附图 3　74LS03 四 2 输入 OC 与非门

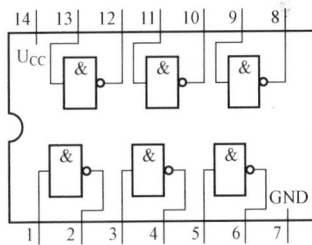

附图 4　74LS04 六反相器

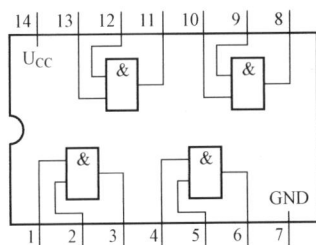

附图 5　74LS08 四 2 输入与门

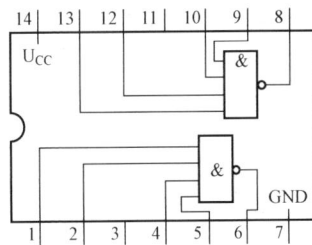

附图 6　74LS20 双 4 输入与非门

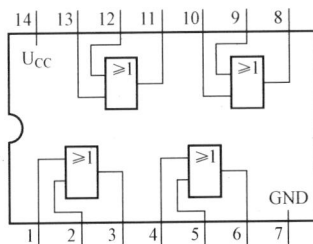

附图 7　74LS32 四 2 输入或门

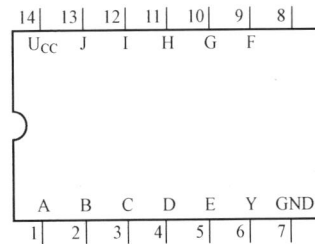

附图 8　74LS54 四路 2—3—3—2 输入与或非门

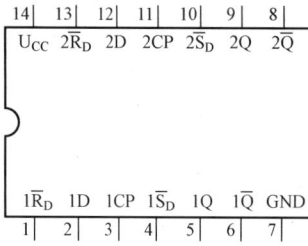

附图 9　74LS74 双 D 触发器

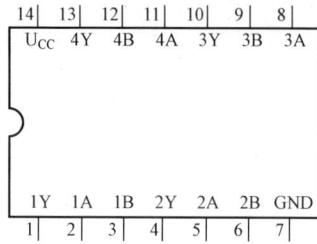

附图 10　74LS02 四 2 输入或非门

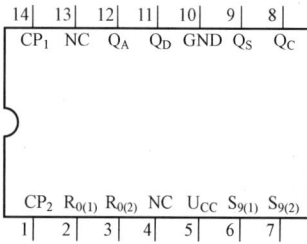

附图 11　74LS90 二—五—十进制
异步加法计数器

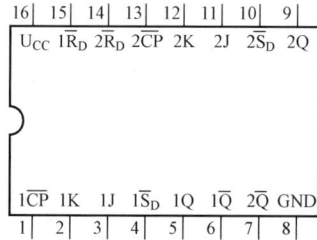

附图 12　74LS112 双 JK 触发器

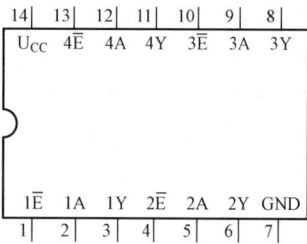

附图 13　74LS125 三态输出
四总线缓冲器

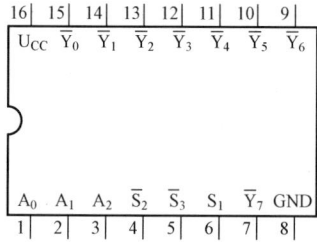

附图 14　74LS138 3 线—8 线译码器

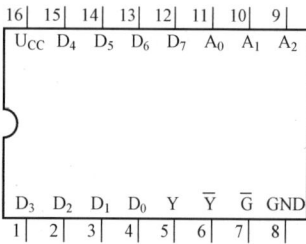

附图 15　74LS151 8 选 1
数据选择器

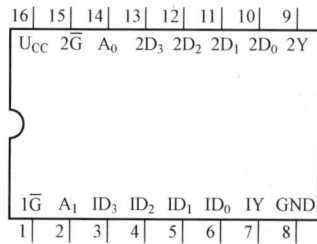

附图 16　74LS153 双 4 选 1
数据选择器

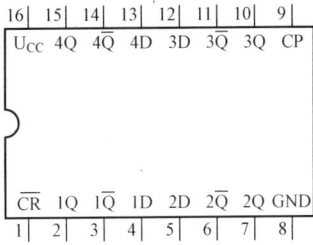

附图 17 74LS175 四 D 触发器

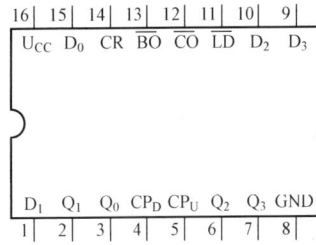

附图 18 74LS192 同步十进制
双时钟可逆计数器

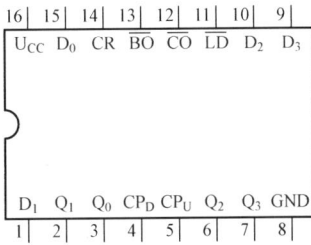

附图 19 74LS193 二进制
可预置数加/减计数器

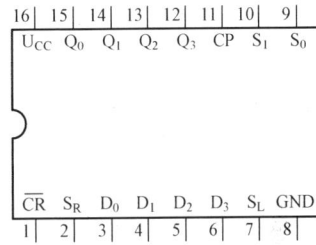

附图 20 74LS194 4 位
双向移位寄存器

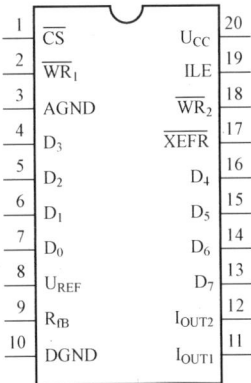

附图 21 DAC0832 8 位
数-模转换器

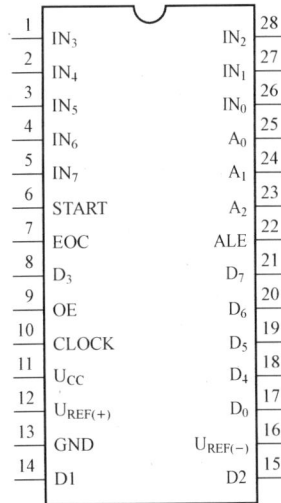

附图 22 ADC0809 8 路 8 位
模-数转换器

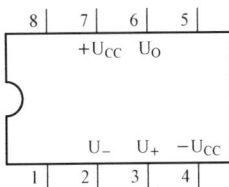

附图 23 μA741 运算放大器

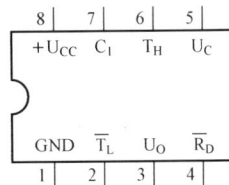

附图 24 555 时基电路

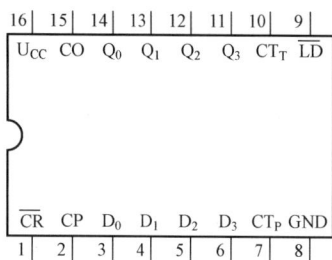

附图 25　74LS161 4 位
二进制同步计数器

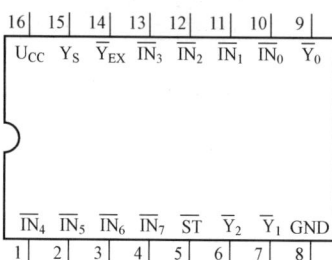

附图 26　74LS148 8 线—3 线
优先编码器

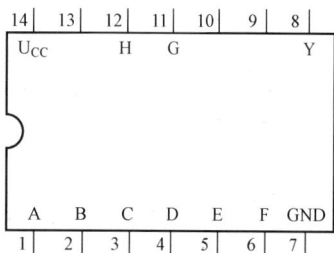

附图 27　74LS30 8 输入与非门

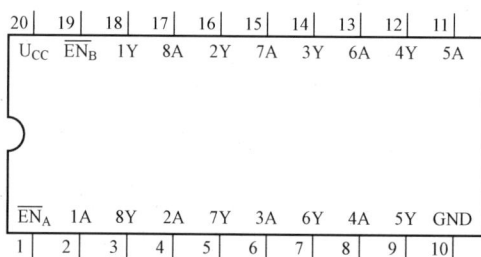

附图 28　74LS244 八缓冲器/线驱动器/线接收器

2. CC4000 系列

部分 CC4000 系列集成电路的引脚排列如附图 29～附图 54 所示。

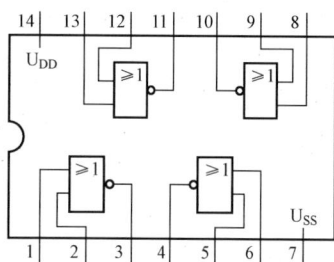

附图 29　CC4001 四 2 输入或非门

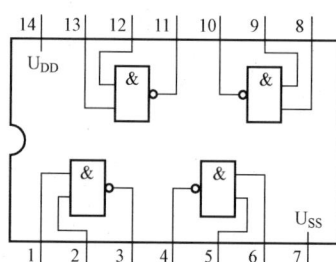

附图 30　CC4011 四 2 输入与非门

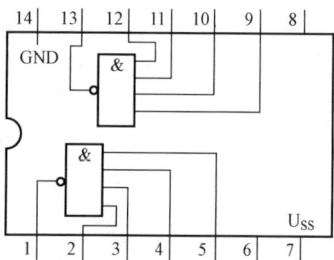

附图 31　CC4012 双 4 输入与非门

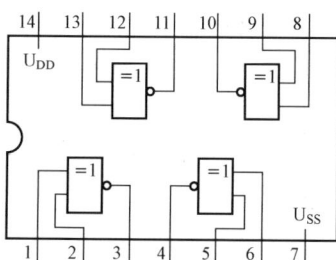

附图 32　CC4030 四异或门

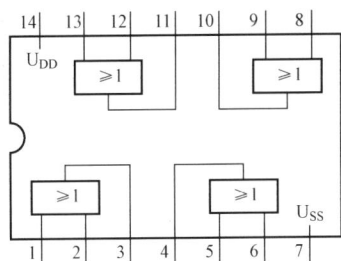

附图 33　CC4071 四 2 输入或门

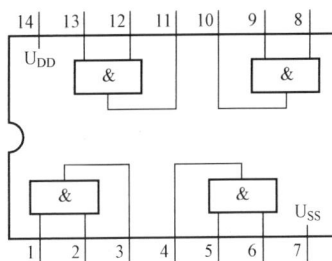

附图 34　CC4081 四 2 输入与门

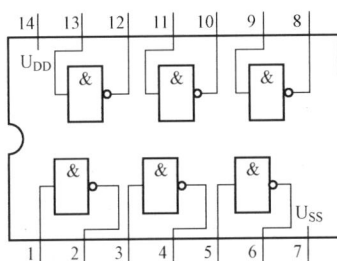

附图 35　CC4069 六反相器

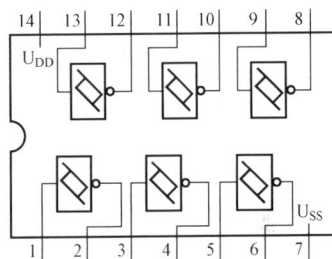

附图 36　CC40106 六施密特触发器

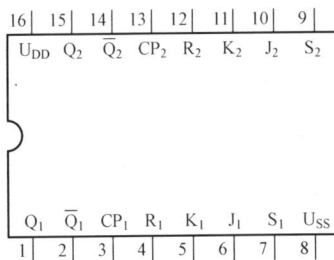

附图 37　CC4027 双 JK 触发器

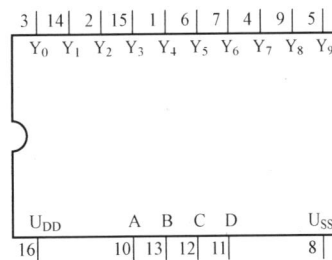

附图 38　CC4028 BCD—十进制译码器

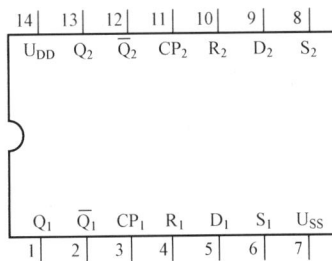

附图 39　CC4013 双 D 触发器

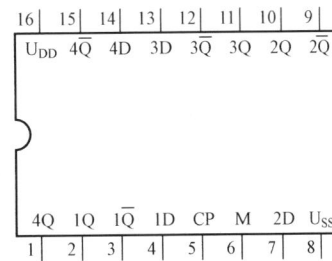

附图 40　CC4042 四 D 锁存器

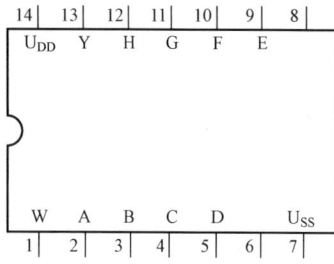

附图 41　CC4068 8 输入与非门/与门

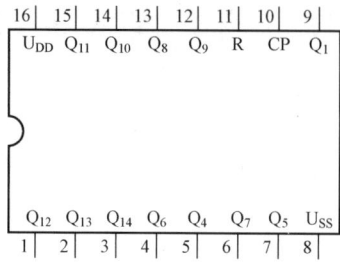

附图 42　CC4020 14 级二进制计数器

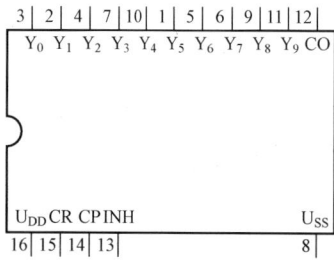

附图 43　CC4017 十进制
计数器/脉冲分配器

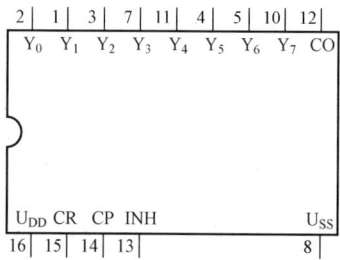

附图 44　CC4022 八进制
计数器/脉冲分配器

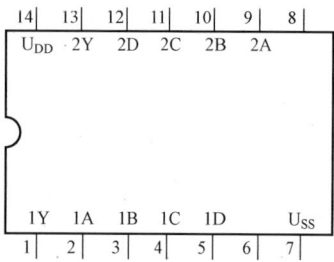

附图 45　CC4082 双 4 输入与门

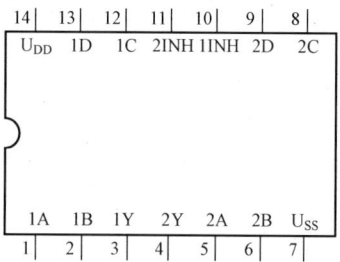

附图 46　CC4085 双 2—2
输入与或非门

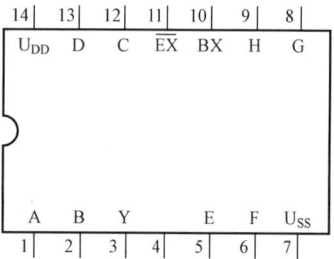

附图 47　CC4086 4 路 2—2—2—2
输入与或非门

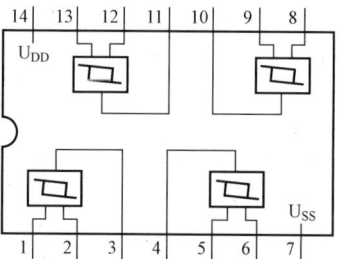

附图 48　CC4093 施密特触发器

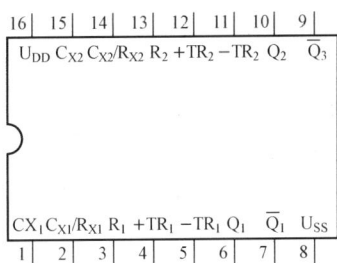

附图 49　CC14528（CC4098）
双单稳态触发器

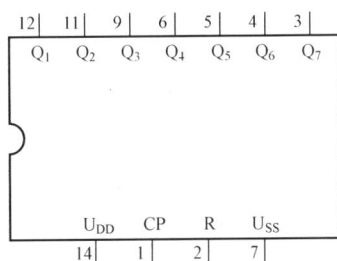

附图 50　CC4024 7 级二进制
计数器/分频器

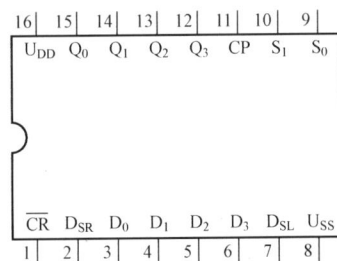

附图 51　双时钟 BCD 可预置数十进制
同步加/减计数器

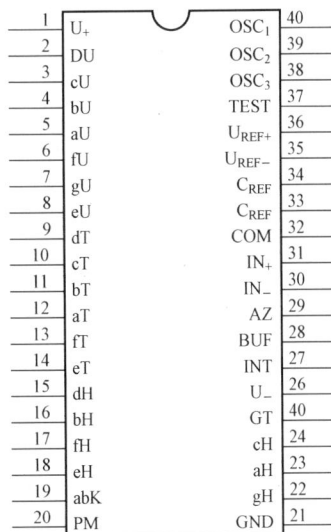

附图 52　CC40194 4 位双向移位寄存器

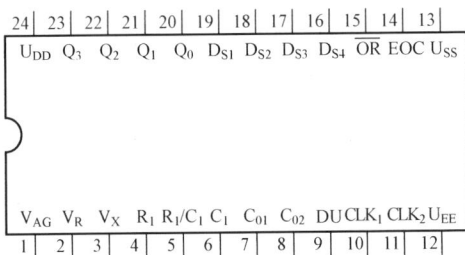

附图 53　CC14433 三位半双积分
模-数转换器（A-D）

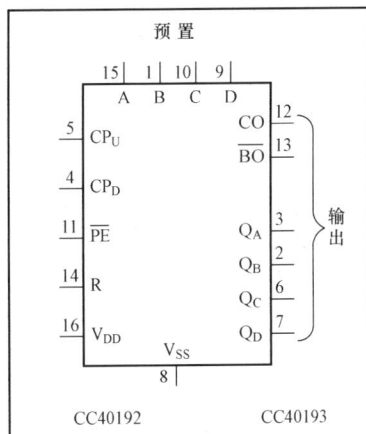

附图 54　CC7107

3. CC4500 系列

部分 CC4500 系列集成电路的引脚排列如附图 55～附图 65 所示。

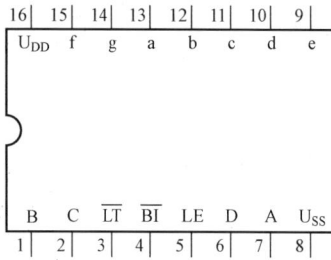

附图 55　CC4511 BCD 码锁存 7 段
译码器

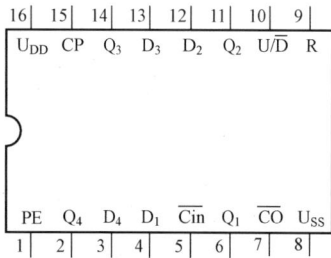

附图 56　CC14516 4 位二进制
可预置加/减计数器

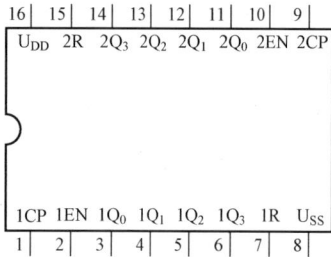

附图 57　CC4514 4 位锁存 4 线—16 线
译码器

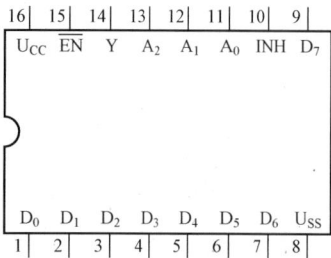

附图 58　CC4518 双十进制同步计数器

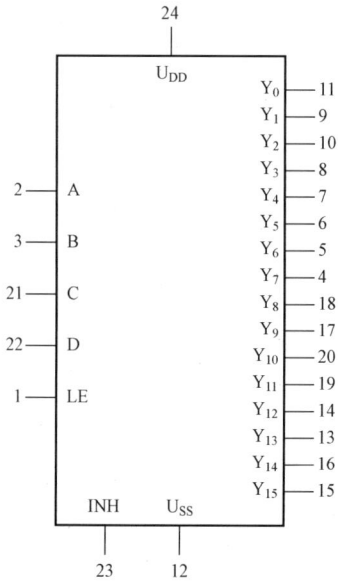

附图 59　CC4553 3 位十进制计数器

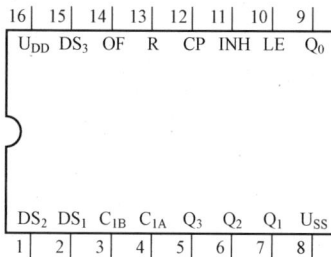

附图 60　CC14512 8 选 1 数据选择器

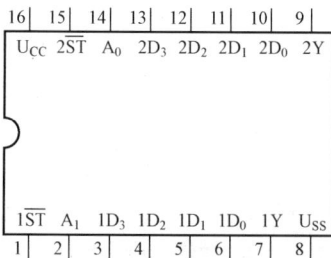

附图 61　CC14539 双 4 选 1 数据选择器

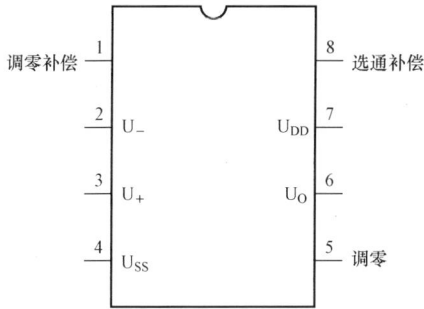

附图 62 CC3130 运算放大器

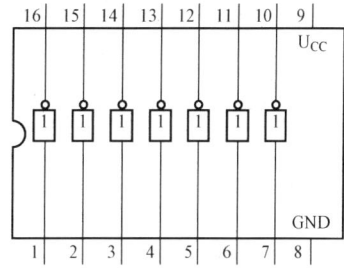

附图 63 MC1413（ULN2003）
七路 NPN 达林顿列阵

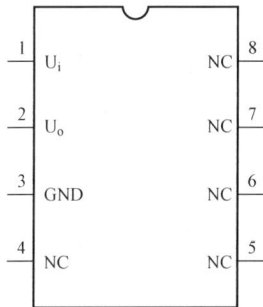

附图 64 MC1403 精密稳压电源

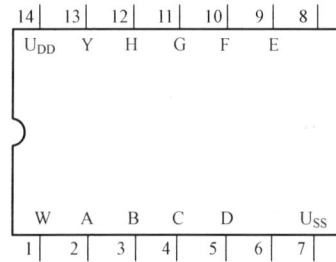

附图 65 CC4068 8 输入与非/与门

参 考 文 献

［1］段渝龙，李春燕. 电路测量与实验. 贵阳：贵州科技出版社，1996.

［2］徐云，毛正明，段渝龙. 电工技术测量与实验. 重庆：重庆大学出版社，1992.

［3］段渝龙，张达敏，张欣. 电路电子测量与实验. 贵阳：贵州科技出版社，2003.